末木文美士 著
Fumihiko Sueki

禅の中世
仏教史の再構築

臨川書店

はじめに

黒田俊雄によって顕密体制論が提示されてから半世紀になるが、今日でも顕密仏教を中心に中世仏教を見る見方は基本的に誤っていないと考えられる。ただ、当時と較べて寺院資料の調査研究が大きく進展し、黒田が鎌倉新仏教中心論から引き摺っていた過渡的な性格は、ほぼ完全に払拭されたと言ってよいであろう。

確かに平安中期を出発点とする中世仏教は、古代仏教とは大きく相違する。第一に、古代には国家の問題が正面から問われていたのが、中世には個人の生死の問題が最大の課題となり、心身の実践が発展する。その一つの源泉として覚鑁の五輪九字思想が注目される。第二に、社会的な盛り上がりとしては、平氏による南都焼討の後の復興運動が大きな機運を醸成したと思われる。

こうして、今日ではかつて常識化されていた新仏教対旧仏教、顕密仏教対異端派という二項対立は成り立たないことがほぼ明白になっている。確かに禅や浄土は新しい実践仏教の可能性を開いたが、それらは単純な専修主義ではなく、総合的な視座に立つものであった。それ故、後世の排他的な宗派性を前提として、この時代の仏教を見るのは全く誤っている。宗派的仏教が確立するのは、一四世紀以後であり、とりわけ戦国期が大きな転換点となったと思われる。本書では、「中世」と言っても、実質的には一二、一三世紀、即ち中世前期を中心的な対象として考える。

上述のような本書の基軸となる考えは、名古屋の真福寺大須文庫の調査、及びそれに基づく『中世禅籍叢刊』全一二巻＋別巻（臨川書店、二〇一三―一九）（『禅籍叢刊』と略す）の編集刊行に携わる中で形成されてきた。それに直接関係する論考は第Ⅱ部に収めたが、栄西や円爾を中心として見ていくならば、彼等の禅を純粋禅に至る以前の不純で過渡的な兼修禅と見るような見方は、まったく成り立たないことが分かるであろう。第Ⅰ部は、その成果を生かしながら、さらに視野を広げて中世仏教全体の捉え方に関わる論考を収めた。そこにはまた、京都の栂尾山高山寺の調査の成果も生かされている。

本書は既発表の論文や解題を基にしているが、論文集ではなく、ほぼ書き下ろしと同様に、一貫して読めるように全面的に改稿した。大きな流れを捉えることを目的としたので、個別文献の文献学的な詳細には立ち入らなかった。詳細に関しては、初出一覧に記した拙稿や、『禅籍叢刊』の諸文献の解題を参照していただきたい。

引用参照した研究書・論文は巻末の参考文献一覧に挙げたが、資料の出典に関しては本文中に記すに留めた。『禅籍叢刊』の解題を引用参照する際も本文中に注記した。なお、漢文資料は原則として書き下した。

本書の成果は、長年の調査をお認め頂いた北野山真福寺寶生院様並びに栂尾山高山寺様、及び真福寺の調査グループ（責任者・阿部泰郎龍谷大学教授）と高山寺典籍文書綜合調査団（団長・石塚晴通北海道大学名誉教授）のご厚意やお力添えによるところが大きい。また、『禅籍叢刊』に結実した調査を共に進めてきた共同研究者の皆様のお力なくしてはあり得なかった。なお、本書に至るまでには、いくつかの科学研究費助成金を活用させていただいた。本書の出版は、『禅籍叢刊』のご縁で臨川書店にお引き受けいただき、『禅籍叢刊』以来ご担当頂いてきた西之原一貴氏に編集をお願いした。お世話になった多くの方々に心からお礼申し上げたい。

ちなみに、末木文美士監修／榎本渉・亀山隆彦・米田真理子編『中世禅の知』(臨川書店、二〇二一)は、『禅籍叢刊』を基にした中世禅の入門的な論集であり、今回の『禅の中世』はその単著版とも言うべきものである(『中世禅の知』掲載の拙稿も改稿して収めた)。併せてご覧頂ければ幸いである。

目次

Ⅰ　中世仏教の豊饒

第一章　思想史の中の中世
――王権と神仏の観点から

はじめに

日本思想史に関しては、個別的研究は必ずしも少ないわけではないが、全体的な見通しがつけにくく、個々の思想が大きな流れの中でどのように位置づけられるかという点になると、必ずしも明確でない。中世に関しては仏教史を中心とする宗教思想史、近世に関しては儒教や国学を中心とする政治史の研究が中心であり、両者は必ずしもうまく接合しない。即ち、通時代的に日本思想史を見る視点は確立していない。これまで書かれてきた通史的な日本思想史は、多くは中世の仏教と近世の儒教・国学を中心に、さまざまな潮流を並列的に叙述するだけとなり、そこには思想展開の全体像が見えてこない。

そのような中で、拙著『日本思想史』（末木、二〇一〇）では、王権と神仏の関係という観点から、日本思想史の全体の流れを捉える枠組みを提供しようと試みた。即ち、近世以前の日本の伝統的な思想展開の構造として、王権と神仏を両極に置き、その緊張関係の中に様々な思想が展開するという仮説的な構図を提示してみた。そこで、本章では、中世仏教を論ずるに先立って、そのような図式に基づく大まかな思想史の流れの中で中世がどのように位置づけられるかを考えてみたい。その中でも、具体的に王権側における儀礼的思考の形成として、順徳天皇の『禁秘抄』を中心に検討を加え、さらに幕府側における神仏との関係を、実朝時代を中心にその一端をうかがうことにしたい。

一、日本思想史の基本構造と中世の位置づけ

1、日本思想史の通時的基本構造

日本思想史の通時的な構造として、次ページ図のように考えてみたい。これは、簡単に言えば、神仏と王権を強力な要因として両極に置き、その緊張関係の中に一般の世俗領域の思想が展開すると見るものである。日本思想史は、通時的にこのような構造をもって展開してきているのではないか、というのが私見である。

神仏の領域は宗教的領域と言ってもよいが、現世的なものを超えた世界と関わる点に特徴がある。中世には仏教を中心に展開しつつ、神仏関係の問題が絡み、やがて神道理論が形成されていく。一見近世にはこのような宗教的要素は縮小しそうだが、必ずしもそうは言えない。キリスト教の伝来が大きな画期となり、仏教との論戦が交わされる。キリスト教の禁教は日本を神仏の国として規定することになり、東照宮の創建や寺檀制度の形成など、神仏の要因は近世においてもきわめて大きな役割を果たしている。やがて復古神道が活発化し、民衆の間からは新しい宗教も生まれてくる。それ故、近世になっても神仏の領域は決して小さくはならない。その中で、神仏の領域は必ずしも一元的ではなく、神と仏の間の緊

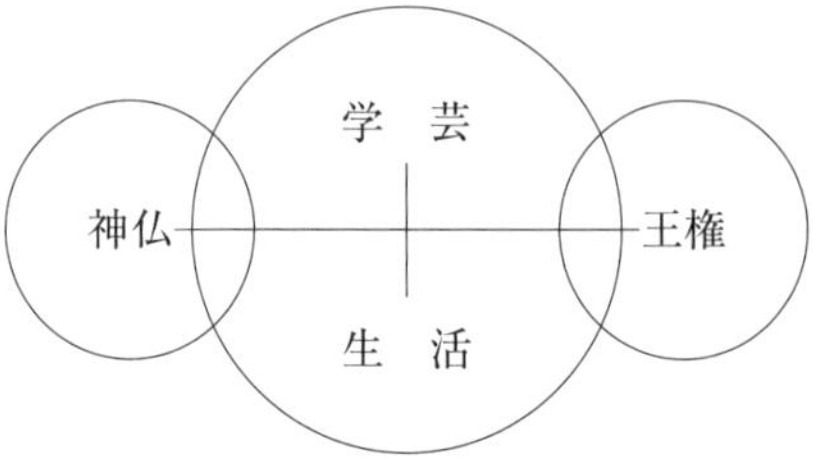

日本思想史の構造

張関係を孕み、複合的な構造を持っている。

王権の領域は世俗権力の領域であるが、日本の場合、天皇権力が継続しているところに特徴があり、その正統性は神の子孫であることに求められる。即ち、神との直接的な関係に権力の根拠がある。この点が王権神授説を取る西欧とも、それに近い天命論を取る中国とも異なる。もっとも、もともと主要な貴族はいずれも祖先神を持つので、天皇家だけが特別ではなかった。天皇家は質的には他の貴族と異なることはないが、その中の中核的な位置を占めるものと言うことができる。それがやがて、天皇家だけが特別視されるようになっていく。

もう一つ重要な特徴は、権力が必ずしも一元的でなく、しばしば重層的な構造を持つことである。とりわけ中世・近世においては、時には天皇親政が見られるものの、基本的には天皇不親政の立場が取られ、実際上の政治権力は院や幕府が握り、天皇は儀礼的な存在となることが多かった。このように、王権の領域も一元的ではなく、複合的な構造を持っている。

世俗の生活はその両極の中間に成り立つと考えられる。その際、思想という枠組みで捉えやすいのは、図で「学芸」とした領域である。これは、いわば教養の世界とでも言うべき領域であり、漢籍・日本古典・和歌などの文学・音楽などの伝統的な学問や技芸であり、その訓練を受けていることが、知識人としての条件となる。世俗的な思想は、基本的にこの領域の問題である。儒学はこの分野に属するが、実践的には王権の政治倫理と密接に関係することになる。従って、近世に大きく発展する。

このような教養の領域は必ずしも日常的な生活レベルに直接かかわるものではない。むしろ日常から離れているところに教養としての意味がある。それに対して、日常に直接役立つ生活的な思想の領域が考えられる。即ち、実学的な領域である。稲作技術は早くから進展し、暦学や医学は大陸からの教養と結びついて発展し、様々な呪術の体系も形成された。ただし、このような実学的な領域は必ずしも思想として確立していたわけではない。実際上の技術として発展する場合、思想として明確化されない。それ故、教養としての思想に従属したり、あるいは神仏の領域の問題に従属する形で見えてくる場合が少なくない。しかし、そこには支配者や知識人の側の思想ではなく、実生活の場からする民衆の思想を読み取ることができる場合もあり得るので、注意が必要である。

このように、両極の神仏と王権は、その中の構造が変わっても長期的に継続し、その両者の中間に世俗の生活が成り立つという構造になっている。これを中国の場合と較べるならば、中国ではおそらく一元的で垂直的なヒエラルヒーとして思想の構造が考えられるであろう。中国の場合、皇帝の正統性は天の命によるもので、天との間には連続性はない。これは王権神授説に近いものである。それ故、悪政が続くと天から見放され、革命が起こって、新しい王朝が認められる。易姓革命である。日本の場合、天皇の王権は神からの連続性に求められるが、実際の政治権力を握る将軍家は交代可能である。中国の政治構造で重要なことは、科挙が成立することから、官僚＝士大夫層により知識人層が形成されることである。それは家柄として固定化したものではない。その知識人層の下に一般の庶民がいるという縦型の構成になる。直接天と関わるのは皇帝であるが、他方で、宋学になり天＝理が性として人の本質を形成することで、そこに倫理的な原則が成り立つことになる。このように、基本的に儒教が政治構造を貫くことになる。実際の生活には仏教・道教などが機能するが、それは表面の場には現われない裏側の領域の問題となる。なお、このような原則は基本的に漢民族王朝に適用されるもので、宋代に確立される。異民族支配の場合はより複雑な構造となる。

朝鮮の場合も、李朝になると儒教が優勢になり、漢民族の中国と近い構造を持つようになる。ただ、官僚を出す両班が階級として固定化するところに特徴がある。

それと較べるとき、日本の思想史の構造は、王権と神仏が緊張関係を持つことでやや複雑になっている。このように、日本の思想史は、王権と神仏を両極として、その中間に世俗的な領域が開かれていくような構造を取り、それはすべての時代に通ずるものと考えられる。

以上のように見るならば、このような構造に関しては、思想史は必ずしも変化や進歩という視点で見ることはできず、そこに歴史を通じて変わらない構造を見ることは十分に可能である。ただ、もちろん何の変化もなく停滞するわけではない。基本の枠組みの中での変化があり、その変化の中には多分に不可逆的と思われる傾向も認められる。その方向性として、世俗化ということは一つの徴表と見てよいであろう。世俗化は、単純に宗教が否定されていくということではないが、上記の図式の中で中間の世俗領域が広がり、多様化することになる。中世から近世への転換はこの点から見ることができよう。

近代天皇制は、天皇と神道の関係を密接化させることで、神の子孫＝現人神としての天皇の権威を確立した。その点で、近代もまた、王権と神仏を核とする構造の中で思想が形成されると考えられるが、その両極が一元化され、天皇を中心とした中央集権的一元体制に再編されることになるのである。

2、時代区分と中世の位置づけ

それでは、具体的に思想をどのような流れで理解したらよいのであろうか。まず、時代区分の問題を考える必要がある。常識的には、古代・中世・近世・近代という四区分が用いられ、平安時代の終わりまで（―一二世紀後半）を古代、鎌倉時代から戦国時代の終わりまで（一二世紀後半―一六世紀後半）を中世、安土桃山時代から江戸時代の終わりまで（一六世紀後半―一九世紀後半）を近世、明治以後を近代とするのは分かりやすい。しかし、思想の連続と断絶という点から考えると、その移行期は流動的である。ここでは、平安初期まで（―九世紀）を古代、平安中期から室町期まで（―一五世紀）を中世、戦国時代から幕末（―一九世紀半ば）までを近世、幕末・明治維新以後を近代と見ることにしよう。もちろん時代区分はあくまでも便宜的なものであり、絶対的な断絶があるわけではない。

古代は思想形成期とでもいう時期で、王権が確立し、それと同時に神仏の秩序も形成される。ただ、両者の関係は試行錯誤的であり、未だ安定的な構造を築くに至っていない。中世は思想構造の確立期とでもいうべき時期で、王権と神仏のそれぞれの内部構造が確立し、両者の緊張関係の中に思想が形成されていくという基本的な構造が確立した時期と考えられる。近世は多様化と論争の時期とも言える。キリスト教の伝来により、従来の神仏構造が大きく揺らぎ、その後再構築が図られるが、やがて神道の伸長が顕著となる。王権側もそれに対応して、朝廷が弱体化して形式化するのに対して、幕府の実質的な権力化が進むが、やがてそれが逆転して天皇権力が浮上するようになる。こうして近代になると、欧米の圧力と先進的な文明の流入によって、思想の基本構造が大きく転換して、天皇を中核とした一元的な中央集権体制が確立することになる。

以上が大雑把な見通しであるが、ここでは中世の位置づけを中心に、もう少しその展開を見ておこう。古代は、『魏志倭人伝』に邪馬台国の存在が伝えられる三世紀頃には、少しずつ国家形成が始められていたと考えられる。その後、大和朝廷によって国家統一がなされ、大陸文化が流入するようになる。それが七―八世紀にひとまず完成期を迎える。この時期に、王権は神話・歴史と律令によってその支配体制を確立する。他方、大陸から大規模に輸入された仏教が寺院組織を拡張して大きく進展する。王権と仏教の関係は、基本的には仏教は護国の役割を期待されたが、「三宝の奴」を表明した聖武天皇のように、仏教国家を目指す動きも見られ、未だ安定した構造とならなかった。こうした中で、中央の豪族を中心に知識人層が形成され、中国由来の漢詩や、それと対抗する和歌などの文芸を発展させ、また、大学という新しい学問の場が形成された。

平安初期の九世紀頃には弛緩した律令体制を立て直すとともに、空海・最澄らの入唐僧により、新しい仏教が導入される。しかし、律令の公地公民の建前は八世紀からすでに解体に向かい、中世の荘園制へと向かうことになる。その中で、王権と神仏が対抗しつつ協力するという基本的な体制が確立していくことになる。それは、王法仏法相依論と言われる構造である。

その思想的基礎を作ったのは最澄であった。最澄は『山家学生式』において、大乗梵網戒が「真俗一貫」であることを強調し、「仏道に菩薩と称し、俗道に君子と号す」(四条式)と、仏道と俗道がそれぞれ自立しながら、同じ目標に向かって協力していく体制を理想と考えた。中世の体制は、様々な問題を含みつつも、その最澄の求めた真俗二元協力体制を引き継ぐものと言える。その中世の体制は、さまざまな政治的・社会的変遷にもかかわらず、長期的に安定した基層システムを作り出すことになる。

それには何よりも、王権と神仏の双方において儀礼のシステムが形成されることが大きな意味を持った。まず、王権について見てみよう。中世初期の摂関期から院政期にかけては、天皇不親政の方向が定まった。中には親政を目指した天皇もいたが、基本的には不親政が原則となっていく。そもそも村上天皇(九四六―九六七)以後、原則的に天皇号自体が用いられなくなる。実質的な政治権力は、天皇と姻戚関係を持つ摂関家、さらには天皇の父親に代表される上皇が握るようになる。その中で宮廷儀礼が整備され、有職故実が確立していく。その点は後述する。鎌倉期になると、王権はさらに天皇と幕府に二元化して拮抗し、幕府側も朝廷側と同様に、将軍と執権とに重層化してゆく。

中世的な王権構造の確立には、儀礼システムの整備が不可欠である。その点を以下に見ておくことにしたい。それは仏教における密教儀礼の整備と相関的である。仏教側は、平安初期から中期への転換期に立つ思想家安然(八四一―)によって密教儀礼の整備が始まり、その後、平安中期の仏教界の復興を経て、一一―一二世紀には儀礼体系は高度に発展し、組織化された。中世を開くキーパーソンとなるのは、中世的な仏教世界観を確立した源信（九四二―一〇一七）と、密教の理論化を達成した覚鑁（一〇九五―一一四三）である。覚鑁によって総合された仏教が、分化していくところに、鎌倉期の新しい仏教が生まれる。それについては、第三章で見ることにしたい。

こうした王権と仏教の両極の間に、知識人の多様な思想が展開する。和歌・歴史・漢籍・陰陽道などに通じた知識人的な貴族が、政治の分野を含めて活躍する。王朝文化は後代の理想とされ、『古今集』『源氏物語』などは、多くの注釈が書かれ、それをもとに中世文化が展開することになる。

二、中世的王権と儀礼――『禁秘抄』を中心に

1、中世王権と有職故実

中世は一〇世紀から一五世紀まで、非常に長い期間を含むことになる。その基礎は、摂関期・院政期に形成された上に、鎌倉期に典型的な形に展開する。そこで、ここでは一一―一二世紀、中世の体制が確立した時期を中心に、王権側の思想展開を見ておきたい。それは、本書で仏教の側を考えていく前提となるものである。鎌倉期の執権政治確立後の王権の構造は次頁の図のように考えることができる。朝廷側が、院―帝―摂関という内部構造を持つのに対して、幕府側も将軍―執権という重層構造を持ち、形式上最高位にある帝と将軍が必ずしも実権を持たないという複雑な構造である。朝廷と幕府の関係も単純ではない。もともと幕府側の体制は朝廷をモデルに作られたものであるが、承久の乱（一二二一）

以後、実質的な権力は幕府側が握ることになり、帝位も幕府の決めるところとなった。承久の乱は、後鳥羽上皇ら朝廷側が討幕の戦争を仕掛けて敗北し、後鳥羽・順徳・土御門三上皇が流罪となった。しかし、それでも帝の権威がなくなるわけではない。後に、後醍醐に至って、帝の権限は復活し、幕府を倒し親政を実現することになる。

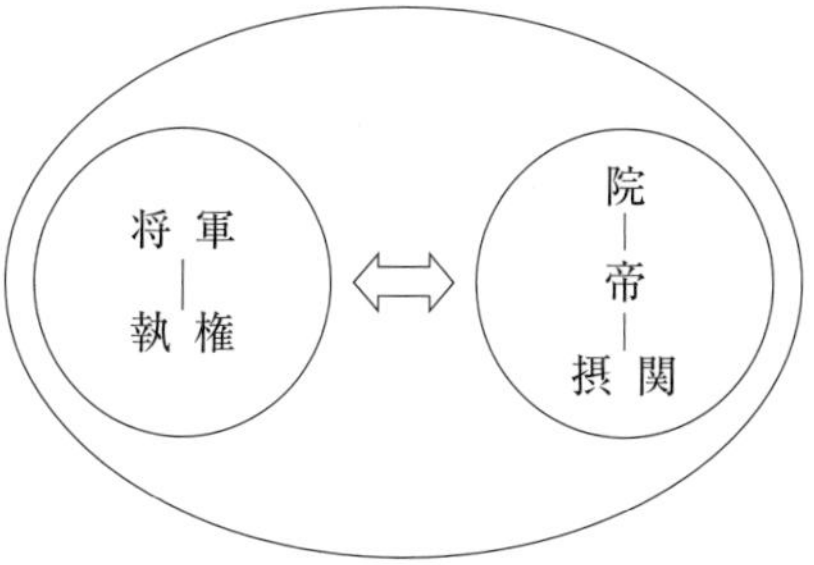

中世王権の構造

このように、帝の権威は消えそうで消えないが、その根拠はどこに求められるのであろうか。慈円(一一五五―一二二五)の歴史書『愚管抄』巻七には、「漢家ノ事ハタヾ詮ニハソノ器量ノ一事キハマレルヲトリテ、ソレガウチカチテ国王トハナルコト、サダメタリ。コノ日本国ハ初ヨリ王胤ハホカヘウツルコトナシ」(日本古典文学大系本、三四七頁)、あるいは、「日本国ノナラヒハ、国王種姓ノ人ナラヌスヂヲ国王ニハスマジト、神ノ代ヨリサダメタル国ナリ」(同、三二八―九頁)と血統の一貫性に根拠が求められている。後の万世一系説の淵源とも言えるが、それほど強いものではなく、臣下のほうも同じように定まっているので、その点では臣下と質的な違いがあるわけではない。国王は貴種中の貴種ということである。

それ故、政治的な善政ももちろん望ましいが、それより以上に重要なのは、先例に倣う儀礼の忠実な実行であり、ここに有職故実が大きな意味を持ってくる。儀礼の中核には、神を祀るということがある。

そこに厳格な身心の清浄と、正しい手順が必要とされる。日本の天皇は神の子孫でもあるが、それ以上に国を支配するものとして、国家の安寧を神々に祈る義務を持つ。そのための儀礼を正しく実行することが求められる。

中国の儀礼は、『礼記』等の文字化された聖典に遡り得るが、日本の場合、律令は維持されていても、次第に形骸化して典拠となりえず、それにそもそも具体的な儀礼の手順は記されていない。実際の儀礼は平安中期に形成され、それが伝承として蓄積していくことになる。朝廷が幕府に優越するのは長く続く儀礼の伝統を持つことであり、幕府が新しい武家の方式を作り出そうとするときには、その先例に学ばなければならなかった。その伝統のノウハウを持っているところに、朝廷の絶対的な優位がある。後に後醍醐が建武の中興（一三三三—三六）によって天皇親政を実現した際も、『建武年中行事』を撰述するなど、有職故実を重視した。今日の象徴天皇制においても、天皇の退位・即位の儀礼をどうするかなど、先例を調べてどのような儀礼で行うかが、大きな問題となっている。その点で、中世の天皇儀礼は、現代にまでつながるものということができる。

有職故実は、平安中期の一〇世紀に藤原実頼、師輔兄弟によって確立され、その後、藤原公任、大江匡房らによって研究が深められた（河鰭、一九六〇、一七頁）。もともとは律令の儀礼に発するが、その後細かい規定が積み重なり、複雑な体系が肥大化していった。そこで、その伝承を整理し、根本の原理を改めて確認していくことが必要になった。それが中世王権の重要課題となったのである。仏教界でも密教儀礼が膨大化し、それを単純化しつつ、実践的なものにすることが要請されたのと相似的である。

2、『禁秘抄』に見る帝の理想

ここで、具体的に順徳帝（一一九七―一二四二）の『禁秘抄』（『群書類従』雑部二二）に少し立ち入って見ることにしたい。『禁秘抄』については、近年、佐藤厚子が詳細な研究を進めていて（佐藤、二〇〇八―二〇一七）、参考にする。

順徳は後鳥羽の子で、後鳥羽の意向を受け、異母兄の土御門の後を継いで、一二一〇年に一四歳で即位、一二二一年に子の仲恭に位を譲り、後鳥羽とともに承久の乱の中心となって倒幕を志したが、敗北して佐渡に流罪となった。『禁秘抄』は一二一九年に執筆が開始され、一二二一年以後に完成されたと考えられている（佐藤、二〇一七。また、和田、一九三三参照）。在位時代の著であり、承久の乱に先立ち、幕府方との緊張が高まる中で書かれた。天皇自身が、自ら行う儀礼について細かく書いて、天皇としての心構えを記した書物として、きわめて価値が高い。

本書は、賢所《かしこどころ》（宮中に神鏡を祀る建物、あるいはそこに祀られる神鏡自体）から始まり、虫に至るまで、全九一項目にわたって帝の職務や私生活、宮中の建物、器物、役職、行事などを説明している。そこには、践祚や葬礼などの大きな行事が論じられていない代わりに、細々とした日常の些事まで取り上げられ、最後の方には、雪山・鳥・虫などの項目もある。雪山は、雪が降った時に庭に雪の山を築くのであるが、それにも細かい規定が記されている。鳥は帝が幼い時に小鳥合わせや鶏闘を行い、虫は松虫や鈴虫を献上したものである。こうした宮中の些細なことに至るまで、すべてにその規定と由来を記している。それ故、本書は「平安時代を通じて形成された天皇の空間というべき世界を悉くテクスト化しようと試みた」（阿部、二〇一一、一〇七頁）ものと言える。日常のどんな細かいことにまで、すべてに規範があり、そこに帝としてのあるべき姿とその心構えが求められる。

その際、佐藤厚子が指摘するように、そこには、「原則と実際とを併記する」（佐藤、二〇〇九、一頁）という特徴が見られる。それは、この時代、天皇のあり方が大きく変化してきているという事情による。即ち、一方では古代的な天皇の原則を維持しなければならないにもかかわらず、現実はそこからどんどん離脱していき、単純な復古は成り立ちえなくなっていた。当時、「天皇の日常生活は、同時代の貴族のそれと、大きく異なるものではなかった」（佐藤、二〇一〇、二六頁）と考えられる。白河から後鳥羽に至る一二世紀の院政の進展は、儀礼王としての帝と実質的執政者である摂関とが協力する従来の体制を崩壊させた。退位した院（上皇）は、帝としての束縛を離れて自由な権力を行使し、さらには出家して法皇となることで、神仏にも及ぶ強大な力を獲得した。天皇としての在位中は出家することはできなかった。こうして、摂関と異なる新たな権力の極ができることになり、帝のあり方はますます危機を迎えた。このような状況の中で、順徳は帝の本来のあり方を追求したのである。

冒頭の賢所では、「凡そ禁中の作法、先づ神事、後に他事。旦暮敬神の叡慮、懈怠なし」（原文は漢文だが、書き下しに直す。その理解に当たっては、佐藤厚子の研究ならびに関根、一九〇一を参照した）と、神事こそ禁中でもっとも重要であるとする。他方、仏事に関しては、「天子は、専ら正法を以て務と為す。是則ち仏教の興隆なり」（仏事次第）と言われている。仏教の興隆もまた、帝のなすべきことである。ただし、「旦暮に念珠を持ちて、念仏などは然るべからざる事なり」と、日常的に念仏するようなことは否定されている。神仏に対して、適切な距離を保ちながら、定められた通りに祀ることこそ、国家を背負った帝の最大の職務である。

さらに、帝としてなすべきことは、「諸芸能事」の項に挙げられるが、「第一御学問なり。学ばざれば則ち古道を明らかにせず。而も政を能くし大平を致す者は、未だ之有らず」（諸芸能事）と言われている。その際の「学問」は、『群書治要』のように、何よりも政治に関する漢籍が挙げられる。しかし、帝に求められるのは狭義の学問だけでない。第二は管絃、さらに和歌が挙げられる。まさしく、「芸能王」（阿部、二〇一二）であることが理想とされる。「好色の道、幽玄の儀、棄て置くべからざる事か」と言われている。順徳は歌論書もあり、歌人としても名高い。これらの「芸能」は、直接生活と関わらない、言わば高度な純粋教養とも言うべきものであり、理想としての帝は、それを完璧に身に付けることが要請される。

帝としての心得で注目されるのは、「凡賤を遠ざくべき事」の項である。「天子は殊に御身の劣を止めらるべし。是は筆端に尽くし難き事なり」と言われるように、凡賤の人に触れることは、帝の身体の劣化を招く危険なことであった。例えば、食事の時の陪膳や、装束着衣の際など、どの位の人まで許されるかについて、細かく論じている。とりわけ問題とされたのが、芸人を近く召すことである。「芸ある者、其の事に依って近く召す事、近代多し。寛平の遺誡の如きは然るべからず。況《いわん》や猿楽の如き、庭上に参ずる、止むべき事なり」と、そのような事例が多いことを指摘して、厳しく戒めている。さらに非常に具体的な例として、「建久以後、弘席（敷物）を敷きて蹴鞠《けまり》に興ずることあり。是れ後悔、其の一なり」と、自己反省をこめて批判している。ちなみに、宇多天皇の治世であった寛平年間（八八九―八九八）前後の時代が、中世に理想とされていた。

このように、身分の乱れは秩序の乱れであり、王権の根幹を揺るがしかねない問題と考えられた。実際この頃、身分の低い芸人が宮廷に入って愛好されるということがしばしば見られた。順徳はそれを厳しく批判する。秩序はまず身分から正されなければならない。この点からして、幕府が朝廷に容喙するようなことは秩序を破壊するもので、許されるわけがない。順徳が後鳥羽以上に強硬に反幕府の立場を取り、承久の乱に至ったのも、このようなところに由来すると考えられる。

なお、ここで「建久以後」が特に問題となっていることが注意される。建久（一一九〇―九九）は、主として後鳥羽の時代である。本書の中では、しばしば「近代」がそれ以前と対比され、批判の対象となっているが、それはこの「建久以後」のことである。建久の頃には、頼朝の鎌倉幕府がその組織を確立して、朝廷へも嘴を入れるようになる。また、一一九六年には九条兼実が失脚するなど、朝廷内が混乱を極めた。秩序が失われ、朝廷の権威が失落していく危機的な状況であった。そこで、順徳は有職故実の伝承を再確認し、凡賤と異なる帝の空間を再構築しようとしたのである。しかし、もはやそれが通用する時代ではなかった。そこに承久の乱の悲劇があった。

3、三種の神器をめぐって

ところで、帝としての位の維持にもっとも重要なものとして、三種の神器の問題がある。三種の神器は、今日に至るまで天皇の譲位の際に受け渡される象徴的な宝物であり、神話に由来する鏡・剣・神璽（勾玉）の三つである。ところが、一一八五年、壇ノ浦で平家が滅びた時、安徳天皇が神器をもって入水した。神璽と鏡は無事回収されたが、剣は水没したまま発見されなかった。そのため、皇位の継承の際の神器の受け渡しをどうするかという大問題が生ずることになった（渡邊、二〇〇九。以下、同書を参照する）。じつは三種の神器をめぐる問題はそれ以前から始まっている。平家が安徳帝とともに神器を京から持ち出した時、後白河院は安徳を見切り、後鳥羽を即位させようとしたが、神器なしで即位ができるかどうかが、宮中で議論され、結局後鳥羽は神器なしで即位を行なった。

『禁秘抄』では三種の神器をまとめて論じていない。鏡に関しては、巻上冒頭の「賢所」に述べられ、次に「太刀・契」（太刀と符契）の項目があり、その次の「宝剣・神璽」の項目に至って剣と玉璽に関して述べられる。また、「宝剣・神璽」の次には、「玄上」（琵琶の名器）、「鈴鹿《すずか》」（和琴の名器）と続き、いずれも「累代の宝物なり」とされている。三種の神器が古代からセットとして皇位とともに継承されたことは間違いないが、宝物の管理維持に関しては必ずしも一括されたものではなく、また他にも貴重な宝物があった。

それらの宝物の中で、賢所に祀られる鏡は特別の意味を持っている。鏡は「神代より神鏡と為し、（伊勢）神宮の如く仰ぎ奉る」と言われるように、伊勢神宮に対するのと同様の崇拝儀礼が必要とされた。鏡は三度も火事に遭いながら、奇蹟によって焼失を免れたという。しかし、恐らくは火災で原形を留めないようなものになっていたと思われる。また、神璽は今日では勾玉とされるが、密封されて誰も見ることができず、本当は何なのか確認されていない。順徳はそれを鏡と考えていたようである（佐藤、二〇〇八、四六頁）。「宝剣・神璽」の項では、神璽に関しては、「神代より我（＝神）を見るが如くせよと誓い置かる。尤も敬うべき事なり」というように、神代から伝えられてきたとされている。

さて、問題は剣である。剣については、「神代に三剣あり」と言う。第一の剣は壇ノ浦で失われた剣である。そこで、その後二十余年は、清涼殿にあった「昼御座《ひるのおまし》の剣」を代理として用いていた。ところがその後、伊勢の神官が夢想によって得た剣を進上したので、それを宝剣に准ずるものとして扱うことになったという。こうして、宝剣は失われたはずなのに、代わりの剣が出現することで、王権内部の問題としては片付いたことになる。

このように、三種の神器は、実際にはその伝来は極めて疑わしいもので、この後、王朝が二つに分かれて争った南北朝時代（一三三六―九二）にも、神器の受け渡しをめぐって、どれが本物か分からなくなるような奇妙な駆け引きが続いた。それにもかかわらず、三種の神器は、それによって皇位の継承が成立する中核となる役割を持っている。

ところで、王権の当事者にとっては神器の存否は死活問題になるが、王権をめぐる外側の言説は、必ずしも無理に神器の継承がなくてもかまわないので、そこに様々な議論が展開することになる。例えば、『平家物語』では、宝剣の消失がそれほど決定的なものと見られているわけではない。その当時の人の説として、天照大神と石清水八幡の守護がある以上、「末代澆季なりとも、帝運のきはまる程の御事はあらじかし」（巻十一・剣、岩波文庫版四、二二六頁）と、かなり楽観的である。また、ある儒者によれば、

「素戔烏の尊にきり殺されたてまつりし大蛇、霊剣ををしむ心ざしふかくして、八のかしら、八の尾を表事として、人王八十代の後、八歳の帝となッて、霊剣をとりかへして、海底に沈み給ふにこそ」（巻十一・剣、岩波文庫版四、二二六頁）とも言われている。こうなれば、天皇も蛇の生れ変わりに過ぎないことになる。こうして神剣は海に沈み、「千いろ（千尋）の海の底、神竜のたからとなりしかば、ふたゝび人間にかへらざるもことはりとこそおぼえけれ」と、剣は本来あるべきところに戻って、これでよかったという結論に至っている。

慈円は王権に近いところにいた知識人であるが、『愚管抄』巻五では宝剣の消失に必然的な理由があったという。「抑コノ宝剣ウセハテヌル事コソ、王法ニハ心ウキコトニテ侍ベレ」としながらも、「コレヲモコ、ロウベキ道理サダメテアルラント案ヲメグラスニ」とその道理を探る。それは、「武士ノキミノ御マモリトナリタル世ニナレバ、ソレニカヘテウセタルニヤトヲボユル也」（日本古典文学大系本、二六五頁）と、武士が天皇を守ってくれる時代になったのだから、もはや宝剣は必要がなくなって消失したのだと言っている。このように、慈円によれば、宝剣が失われたのは武士の世への移行を示すという必然性があることになる。承久の乱に批判的な慈円ならではの解釈である。

このように、中世の王権は有職故実の儀礼を基にして展開しながら、一三世紀前半には大きな転換期を迎えていた。それに対して、鎌倉幕府側は御成敗式目などの実際的な成文法を制定するとともに、朝廷を見習って儀礼の整備を進めた。幕府は過去の慣例に捉われない自由さは持っていたが、過去の儀礼の集積を持たないという点が弱点であり、それを補うために、朝廷の儀礼を受容することになったのである。次項では、京都の朝廷に倣って、新しい儀礼の形成に努めた幕府の代表として、実朝の場合を取り上げ、仏教との関係を含めて考えてみたい。王法仏法の相依関係が確立した朝廷と異なり、幕府においては、仏教との関係も手探りで求めていかなければならなかった。

三、実朝と神仏

1、都市鎌倉の形成と神仏

鎌倉というと、誰でも思い浮かべるのが、建長寺や円覚寺という禅寺であったり、鎌倉大仏であったりする。しかし、建長寺や円覚寺は北西の外れにあるし、大仏で知られる高徳院は南西の外れである。いちばん中心は、何と言っても鶴岡八幡宮と、そこから由比ヶ浜までまっすぐに通る若宮大路であろう。今でもＪＲ鎌倉駅に近く、老舗の商店が並び、特徴ある段葛は桜並木が美しい。

鶴岡八幡宮は、もともと源頼義が由比ヶ浜近くに創建した由比若宮であったが、治承四年（一一八〇）に鎌倉入りした頼朝が、最初の大きな事業として現在地に移した。若宮大路はその二年後の養和二年（一一八二）に妻北条政子の安産祈願のために造営が始められた。中央にまっすぐ幅の広い道が続くというアイディアは、京都の朱雀大路を模したとされる。しかし、最大の相違点は、朱雀大路が大内裏から南に延びているのに対して、若宮大路の出発点は八幡宮という宗教施設になっていることである。

平安京は、南端に東寺と西寺があり、都を守護するが、それ以外に都城内に宗教施設を一切設けないという点で、徹底した世俗都市ということができる。平城京がその中に大安寺などの寺院があるのと較べても、非常に厳格である。その後、宗教的な機運の高まりとともに、平安中期頃には都の中に六角堂・因幡薬師などの庶民信仰のお寺が作られ、さらには都の東端に藤原道長の法成寺も建造された。その後、院政期になると宗教熱はさらに高まり、白河法皇に始まる六勝寺など、寺院を中核とした新しい政治の拠点が都の外に形成される。ただ、都の外と言っても、都に接しているので、それ自体自立した都市形成とは言えない。その点で、独立した政治拠点でありながら、宗教施設を中核に据えた鎌倉は、新しいタイプの中世都市と言ってよい。もっとも、そのような形態は、すでに奥州藤原氏の平泉に見られる。平泉は中尊寺を中心に形成され、毛越寺・無量光院など、大きな寺院が建造されて、それとセットに政庁が設けられるという構造になっている。鎌倉は、まさしくこのような平泉の構造を継承していると考えられる。

ところで、鎌倉を単純に鶴岡八幡宮と若宮大路だけを中核として形成されたと考えると、いささか問題がある。頼朝の政庁である大倉御所は八幡宮の東側にあり、若宮大路に面していない。それだけでなく、御所のさらに東側には、巨大な永福寺が建立され、御所は二つの宗教施設に挟まれる形になっている。この東西の並びを考えると、当時の中心となる街路は若宮大路よりも六浦《むつら》道《みち》だったという（松尾、一九九七）。六浦は当時の鎌倉の唯一の良港であり、そこに至る道がメインロードであったということは納得がいく。鎌倉は、東西の六浦道と南北の若宮大路の交錯を中心に形成されたと考えられる。それが、源氏三代の滅亡とともに東西のラインが衰退し、主軸は若宮大路一本に絞られていくのである。

では、なぜ大倉御所が二つの宗教施設に挟まれる形を取ったのであろうか。鶴岡八幡宮は、もともとは石清水八幡宮を勧請したものであるが、源氏の氏神として、いわば公的な役割を負うことになる。朝廷にとっての伊勢と同じ位置に立つが、伊勢が都を離れているのと対照的である。この頃の神社は実際には仏僧が管理し、仏教的な儀礼が中心的に行われていたので、鶴岡は神仏両方の機能を合わせ持っていた。それ故に、正式には鶴岡八幡宮寺である。その住職に当たる別当は、円暁・尊暁・定暁・公暁と続くが、いずれも寺門（園城寺）の系統に属する天台顕密僧である。園城寺は源平合戦の際に反平家の立場に立ったことから源氏と接近し、頼朝が鎌倉の仏教体制を作るときにも、園城寺系がその中核を担うことになった。

鎌倉の寺門派については、平雅行の詳細な研究がある（平、二〇〇九）。それに従って鶴岡の別当を見ておくと、初代の円暁（一一四五―一二〇〇）は後三条天皇の曾孫で、母は源為義女であり、頼朝の従兄弟に当たる。二代目の尊暁（?―一二〇九）は、円暁の弟。三代目の定暁（?―一二一七）は、円暁の弟子で、円暁とともに鎌倉にやってきたと思われる。その次の四代目が公暁（一二〇〇―一九）で、よく知られたように、二代将軍頼家の子で、実朝を殺して、自らも討たれ、それによって源氏の流れが絶たれることになった。

このように、初期の鶴岡の別当は源氏と血縁関係が強い人を入れており、特に公暁は将軍の直系である。おそらく政子の方針として、「公暁を鶴岡八幡宮別当に育成して、幕府を宗教面から支えさせようと考えた」のであろう（平、二〇〇九、一一七頁）。それにより、園城寺系統を受けながらも、それから自立した、鎌倉独自の政教協力体制を目指したものと考えられる。もっとも彼らがそれだけ実力のある僧だったかというと、必ずしもそうは言えず、鎌倉の宗教界は設備的にも人材的にも未熟なまま出発することになった。とりわけ公暁は、一身に期待を集めて上京して園城寺の公胤の下で学んだが、鎌倉に戻って別当に就任したのは、まだ十七歳の時だった。到底その任務に耐えうる力があったとは考えられない。しかも、就任早々「宿願に依りて」（『吾妻鏡』。『吾妻鏡』の理解に当たっては、五味・本郷編、二〇〇九―二〇一〇、並びに龍、一九四〇―一九四一を参照し、特に書名を示さずに引用する）一千日の参籠に入ってしまう。その宿願は、父の敵である実朝を討ち取ることであった。こうして政子の計画はもろくも崩れ去る。

ともあれ鶴岡八幡宮寺は、幕府と結びついた官寺的な位置に立ち、将軍は元旦に参詣するのが慣例であった。また、八月一五・一六日の放生会も重要な祭礼であり、一六日には流鏑馬が行われ、これにも将軍が出向いた。

これに対して、永福寺は将軍の御願寺であり、個人的な祈願の場である。頼朝は文治五年（一一八九）平泉討伐の時、中尊寺の二階大堂（大長寿院）の壮大さに感銘を受けて、同年十二月には、それを模した寺院の建立にかかる。その目的は、「且は数万の怨霊を宥め、且は三有の苦果を救はんが為」と言われている。この怨霊は奥州での怨霊だけでなく、平家の怨霊も含まれるであろう。過去に例を見ないような熾烈な戦闘の死者たちは、怨霊となって付きまとい、災厄をもたらす。慈円の『愚管抄』にも、頼朝の政権について、「其上は平家のをほく怨霊もあり」（古典文学大系本、三〇四頁）と言われているような状況であった。その怨霊をどう鎮め、その危害から身を守るかは、切実な課題であった。永福寺だけでなく、御所の南には勝長寿院、北には法華堂があり、「御所に迫りくる目に見えない悪霊などから、それらの寺院が守護する」（松尾、一九九七、二八頁）構造になっていた。

鎌倉の都市形成についていささか詳しく説明したが、それは実朝の頃までその基本構造が変わらないからである。実朝も頼朝・頼家を継承して大倉御所を用いている。その頃まで怨霊への恐怖は続き、そればかりか、御家人の間でも和田合戦（建暦三年、一二一三）という大きな内乱が起こり、最後には実朝自身が身内の公暁によって殺されることになった。その中で、実朝は政治体制の整備と共に、宗教体制の確立へと歩を進めた。政治的に疑心暗鬼の続く中で、実朝は神仏への信仰を深め、積極的に新しい宗教を摂取していった。

源氏三代が絶えて以後、御所は若宮大路沿いに移されて、鎌倉は若宮大路を基軸として展開することになった。それまでの怨霊の跳躍への恐怖から解放され、都市鎌倉は新しい仏教運動の坩堝として発展していくことになるのである。

2、実朝と神仏

実朝は、基本的には頼朝以来の神仏への信仰を維持した。病気での欠席はあっても、鶴岡をはじめとして様々な儀礼に参加し、伊豆山・箱根権現の二所詣も恒例として行った。実朝が篤く帰依した園城寺僧は公胤（一一四五―一二一六?）であった。公胤については、舘隆志の詳細な研究が発表され（舘、二〇一〇)、その広範な活動の実態が明らかになってきた。

公胤は村上源氏の源憲俊(一〇六五―一一二七)の息。園城寺では、白川伯王家出身の公顕(一一一〇―七九)に従って頭角を現し、天台顕教を代表する僧として、三講の証義をたびたび務めた。当時の仏教界のネットワークの中核をなす一人として、幅広い人脈を持ち、法然の『選択本願念仏集』に対しては、『浄土決義抄』を著して、その説を破したが、その後は法然とも和解している。道元のアドヴァイザーでもあった。

公胤の師公顕も鎌倉に二度下向しているが、公胤は承元三年(一二〇九)に鎌倉に下向し、大きな感化を与えた。同年九月二十九日に鎌倉に到着し、十月十日には二階堂行光が永福寺の傍に建立した伽藍の落慶供養の導師を務めたが、その様子は、「堂上堂下市の如し」と言われる大盛況であった。同十三日には、法華堂で頼朝の月忌の導師を務めたが、豪華な布施に飾られた堂内で、「仏経讃嘆は、富楼那の弁舌を吐く」という見事な説法が人々に感銘を与えた。同十五日には、御所に参って実朝と面談し、園城寺の興隆の事や、源氏と園城寺との関係を語った。こうして、惜しまれながら同十七日には鎌倉を後にしている。

実朝の将軍就任以前から、栄西などが京から来て活動していたが、彼らは必ずしも中央で実績のある僧ではなかった。鶴岡の別当をはじめ、鎌倉の僧の質は十分に高いとは言えない状態が続いていた。その中で、押しも押されぬ当代の高僧の一人である公胤の鎌倉下向は、鎌倉の仏教が中央に公認されるだけの実質を具えてきたことの証明でもある。実朝が公胤を厚遇したのも、このような理由による。実朝は、和歌の世界でも当代の第一人者藤原定家の指導を受けるなど、中央から認められることに力を尽くした。

しばしば誤解されるように、実朝は決して貴族文化の中に取り込まれたわけではなく、都の文化を摂取することは、鎌倉にそれだけの文化水準を確立するために不可欠であった。いくら京と違う独自の文化を築くと言っても、当時の鎌倉は独自性を言える以前の段階だった。まずは都に遜色のない文化の厚みを造らなければならない。頼朝の時代に果たせなかったその課題を、若き実朝は精力的に推し進めた。公胤を招聘して破格の厚遇をしたのもその一環であり、鎌倉の仏教が中央の水準に近づいたことの証明でもあった。だが、そのような文化政策も、必ずしも順調に進んだわけではなかった。期待を担って園城寺に送り込まれ、公胤の下で学んで鶴岡の別当に就任した公暁が、実朝を暗殺することになったのは、その性急な方針のひずみによるものとも考えられる。

都からやってきた著名人の一人が陳和卿である。陳和卿は、宋からやってきた技術者で、東大寺大仏再建の際に鋳造を指導して名を上げた。頼朝が大仏供養に参列した時、対面を希望したが、和卿は、「国敵対治の時、多く人命を断ち、罪業深重なり」と言って会おうとしなかった（建久六年三月十三日）。それが、建保四年（一二一六）六月八日に、「当将軍家に於ては、権化の再誕なり、恩顔を拝せんが為に参上を企つる」と、わざわざ実朝拝謁のためにやって来たというのである。実朝のほうから招聘したわけではないことは、広元に子細を問わせていることからも知られる。

実朝は同十五日に和卿を召して対面したが、和卿は、いきなり三拝して泣き出した。その理由を問うと、和卿は、「貴客は、昔宋朝医王山の長老たり、時に吾其門弟に列す」と答えた。実朝の側にも思い当たることがあった。建暦元年（一二一一）六月三日丑剋に、「高僧一人御夢の中に入りて、此趣を告げ奉る」と言うのである。何と六年前の夢を覚えていて、それが今符合したというのである。実朝の感激はいかばかりであっただろうか。

医王山は、（阿）育王山の訛ったもので、寧波の阿育王寺のこと。阿育王はインドのアショーカ王のことであり、阿育王寺には、アショーカ王が各地に祀ったブッダの舎利の一つが伝えられたとされ、舎利信仰で知られていた。重源もまたこの寺に詣でており、日本にももっとも親しまれた中国の寺院であった。

そもそも「実朝には霊感の強いところがあったらしい」（坂井、二〇一四、一〇三頁）。承元四年（一二一〇）十一月二十四日、駿河国建穂寺の鎮守馬鳴大明神が同二十一日に小児に託して、「酉歳に合戦ある可き由」託宣があったと別当神主等が注進した。実朝は、「彼二十一日の暁に、合戦の事を夢み、其告を得たり、虚夢に非ざるか」と、自らの夢と一致したとして、その託宣は正しいものと信じ、あらためて占うことを不要とした。酉歳というのは、建保元年（一二一三）に当り、実際にこの年、和田合戦が起っている。

このように夢告を信じやすい実朝であったから、すっかり陳和卿を信じ込んでしまった。そこで、建保四年十一月二十四日には、「先生《せんしょう》の御住所医王山を拝し給はんが為、渡唐せしめ給ふ可きの由、思食し立つに依りて、唐船を修造す可きの由、宋人和卿に仰す」と、到頭渡宋計画にまで至った。これには、北条義時・大江広元ら重臣が驚いて諫めたが聞き入れなかった。翌年四月十七日に船は完成したが、それを由比ヶ浜に浮かべようとしたものの、遂にできなかった。当時の由比ヶ浜は今と違って船が着岸できたというが（高橋、二〇〇五、八二頁）それでも「唐船出入す可きの海浦に非ざる」と言われるように、巨船が浮かべるようなところではなかったから、無理もないことであった。結局、「彼船は徒に砂頭に朽ち損ず」ということになった。

和卿はもともと商人であったとも言い、その素性は必ずしもはっきりしない（五味、一九九五、一二一頁）。大仏鋳造では成功したが、それと造船とは技術的に異なるから、もともと無理な計画であった。あえて勘ぐれば、大掛かりな詐欺に引っかかったようなものである。そもそも将軍が国を離れてしまったらどうなるのか。この頃の実朝の行動には突飛で不可解なところが多い。和田合戦の後、実朝は義時や広元らの有力な御家人とも乖離を生じて、孤独を深めていた。

陳和卿と出会った直後の建保四年六月二十四日には、小河法印忠快の勧めによって六字河臨法を修することとし、同年七月二十九日に相模川で実行している。忠快は平教盛の子で、比叡山で権律師となったが、平家の滅亡とともに伊豆に流された。許されて後に、大仏供養のために上京した頼朝に伴われて鎌倉に下り、以後、鎌倉の密教を主導する（速水、一九八七、一七一頁）。ただし、その段階では鎌倉には密教修法をきちんとできるだけの設備がなく、実朝の頃になってようやく本格的に行われるようになった（同、一七〇頁）。忠快は六字河臨法だけでなく、同年五月には七仏薬師法、八月には北斗堂建立の導師をも務めて、鎌倉の密教を隆盛へと導いた。七月二十九日の河臨法実施の当日は、実朝が直々に出御し、主要な御家人が従って、総勢一万騎に及び、「無双の壮観」であったという。

ところで、六字河臨法であるが、いささか特異な修法である。もとは東密で六字経曼荼羅（六観音の種子である六字を描く）を本尊として六字法が修されたが、それを台密で取り入れ、長宴（一〇一六―八一）の頃に、台密の秘法として河臨法が編み出された（速水、一九八七、一六〇頁）。その修法は『阿娑縛抄』巻八六、八七に詳しい。川に船を浮かべて行う大掛かりなものである。『阿娑縛抄』巻八六によると、呪咀反逆、病事、産婦のために修するという。同巻所引の「勝林決」によると、「此の法、世の河臨禊に相似たり。慈覚大師、大唐に於て此を受け之を秘し給ふ。其の後、只大師の御門徒のみ之を受け伝ふ。……此は是れ呪咀を反滅する最極の秘法なり云々」（大正蔵図像部九、一六八下）と言われている。

これによると、六字河臨法はとりわけ呪咀（詛）を反滅する秘法とされている。呪詛の反逆とか反滅というのは、いわゆる呪詛返しであり、自分にかけられた呪詛を相手に戻すことで、その呪いが逆に相手に対して効力を持つことになる、きわめて危険な修法である。それを行ったということは、実朝は誰かから自分に呪いが掛けられていると考えて、その相手に切り返そうとした可能性もある。しかも、通常は夜間に秘密裏に行うであろう秘法を、白昼堂々と行い、大勢の家臣を率いて立ち会っている。そうとすれば、その中に呪詛を返す相手がいるかもしれず、その面前で呪詛返しを見せつけることになる。実朝はもはや、周囲の誰をも信用できなくなっていたのであろう。

この前年から地震が相次ぎ、建保四年の正月には江島明神の託宣があって、大海がたちまち道路に変わって、多数の参詣人が押し寄せるという「末代希有の神変」が起っている。その中で、実朝は神仏に頼りつつも、将軍親裁の態度を強めていく（坂井、二〇一四、二一八頁）。それはますます実朝の孤立を深め、やがてその不慮の死に至る破滅の道を進んでいくことになるのである。

3、仏教界の刷新と実朝

今日、かつての鎌倉新仏教中心論はまったく影を潜め、院政期から鎌倉期の仏教を新しい目で見直そうという動向が強まっている。この時代の仏教は、新仏教対旧仏教とか、正統派対異端派というような二項対立で捉えることはできない。むしろ仏教界が全体として新しい時代へ向けて興隆を目指していた。そのきっかけとなったのは、平重衡による南都焼討（治承四年、一一八〇）であり、そこからの復興事業は大仏再建を合言葉に、全国規模で盛り上がる。その音頭を取ったのが、東大寺勧進職となった重源（一一二一―一二〇六）である。重源の指揮のもとに、朝廷と幕府との政治的緊張のなかで、多額の費用の調達がなされていった。幕府も積極的に協力し、建久六年（一一九五）の大仏殿再建供養の時には、頼朝自ら参列した。この一大国家事業とも言うべき南都再建は、源平合戦後の新しい社会秩序の形成と歩調を合わせて行われ、中世における仏教と国家の協力関係の再編を進めることになった。

その際、中心となった重源は、醍醐寺で出家して、大峰修行をした行者であった。紀氏の出身とされるが、その出自もはっきりしないところがある。入唐三度と言われるが、それには疑問を持つ向きもある（大塚、二〇一七）。このように、重源は正統的な寺院の中で学問や修法を行う顕密の僧としてではなく、民間の実践者として知られるようになり、その実績が買われて東大寺の勧進を担うようになった。

このような重源のあり方は、従来の顕密の寺院内の僧侶の活動とは異なる新しいタイプの仏教者のあり方であるが、だからと言って、従来の寺院内の仏教を離れているわけではない。東大寺再建という目標自体が、既成の大寺院の復興という目標を示している。言わば、重源は既成の教団の周縁的なところに位置し、既成の枠に捉われないで活動することができる立場にいた。このような重源の活動を考えると、当時の仏教界は、新旧、あるいは正統・異端の二項対立ではなく、中心と周縁という相互に補完し、協力し合う関係によって発展したと考えなければならない。それはあたかも、かつての歴史学では朝廷と幕府を二項対立的に捉え、貴族から武士へと権力が移行すると考えたのに対して、今日では両者は相補的で、武家政権は必ずしも朝廷と対立するわけではないと見るのと似ている。

かつて新仏教と呼ばれてきたのは、この周縁的な運動であり、それが中世の進展の中で次第に自立的な教団を形成していくと見ることができる。従来、新仏教の代表と考えられてきた法然もまた、重源のネットワークの中の一人であり、文治六年（建久元年、一一九〇）、再建途上の東大寺大仏殿で浄土三部経の講義を行っている。

以上の前提のもとに鎌倉の仏教を見てみると、新しいタイプの周縁的な仏教者として、もっとも積極的に鎌倉で活動して、実朝とも親しかったのは栄西（一一四一―一二一五）であった。『吾妻鏡』では、頼朝没後、正治元年（一一九九）九月二十六日に、幕府の不動尊供養の導師となったのが初見である。翌正治二年の正月十三日には、法華堂で行われた頼朝追悼の法会の導師となっている。同年閏二月十三日、政子から亀谷の地を賜い、寿福寺の建造が始まった。同寺には、政子から十六羅漢図が寄付された（同七月十五日)。以後、栄西は幕府と良好な関係が続く。京の建仁寺もまた、頼家がパトロンであり、その後実朝に引き継がれた(多賀、一九六五、一二四頁)。その後も、営中の五字文殊像供養(元久二年、承元四年)、永福寺の宋本一切経供養(建暦元年)、祈雨(建保二年)、大慈寺舎利会(同)など、多彩な法要を営んでいる。栄西は建保三年(一二一五)に入滅するが、その後は行勇(荘厳房)が引き継ぎ、建保四年には持仏堂の本尊を文殊像から運慶作の釈迦像に替える際の供養の導師などを務めている。

栄西と実朝の親しい関係は、『喫茶養生記』の献上の逸話に見られる。建保二年(一二一四)二月四日、実朝が二日酔いで苦しんでいた時、加持に参上した栄西が良薬として本寺(寿福寺)から茶一盞を取り寄せて勧め、併せて本書を献じたというのである。二人の親密な信頼関係がうかがわれる。栄西はまた、権力者だけでなく、鎌倉で広く信奉されていた。建仁二年(一二〇二)八月十五日、舞女微妙が栄西の禅坊で出家した。彼女は日頃古郡左衛門尉保忠と密通していたが、保忠が甲斐国に下向したので、悲歎に堪えず出家したという。

このように、栄西の活動はきわめて幅広い。栄西が禅僧として分類されながらも、いろいろなことをしているのは、ともすればいまだ純粋禅に徹底しきれない兼修禅だとして批判的に見られてきた。しかし、近年名古屋の真福寺から自筆消息や密教著作が発見され、その評価は一変した(本書、Ⅱ―第三章参照)。むしろその多面的な活動にこそ、新しい中世仏教形成の躍動が見られる。

栄西は伯耆大山の基好から台密を受法し、二回目の入宋(一一八七―一一九一)まではもっぱら密教僧として活動した。帰国後の栄西は、『興禅護国論』(一一九八)を執筆したために、禅僧と思われがちだが、本書を読めば分かるように、そこでは禅以上に戒律を重視していて、後世の狭い意味での禅宗を主張しているわけではない。兼修可能な実践として、宋の新しい動向の禅を紹介し、八宗に加えることを求めたものである。建仁寺を密教・天台・禅の道場としたのも、決して妥協ではなく、それらの兼修こそ理想とされたのである。だからこそ、後年、重源の後を引き継いで、東大寺勧進職に就任して、南都復興に力を尽くしている。

このことを前提として、鎌倉での栄西の法要のやり方を見ると、例えば、頼朝供養の法要では、釈迦三尊絵像と阿字を本尊とし、金字法華経と摺写の五部大乗経を供養しており、密教的な要素を含めながらも、顕教を主としている。他の法要を見ても、密教的というよりは顕教色が強い。例えば、建保二年（一二一四）六月三日の祈雨法要は、「祈雨の為に八戒を持ち、法花経を転読し給ふ。相州已下、鎌倉中の緇素貴賤心経を読誦し、一心潔信して、精勤の誠を致さるるなり」とされており、密教的な祈雨法ではない。密教修法は忠快が担当したので、栄西は顕教的な儀礼が中心であったと思われる。

ところで、一見すると禅的な要素がないようだが、新来の宋の影響をうかがわせる要素が大きいことが注目される。宋本一切経はもちろんだが、十六羅漢・文殊・舎利・釈迦の信仰など、いずれも宋の新しい動向を反映したもので、栄西が積極的に採用し、それを政子―頼家―実朝のラインが受容していたことが知られる。おそらく京都では新来の宋風への反発が強かったことから、栄西は鎌倉を頼ったものと思われる。栄西はまさしく新しい時代の周縁的な仏教者であり、厚い伝統のある京都よりも、伝統を持たない代わりに新しいものを受容しやすい鎌倉をその活動の場として選んだのである。そして、幕府側もそれを積極的に取り入れることで、京都と差異化しながら、仏教の充実を図ったと考えられる。その延長上に、やがて北条時頼の時代に蘭渓道隆（一二一三―一二七八）を招いて建長寺を開くことで（一二五三）、鎌倉独自の禅文化を発展させることになった。

これに較べて、京では重源や栄西などの活動は見られたものの、必ずしも積極的に宋風の仏教文化を受容したわけではない。入宋した俊芿（一一六六―一二二七）は新しい戒律運動を起こすが、その拠点泉涌寺のもととなる仙遊寺は宇都宮信房の寄進によるものであり、やはり武家を媒介としなければならなかった。京で本格的に禅が受け入れられるのは、円爾（一二〇二―一二八〇）からであるが、その際伝統的な顕密仏教、とりわけ密教と融合させた独自の思想を展開することで広く受容されるようになった。こうして鎌倉の仏教は京の仏教と異なる展開を示すようになるが、実朝時代はまさにその基礎作りとなる重要な時代であったと言うことができる。

第二章　選択から総合へ
——中世仏教観の転換

一、中世仏教の捉え直し

長い間、鎌倉新仏教中心論が常識のように考えられてきた。それによれば、日本仏教の最高峰は親鸞・道元・日蓮らの鎌倉新仏教であり、堕落した旧仏教に対して、仏教本来の精神を取り戻し、高度な思想的達成を遂げたというのである。新仏教のみが、日本仏教が世界に誇ることのできる成果だと考えられた。

新仏教中心論は近代主義的な歴史観によるものであった。それは、合理主義、密教否定、神仏習合否定などの特徴を持ち、プロテスタント的なキリスト教をモデルとする、いわばプロテスタント仏教主義とも言うべき性格を持っていた。それに、戦後は民衆史観とも言うべき見方が加わり、新仏教＝反権力的な民衆仏教、旧仏教＝権力癒着的な貴族仏教という、ステレオタイプ化した二項対立的な図式が出来上がった。新仏教と旧仏教は絶対的に対立するもので、近代的な思考から見てプラスの価値をもつものはすべて新仏教が有し、それに対して、旧仏教は前近代で、中世の暗黒を表わすものとして否定的に見られた。このような二項対立を図式化すると、以下のようになろう。

新仏教	一向専修　易行　密教否定　神祇不拝　合理的　民衆的　反権力的 進歩的　近代的　プロテスタント的
旧仏教	兼学兼修　難行　密教的　神仏習合　非合理的　貴族的　権力癒着 保守的　前近代的　カトリック的

このような新仏教を典型的に表わすのは、法然・親鸞の浄土教であり、とりわけ親鸞こそがその理想型と考えられた。それ故、新仏教中心論は、浄土教中心史観とも言われる。しかも、新仏教と言っても、その本来の優れた成果は宗祖のみに見られるもので、それが教団化する中で旧仏教に妥協し、その本来の優れた性質を失ってしまうと考えられた。

鎌倉新仏教中心論は、黒田俊雄によって提唱された顕密体制論によって否定されたと言われている。確かに黒田の説は、従来否定的にしか見られなかった旧仏教の再評価を促す点で画期的であり、今日でもその先見の明は価値を失っていない。また、新仏教だけでなく、旧仏教の中の改革運動の重要性を指摘し、両者を異端＝改革運動として一体化して捉えている点も、従来の新仏教中心論を大きく超えるところであった。ただ、完全には従来の二項対立構造を払拭しきれていないところが残り、その後継者たちによって、異端派＝新仏教の価値的な優越が強調されることで、かえって新仏教中心論の二項対立構造が強められることにもなった（末木、一九九八）。

こうした新仏教中心論の二項対立的な見方に対して、今日では中世仏教をより一体化した運動として見直すのがよいように思われる。運動としての中世仏教は、おそらくは治承四（一一八〇）年の平家による南都焼討に対して、その直後から盛り上がった復興運動を大きな出発点と考えるのが適切であろう。それは後白河を旗振り役として、東国の武家政権である頼朝も協力し、具体的な担い手としては、入宋して新しい宋の文化を身に着けた重源を中心として、栄西・法然らの新しい仏教の担い手たちも積極的に関わった。いわば官民一体で、顕密寺院も新しい仏教の運動もすべてがそこに集結した。また、重源らの勧進活動は、中央だけでなく、北は平泉から南は九州まで、全国規模の仏教復興運動となった。そしてそれは、朝廷と幕府が対峙しつつ協力する新しい政治体制の形成と一体のものであった。

思想的にも、従来の新仏教理解は再検討されなければならない。新仏教があたかも時代を超越した近代的思惟を展開したかのような見方は成り立たない。近代的な発想の枠に入らない中世的な思惟を捉え直す作業が必要である。中世的な思惟は、この現世の「顕」なる世界に納まらない「冥」の世界との交流を含む総体的なものである。

さらにまた、専修対兼修という二項対立も成り立たない。兼修主義は必ずしも否定されるものではないし、従来考えられてきたほど、いわゆる新仏教の純粋主義も強いものではない。新仏教とされてきた思想家もまた、偏執的な二項対立への固執よりも、もっと全体を配慮した総合的、あるいは統合的な世界観が中心であったと考えられる（末木、二〇一四、第一章）。以下、いわゆる新仏教の祖師たちが、単純な二者択一的な選択による専修主義ではなく、寧ろ総合的な仏教観に立っていたことを、浄土教系の法然と親鸞を中心に見ることにしたい。

二、総合の二つのタイプ――法然の場合

法然は選択主義を唱え、他宗を否定して、一向専修の念仏を主張したとされている。確かにその通りで、主著の『選択本願念仏集』（選択集）は、一種の教判論と考えられ、弥陀による称名念仏の選択を中心において、それによって仏教全体を再編し、諸宗諸行を否定するという構造を持っている（末木、一九九八）。それだけ見ると、きわめて偏執的な二項対立主義のように見られるが、必ずしもそのように断定できない。法然においても単純な選択ではなく、総合への志向が強く見られる。

第一に、『選択集』の体系自体において、諸行は単純に否定され、切り捨てられるわけではない。『選択集』第三章によれば、念仏は弥陀の所有するすべての徳を含んでいるのであり、そこにすべての真理が含まれるが故に、他の行は不要となるというのである。その点で、弥陀の名号は内容豊かな総合的なものになっている。『選択集』の全体は、それを弥陀のみならず、釈迦も諸仏もみな称賛することで、名号の絶対性が確立するという構造になっている。即ち、弥陀の選択を釈迦・諸仏が承認し、宣揚するという形で、阿弥陀仏を頂点とする諸仏の総合的な体系が形成されることになる。さらに、諸行について考えてみると、『選択集』第四章では、諸行は『無量寿経』の三輩段に収められることで、その体系の中に含みこまれ、その上で否定されるという重層的な構造になっている。それ故、諸行が始めから考慮外に置かれるわけではなく、その体系の中に統合されているのである。実際、門下の証空においては、阿弥陀仏の願（弘願）に収め取られることによって、一度否定された諸行が再び生かされることが可能

とされるのである（末木、一九九八）。これを第一のタイプの総合とする。

第二に、『選択集』は確かに「浄土宗」の立宗を意図しており、そこでは明白に諸行否定を立てる。しかし、浄土宗を諸宗と並ぶ一宗として立てるということは、諸宗との併存を前提としているのであり、直ちに諸宗を否定することにならない。「宗」はいわば大学の学部、あるいは学科のようなものであり、並立はもちろん、兼学兼修も可能である。同じ頃栄西は『興禅護国論』によって「禅宗」を立宗したが、それは密教などとの併修を否定することではなかった。法然の場合も同じであり、浄土宗の立宗は、天台の円頓戒の継承者であることを妨げることではない。法然は「内専修、外天台」などと言われ、その専修念仏の主張と、天台僧としての活動が矛盾しているかのように見られがちであるが、決して両者は矛盾するものではない。全体としての諸宗の枠の中に、従来の八宗に加えて、「浄土宗」を入れようというのであり、その意味での仏法の全体性、総合性は維持される。これを第二のタイプの総合性と見ることができる。第一の総合が、自己の体系のうちに一切の仏法を含みこむものであるのに対して、第二の総合は、全体の仏法の体系の中に自己の主張を位置づけようというのである。

この第一の総合性をさらに徹底して追求したのが日蓮であった。日蓮と言うと、『法華経』至上主義を取り、他の経典や修行を否定したかのように受け取られがちである。確かに「念仏無間、禅天魔、真言亡国、律国賊」という四箇格言に代表されるように、日蓮の他宗攻撃は厳しい。しかし、この場合も単純な排他主義ではなく、念仏・禅・律・真言の諸行がすべて『法華経』の中に摂取された総合仏教の確立を意味しているのである。総合仏教であれば、もはや他の行が独立して行なわれる必要はないことになる。日蓮の遺文を見れば、日蓮が諸宗をどれほどよく勉強していたか、その熱心な勉学の様子が見て取れる（末木、二〇一〇）。

このように、いわゆる「新仏教」に分類されてきた法然や日蓮は、一見選択主義を取り、他宗や余行を単純に切り捨て否定したかのように見えるが、じつは諸宗を広く学び、総合的な仏教を確立しようとしていたことが知られる。その点で、「新仏教」とか「旧仏教」とか分けることは、およそ意味のないことである。

三、親鸞における総合性

ところで、新仏教中心論において、もっとも新仏教の典型とされてきたのが親鸞である。親鸞と言うと、従来、神仏習合や本地垂迹を否定し、神祇崇拝を拒否するなど、専修念仏の純粋主義を貫き、「信」のみを主張したかのように考えられてきた。だが、はたしてそうであろうか。じつは親鸞においても、同様に第一種の総合主義が見られる。それはとりわけ晩年の和讃などに著しい。そこで、以下では親鸞の場合にその総合性がどのように展開しているかを、和讃を中心に検討してみたい（末木、二〇一六参照）。

親鸞（一一七三―一二六二）は、九〇歳に及ぶ長寿を保ったが、六〇歳頃、それまで布教に努めていた関東を離れ、京都に戻ったと考えられている。京都でのはじめの頃の活動はよく分からないが、寛元五年（一二四七）、七五歳の時に弟子の尊蓮が『教行信証』を書写しているので、その頃には主著『教行信証』がほぼ完成していたことが知られる。その翌年から和讃の作成にかかり、八〇歳代の後半にまで及ぶ。その晩年を代表する著作と言うことができる。その和讃は、『浄土和讃』『高僧和讃』『正像末和讃』の三部作（三帖和讃）と、聖徳太子を讃嘆する『皇太子聖徳奉讃』『大日本国粟散王聖徳太子奉讃』があり、その他と合せると五百首を超える。ここでは、三帖和讃を中心に考える。

『教行信証』が漢文で書かれ、経論からの正確な引用を心がけ、知的、教理的な解釈に終始するのに対して、和文で書かれた和讃は、典拠がはっきりしない引用もかなりあり、儀礼に用いられることから、感情に訴える面が強い。七五のリズムを畳みかける和讃は、和歌と異なり、長く連なってかなり複雑な思想表現を可能にするという利点がある。

和讃における総合性は、例えば『浄土和讃』に見られる。（以下、親鸞和讃の引用は、名畑應順校注『親鸞和讃集』、岩波文庫、一九七六により、その番号を付する）

久遠実成阿弥陀仏／五濁の凡愚をあはれみて／釈迦牟尼仏としめしてぞ／迦耶城には応現する（八八）

ここでは、『法華経』の久遠実成の釈迦仏を転用して、阿弥陀仏こそが本仏であり、釈迦牟尼仏はその応現であるとして、阿弥陀仏を、一切仏を総合する最高仏と位置づける。そこから、仏の教えを広める教化的な活動は、すべて阿弥陀仏などの応現と見なされる。

弥陀・釈迦方便して／阿難・目連・富楼那・韋提／達多・闍王・頻婆娑羅／耆婆・月光・行雨等（七八）

大聖おのおのもろともに／凡愚底下のつみひとを／逆悪もらさぬ誓願に／方便引入せしめけり（七九）

釈迦・韋提方便して／浄土の機縁熟すれば／雨行大臣証として／闍王逆悪興ぜしむ（八〇）

これらによれば、浄土教が説かれる機縁となった阿闍世・韋提希らの話は、すべて仏が方便して仕組んだ一場の劇であり、阿闍世や提婆達多の悪人もまた、じつは聖者の化現だということになる。このことは、『教行信証』の序などにも見られるが、本地垂迹にきわめて近い発想である。後に、覚如の伝記『慕帰絵詞』では、このことを「頻婆娑羅王・韋提夫人・阿闍世太子・達多尊者・耆婆大臣等の金輪婆羅門種姓までも、あひ猿楽をしつゐに仏道に引入せしめ」（『真宗聖教全書』三、七八三頁）とあって、それを一場の猿楽的な演劇と表現している。即ち、彼ら登場人物は、「冥」なる世界の仏が「顕」なる世界に顕現した姿と見ることができる。

こうした立場から、聖徳太子はもちろん、浄土教の高僧たちは皆、聖者の化現と見られることになる。とりわけ師の法然（源空）への尊崇は厚かった。法然が勢至菩薩の化身であるということは、親鸞だけでなく、ある程度法然門下で共有されていたが、親鸞はそれをさらに極端まで進める。

本師源空の本地をば／世俗のひとびとあひつたへ／綽和尚と称せしめ／あるひは善導としめしけり（一二三）

源空勢至と示現し／あるいは弥陀と顕現す／上皇・群臣尊敬し／京夷庶民欽仰す（一二四）

これらの和讃によれば、法然は勢至菩薩だけでなく、阿弥陀でもあり、またかつては道綽とも善導とも化現したというのであって、彼ら祖師たちはすべて一つに統合される。

阿弥陀如来化してこそ／本師源空としめしけれ／化縁すでにつきぬれば／浄土にかへりたまひにき（一三二）

というのであって、阿弥陀仏の還相廻向の姿と考えることができる。このように、釈迦をはじめとする諸仏はもちろん、釈迦在世時に浄土開顕の機縁を作った人たちも、あるいは法然のような人師たちもまた、すべて阿弥陀仏に統合されることになる。

そうであれば、神々もまたその枠の中に入ってくる。諸神は阿弥陀仏の化身とは認められないが、少なくとも弥陀に従属する立場である。

南無阿弥陀仏をとなふれば／梵王・帝釈帰敬す／諸天善神ことごとく／よるひるつねにまもるなり（一〇〇）

天神地祇はことごとく／善鬼神となづけたり／これらの善神みなともに／念仏のひとをまもるなり（一〇六）

南無阿弥陀仏をとなふれば／十方無量の諸仏は／百重千重囲繞して／よろこびまもりたまふなり（一一〇）

これらの和讃を見れば、親鸞が決して神祇信仰を否定しているのではないことが分かる。親鸞もまた、「顕」なる世界の裏に「冥」なる神々の世界を見ていた中世人であり、その「冥」なる世界は阿弥陀仏を頂点とする壮大なパンテオンを形成しているのである。かつて親鸞は神祇信仰を否定し、神祇不拝を主張したかのような言説が流布したことがあるが、それはおかしなことである。阿弥陀仏だけ崇拝して他はすべて否定するというのであれば、親鸞の太子崇拝や法然崇拝もおかしいことになろう。覚如の『諸神本懐集』の神祇信仰は、親鸞自身の信仰と必ずしも乖離しているわけではない。

このように考えるならば、親鸞の見ている世界は、法然における総合性の第一の立場と近い、というか、その発展した形であると考えられる。それはまた、『法華経』の久遠実成の釈迦仏を頂点とする天台＝日蓮の世界観とも通ずるものがある。かつまた、それは大日如来による密教的な諸仏の統合とも関係する。院政期以後の密教において、教主論が大きな主題となっていたことも思い合わされる（本書、

Ⅱ―第三章）。親鸞の浄土教世界はこのような時代性の中に位置づけられる。

親鸞というと、政治と距離を置く立場を取ったかのように思われがちであるが、はたしてそうであろうか。むしろ若い頃から王法仏法問題には関心を持っていたと考えられる。例えば、若き親鸞の行く道を定めたとされる聖徳太子＝救世観音の夢告に出る「玉女」は、もともときわめて王権と密接に関係している。この点に今はこれ以上立ち入らないが（末木、二〇一六参照）、和讃においても、王権との関係は重要なテーマとなっている。聖徳太子を「和国の教主」として讃える太子関係の和讃において、太子は王権と切り離された信仰上の問題として見られているわけではなく、むしろ王法仏法合一の理想として考えるべきであろう。親鸞にとっても、当時の常識のままに、王法は仏法と切り離されたものではなかった。ただ、親鸞においては、明らかに仏法は王法を超えるもので、王法の側が正しい仏法に服さなければならない。

承久の太上法皇は／本師源空を帰敬しき／釈門儒林みなともに／ひとしく真宗に悟入せり（一二一五）

「承久の太上法皇」は、後高倉院のこととされるが、法然に帰依したという事実はないようである。まして「釈門儒林みなともに」念仏に帰したなどということは、全く事実とは異なる。しかし、親鸞からすれば、法然の説いた正しい仏法である浄土念仏の教えは、日本全体が帰依すべきなのである。それ故、そのような正しい仏法に背き、誹謗することは許されないことであり、それに対しては妥協のない厳しい態度を堅持した。それが、『教行信証』の後序における「主上臣下、法に背き義に違し、忿をなし怨を結ぶ」という厳しい糾弾となったのである。和讃においてもその態度は変わらない。

念仏誹謗の有情は／阿鼻地獄に堕在して／八万劫中大苦悩／ひまなくうくとぞときたまふ（二七九）

ところで、親鸞の晩年の立場として「自然法爾」が問題とされるが、それはどのように位置づけられるのであろうか。「自然法爾」の立場は、『末灯抄』に収められた消息に記され、また『正像末和讃』に付載される。正嘉二年（一二五八）親鸞八六歳の時のものである。その中で、「自はおのづからといふ、行者のはからひにあらず、然といふは、しからしむといふことばなり。しからしむといふは、行者のはからひにあらず、如来のちかひにてあるがゆゑに法爾といふ」という「自然法爾」の規定は、納得しやすいが、問題は、次の一段である。

ちかひのやうは、無上仏にならしめんと誓ひたまへるなり。無上仏と申すは、かたちもなくまします。かたちもましまさぬゆゑに、自然とは申すなり。かたちましますとしめすときには、無上涅槃とは申さず。かたちもましまさぬやうをしらせんとて、はじめて弥陀仏と申すとぞ、ききならひて候ふ。弥陀仏は自然のやうをしらせん料なり。

これによれば、無上仏は「かたちもなくまします」のであり、それが「自然」である。阿弥陀仏はその「自然のやうをしらせん料」だというのである。そうとすれば、「かたちもなくまします」無上仏は、阿弥陀仏を超えた絶対仏的な性格を持つことになる。もっともこのような立場は『教行信証』証巻に由来するもので、そこに引かれた曇鸞の『往生論註』の法性法身・方便法身説に基づくものと考えられ、その点では『教行信証』につながるということができる。ただ、阿弥陀仏を「自然のやうをしらせん料」とまで言うのは、『教行信証』などには見られない新しい発展ということができよう。「自然」である「無上仏」は、阿弥陀仏による総合をさらに推し進め、深めたものと言うことができる。

この時代に、同じような仏身論の深化は他にも見られる。円爾（弁円）は、聖一派の派祖とされる禅の請来者の一人であるが、同時に台密の継承者としても知られる。円爾は、大日如来を深めて、「一智法身」を立てたが、これは、「両部の大日如来を凌駕する根本的な仏身」（水上、二〇一七）であるとされる。親鸞の自然法爾説も、きわめてそれと類似したところがある。そうとすれば、自然法爾説もまた、時代と無関係ではなく、円爾などと共通の時代背景の上に成立したものと考えられよう。ちなみに、円爾はその「一智法身」をもさらに深めた「無相菩提」を立てるのであるが、それについては本書第Ⅱ部で考察することにしたい。

三、総合型の宗教の再評価

以上のように、いわゆる新仏教の祖師たちにあっても、一方的な選択と他なるものの否定的な切り捨てではなく、他なるものを配慮しながら、それを自らの体系の中に含み込み、総合していくことを目指していたことが知られるであろう。かつてのように、一面的な選択主義の故に「新仏教」を評価するということは、もはやできなくなっている。そうとすれば、むしろ兼修兼行のほうが当時の仏教のモデルとすべきもので、従来否定的にしか見られなかった、いわゆる旧仏教の思想家を再評価する必要が出てこよう。

その典型として、無住道暁（一円）を挙げることができる（末木、二〇〇八、第八章）。無住は独自の四句分別をもって諸行を比較する。例えば、悲と智について、悲と智がともにあるのが上品、どちらか一方だけあるのが中品、どちらもないのが下品と位置づけられる。このように、複眼的な視点から諸行を比較し、よりよい修行の道を目指している。かつては無住のような兼修兼学は、専修に徹することができない旧仏教＝顕密仏教の妥協的態度と見られ、新仏教の運動に敵対する守旧派として、ほとんど研究に値しないかのように思われてきた。しかし今日、無住のように諸行に広く目配りし、冷静沈着に判断する態度は高く評価すべきではないかと考えられる。

かつて禅においても、兼修禅というと否定的に見られ、純粋禅が重んぜられた。例えば、栄西や円爾のように、密教を併修するのは、まだ純粋禅に至らない、妥協的な兼修禅と見られた。それに対して、道元や、応灯関（大応―大灯―関山）の純粋禅こそ、本来の禅のあり方だと考えられた。しかし、道元においても、戒律や儀礼はきわめて厳粛に守られているのであり、また、経典を重視している。決して禅のみでよいというのではない。今日もはや純粋禅／兼修禅の二項対立は意味をなさない。

兼修は、先の法然に関して述べた第二の総合性の方向であり、親鸞や日蓮では必ずしもこの面は十分に展開せず、第一の総合性のほうが重んぜられた。この方向は、その総合の中に世俗性をも含みこむことで、世俗に対する仏法の優越論を導くことになる。第二の総合性の立場は、王法と仏法を並列する王法仏法相依論の立場に立つのと対照的である。その仏法の優位性が、やがて中世末期には一向一揆や法華一揆の形で現れることになった。

中世前期にあたる一二世紀後半から一三世紀には、このように仏教全体を視野に収めた総合的な理論や実践が勧められたが、それが一三世紀末から一四世紀になると次第に宗派化が進み、仏教全体に対する総合的な視野が欠如して、宗派の中に閉じこもることになったと考えられる。それが近世の宗派的な仏教につながることになる。その点で、今日につながる宗派仏教の起源を一四世紀頃に求め、「鎌倉新仏教」よりも「室町新仏教」を立てる見方も、それなりに意味があることのように思われる。

第三章　中世仏教の形成
――平安仏教から鎌倉仏教へ

一、平安仏教から鎌倉仏教へ

かつての鎌倉新仏教中心論の時代には、平安仏教と鎌倉旧仏教が連続するのに対して、新仏教はまったく新しい仏教として、前代との断絶が強調された。しかし、今日ではそれほど単純な線引きはできないと考えられている。平安仏教もまた一纏めにはできず、時代的にかなり大きな変化がある。

ひとまずここでは、平安初期（～九世紀）と中後期を分けてみる。一般の歴史から言えば、初期は古代、中期からは中世に属することになる。確かに仏教の場合も、初期の最澄や空海らの仏教が国家規模で形成されるのに対して、中期になると国家的性格がなくなるわけではないが、摂関期に移行する中で、次第に私的な祈禱が中心になる。その間には確かに断絶がある。叡山天台で言えば、安然はまさしく平安初期の仏教思想の諸問題を総合する体系を築くことによって、ひとつの時代の終わりを告げた。安然以後、良源の復興まで半世紀ほど、叡山の暗黒時代とされ、また、真言宗においても、空海の直弟子時代からしばらく停滞が続き、済暹によってようやく教学が復興されることになる。

それ故、ひとまず平安初期と中期以後を分けることは許されるであろう。ただし、平安初期から中期へかけては、仏教思想上の問題はつながる一面も持っている。源信の『一乗要決』（一〇〇六）は最澄・徳一以来の三乗一乗論争を決着させようとするものであるし、平安中期以後の密教は安然を継承する中で展開する。それ故、初期と中期は必ずしも厳密に区切られるわけではない。むしろ平安初期の仏教は、その後の日本仏教全体の基盤を形成したということができる。

それでは、平安中期以後、鎌倉期・室町期までを中世仏教として一纏めにできるであろうか。確かに、平安中期の源信以後、浄土教に見られるように個人の実践が重視され、多様な実践方法が工夫される。その中には、出家者のみならず、在家者の活動も見られるようになってくる。さらには、一二世紀後半には貴族層を超えて広範な社会運動となっていく。それが鎌倉仏教につながっていくと考えられる。

従来、いわゆる鎌倉新仏教とされてきた新しい仏教は、院政期の一二世紀後半から一三世紀に展開してくる。しかし、かつて考えられたように、新仏教対旧仏教という図式は成り立たない。むしろ平重衡による南都焼討（一一八〇）の後を受けて、後白河法皇を筆頭に、官民を挙げての巨大なプロジェクトとして、仏教復興の新しい機運が盛り上がると考えるほうが理解しやすい。そこに一種の断絶を見ることは不可能ではない。

しかし、思想的には源信―覚鑁とつながる実践思想の新たな展開と考えることができ、その点では、一一世紀から一三世紀あたりまでは連続的に見ることもできる。それに対して、一三世紀末から一四世紀には宗派化が進むことになり、それが近世の宗派仏教につながることになる。その観点からすれば、中世前期と中世後期との間にはある程度の断絶があると考えられる。

一三世紀後半になると、従来の八宗体制に禅宗と浄土宗が加わり、十宗となる。これまでの八宗が基本的に国家に公認されるという形で、国家との関係を強く持っていたのに対して、禅宗や浄土宗は性格的にかなり大きく異なっている。それらは民間の聖によって広められ、そこから、その造悪無礙の態度がしばしば社会問題化することにもなる。律宗なども加わり、松尾剛次の言う「遁世僧」（松尾、一九九八）による仏教の社会的な広がりが注目されることになる。このように、教学的な思想だけでなく、実践的な思想が大きく展開するものと考えられる。

このように、平安期から鎌倉期へかけての仏教は、連続と断絶の両面を持ちながら展開していく。ここでは、教学思想的な面を中心としながら、その間の仏教の進展を見ていくことにしたい。

二、平安初期の諸宗論争――日本仏教の基盤形成

奈良後期から平安初期にかけての各宗の教学研究はきわめて高度に進み、相互の論争も活発化してきた。停滞した南都六宗に対して、最澄と空海の新仏教が突然割り込んでくるというような見方は、今日では通用しない。それは、いわゆる鎌倉新仏教の場合と同様である。むしろ、諸宗の活発な活動が、さらなる最澄や空海の出現を可能にしたということができる。それによって、その後の日本仏教の基盤が形成されたと見ることができる。そこで、ここでは諸宗間の論争（諍論）という観点から当時の仏教思想の展開を見てみよう（本章は、末木、一九九五に基づき、一々参考文献を注記することは略す。巻末の参考文

献の一覧に主要な参考文献を掲げたので、参照されたい）。

その観点から見ると、だいたい四期に分けることができるであろう。

第一期――奈良後期から平安初期にかけての三論対法相などの論争。

第二期――最澄の天台宗開創に関する南都との論争

第三期――いわゆる天長六本宗書とされる諸宗の体系化と優劣論争

第四期――最終的に安然が出て、諸宗の論争を統合する。

以下、このような時期区分に従って、諸宗の論争という観点から、平安初期の仏教思想の展開を見てみよう。

1、第一期――法相・三論の論争

通常南都六宗と通称されるが、これら六宗が早くから確定されていたわけではない。華厳宗は成立が遅れるので別として、養老二年（七一二）の僧綱に対する布告に「五宗の学」とあるのが、もっとも古く「五宗」に言及された例であるが、その後も、天平十九年（七四七）の段階でもまだ、修多羅宗・三論宗・律宗・摂論宗・別三論宗（『大安寺資財帳』）、律宗・三論宗・唯識宗・別三論宗（『法隆寺資財帳』）などの名が挙げられており、必ずしも「五宗」に限定されていたわけではない。「六宗」という言い方は、天平宝字四年（七六〇）の僧綱奏文にはじめて見え、この頃には華厳宗も含めて、いわゆる南都六宗の体制が確立していたと考えられる。即ち、その体制が確立するのは、八世紀の後半である。

そこに至るまで、多数の仏典が請来され、それらが組織的に写経され、研究の準備が整ってきた。その前提の上に、八世紀後半になって、ようやく仏典の本格的な研究が進められ、その成果が見られるようになった。この頃には、これら諸宗は、それぞれ寺院内に各自の研究所とも言うべき「宗所」を持ち、それぞれの祖師を祀り、関係する蔵書を有していた。あたかも大学の学部のような研究体制が確立していた。

六宗は倶舎・成実・律・三論・法相・華厳の諸宗であるが、一口に六宗といっても、それぞれの性格が異なり、必ずしも対等に並列されるものではない。倶舎・成実は寓宗とされてそれ自体で自立するものではなく、律は諸宗に通ずるものとして重視されたが、それが大きな問題となるのは、最澄と南都の大乗戒論争を待たなければならない。華厳は成立が遅く、奈良末から平安初期にかけて、寿霊『五教章指事』六巻によってようやく教学が本格化した。

このように南都六宗といっても、もっとも活発に研究されたのは三論と法相である。そのうち、三論宗は早く伝えられたが、奈良時代後期にはやや衰退し、新時代を代表する法相宗が全盛を誇った。三論宗を代表する学者は智光（七〇九—七七〇／七八一）で、『浄名玄論略述』や『般若心経述義』を著し、その中で法相批判を行なっている。法相宗では、善珠（七二三—七九七）が『因明論疏明灯抄』『唯識義灯増明記』をはじめとする多数の著作を著した。善珠には三論宗に対する批判はあまり見られないが、奈良時代末になると、法相からも三論批判が見られるようになった。三論の空に対して、法相は有を主張するところが、両者のもっとも大きな対立点であり、さらに三論が一乗説を立てるのに対して、法相が三乗説を立て、これは後に天台対法相の論争に継承されることになった。

2、第二期――最澄をめぐる論争

最澄（七六七―八二二）は延暦二三年（八〇四）に入唐し、翌年帰国したが、その翌年延暦二五年（八〇六）には、他宗と並んで天台法華宗の年分度者（毎年得度を受ける者）二名が認められ、天台宗が公認された。最澄は中国から円（天台教学）・戒・禅・密の四つの流れを伝えたといわれ、当初は仏教界に新しい刺激を与えたということで、南都側とも協調的であった。しかし、弘仁四年（八一三）頃から次第に対立するようになり、最澄の晩年は二つの大きな論争に明け暮れることになった。一つは法相宗の徳一との間で交わされた三乗一乗論争（三一論争）であり、もう一つは比叡山に大乗戒壇を設立しようとして南都側の反発を招いた大乗戒論争である。

（1）三乗一乗論争

まず、三乗一乗論争を見てみよう。相手の徳一は、会津に住んでいたというが、その伝記はほとんど不明である。著作も大部分は散逸し、完本としては真言宗を批判した『真言宗未決文』が残るだけである。ただ、最澄との論争関係の著作は、最澄が引用したものが残されており、そこから復元する研究が進んでいる。両者の論争は、弘仁七年（八一六）頃から始まっており、徳一が『仏性抄』を著して『法華経』を権（方便）としたのに対して、最澄が弘仁八年（八一七）に『照権実鏡』で論駁したところから、本格化した。以後、徳一側は『中辺義鏡』『遮異見章』『恵日羽足』などで論難し、最澄側は『守護国界章』（八一八）『決権実論』『通六九証破比量文』『法華秀句』などで反駁している。

これらの論争の内容は、天台・法相の教学をめぐって多岐にわたるが、とりわけ、三乗・一乗問題、悉有仏性か五性各別かなどの問題は、この後の日本仏教を大きく規定する意味を持つものであった。三乗・一乗というのは、声聞乗（仏の教えを聞いて悟る小乗の聖者の道）・縁覚乗（自分だけで真理を悟る小乗の聖者の道）・菩薩乗（衆生を救済する大乗の修行の道）の三つの道（三乗）が各別であるとするか、それともそれらはすべて究極的に仏となる唯一の道（一乗）に帰着するかという問題で、前者は法相の立場、後者は天台の立場である。

悉有仏性か五性各別かというのも、これと関係するが、あらゆる衆生に仏となる原理（仏性）が具わっていると見るのが悉有仏性説で、天台宗の立場である。それに対して、法相宗は、修行者の能力の違いによって、声聞・縁覚・菩薩に定まっているか、いずれになるか不定であるか、あるいはどれにもなれない無種性であるかの五つの違いがあるとする（五性各別）。

この議論は、中国でも法相宗の伝来に伴って唐代に議論されたが、中断していた。それが日本で再燃したものである。『法華秀句』巻中は、この論争を中国のみならずインドにまで遡って資料を収集したもので、最澄がこの問題を三国にわたる論争として位置づけていたことが知られる。法相宗は、やや機械的な分類ではあるが、能力の違いをそのまま認めようという現実主義的な立場であるのに対して、天台宗の立場は、能力の差を超えて理想を実現できるとする理想主義的な立場だということができる。中国でも法相宗が衰退するとともに、五性各別的な主張は衰退するが、日本でも、その後一乗主義、悉有仏性説が優位に立つようになる。平安中期の応和の宗論を最後に、この論争は終焉し、源信の『一乗要決』は、一乗説を最終的に確立し、整理したものである。

論争の最後を飾る『法華秀句』は、最澄の死の前年弘仁一二年（八二一）に著されたが、論争から離れ、『法華経』の優越性を十項目にわたって論じ、最澄の『法華経』中心主義を明瞭にうかがわせるものとなっている。中国天台でも『法華経』を重視するが、日本天台ではとりわけそれを絶対視する傾向が強く、それは最澄に始まることである。このうち、第八の「即身成仏化導勝」は特に注目される。『法華経』には即身成仏が説かれているのに、他の経典には説かれていないとするものである。最澄はその証拠として、提婆達多品の龍女成仏を挙げる。八歳の龍女が『法華経』を信ずることによって成仏したという話である。即身成仏説は日本密教において発展するが、最澄はそれを『法華経』の立場から主張し、その後大きな影響を与えた。

ちなみに、上述のように、徳一の唯一完全な形で現存する著作が『真言宗未決文』であるが、それは空海の密教思想を十一条にわたって論駁したものである。その中の第三条で即身成仏の問題を取り上げている。そこでは、真言宗で用いる『菩提心論』の即身成仏説を、行を欠くことと慈悲を欠くことの二点から論駁しているが、そこに天台の即身成仏についても批判を加えて、方便説であるとしている。

『未決文』の成立は『法華秀句』より遡ると考えられ、恐らくこの部分は後に付加されたものと思われる。徳一が常に最新の情報を受け止めながら批判を加えていたことが知られる。

(2) 大乗戒論争

最澄をめぐるもう一つの大きな論争は、大乗戒壇独立をめぐるものである。中国では、諸種の戒が伝えられた中で、『四分律』に基づく戒を完全な戒（具足戒）として出家者に適用していた。それが鑑真によって日本に伝えられ（七五四）、東大寺・下野薬師寺・筑紫観世音寺の三戒壇において授戒が行なわれ、一人前の僧になるにはそのいずれかで授戒を受けなければならなかった。

『四分律』は法蔵部という部派のものであるが、最澄は大乗仏教の立場に立つ以上、部派の戒では不十分で、大乗独自の戒を用いるべきだと主張し、延暦寺に大乗戒を授ける大乗戒壇を設けることを主張した。最澄は弘仁九年（八一八）に「天台法華宗年分学生式」（六条式）を朝廷に提出し、続いて同年に「勧奨天台宗年分学生式」（八条式）、翌年には「天台法華宗年分度者回小向大式」（四条式）を提出して、大乗戒壇の設立を願い出た。これらを『山家学生式』と総称する。当然のことながら、南都の諸宗はそれに対して強く反発した。南都の僧綱による反論を再度最澄が反駁したものが『顕戒論』（八二〇）であり、最澄は徳一との論争に加えて、まったく同時にもうひとつの激烈な論争に自ら身を投ずることとなった。最澄の生前に認められなかった大乗戒壇は、弘仁一三年（八二二）、最澄没後七日目にようやく認められた。

最澄が用いようとしたのは『梵網経』に説かれる梵網戒であるが、これは実際には中国や日本でも具足戒と併用する形で用いられてきた。ただ、これだけでは出家者の規則としては不十分で、在家者にも共通する大乗の菩薩の精神を授けるものと考えられていた。鑑真が来日した際も、聖武上皇など在家者にこの戒を授けている。最澄はそのことを大乗戒のプラスの点として評価し、四条式では、「その戒広大にして、真俗一貫なり」と表現している。即ち、「真」（出家者）の世界が、「俗」との連続性において捉えられ、それが大乗精神の発露とされているのである。

六条式の冒頭は、「国宝とは何物ぞ。道心を宝とするなり。道心ある人を、名づけて国宝と為す」と、道心ある大乗の修行者を「国宝」と捉えている。その指導の下に、各地に国師や国用と呼ばれる出家者が活動し、それによってはじめて全国に菩薩の精神が行きわたり、世俗の権力と協力することで、理想の国土を造ることができることになると考えられている。このように、大乗の修行と世俗の国家とは不可分と考えられているのである。それは、三乗一乗論争を通して、すべての衆生を同じ大乗の資質を持つと主張したこととの実践的な展開であったと見ることができる。

このように、最澄は大乗戒壇の主張を通して、雄大な仏教国家の理想を描き出している。真俗一貫の立場から、「真」である出家の菩薩が、「俗」の在家の菩薩である君主と力をあわせ、人々の福利に努めるとともに、人々を悟りへと導いていく。それこそが大乗の菩薩の道であり、そこに一乗思想の理想が実現されることになる。このような王権と仏法の協力体制は、中世の王法仏法相依論につながるものである。しかし、そのような理想は、逆にともすれば仏教が世俗化し、世俗社会の中に取り込まれる危険をも伴うものであった。実際、その後の日本仏教では必ずしも戒律は厳守されず、むしろ社会的な活動を積極的に進める方向に展開した。妻帯して「非僧非俗」を表明した親鸞は、その典型ということができる。

3、第三期――「天長六本宗書」と空海

「天長六本宗書」というのは、天長年間（八二四―八三四）に、勅命によって各宗の教義を記して提出させたものと言われる。はたしてそのような歴史的事実があったかどうかは確定されていないが、その時期に以下のような諸宗の綱要書が書かれたことは事実である。

法相宗　護命『大乗法相研神章』五巻
三論宗　玄叡『大乗三論大義鈔』四巻
華厳宗　普機『華厳宗一乗開心論』六巻（巻下本のみ存）
律宗　豊安『戒律伝来記』三巻（巻上のみ存）
天台宗　義真『天台法華宗義集』一巻
真言宗　空海『秘密曼荼羅十住心論』十巻

ここには南都六宗のうち、倶舎宗・成実宗が入っていない。真言宗は年分度者が認められたのは、空

海（七七四―八三五）の晩年である承和元年（八三四）であるが、それまでにすでに着々と新しい密教の地盤を確立していた。

これら六書のうち、普機・豊安のものは一部しか現存せず、義真のものは小部であるが、護命・玄叡・空海のものはかなり大部で、自宗の教理を整理するとともに、それぞれの立場から、他宗を批判したり、諸宗全体の体系化を図っている点が注目される。例えば、玄叡『大乗三論大義鈔』では、前半を「自宗を述ぶ」、後半を「他宗と諍う」として、後半ではインド以来の仏教教理に関する論争（諍論）を、空有諍論・常無常諍論・三一権実諍論など、十項目に分けて整理している。

また、護命『大乗法相研神章』では、全体を十四門に分けて、総顕三界差別門で、仏教の世界観を総説することから始め、法相宗の立場に立った仏教概論とも言うべき総合的な体系化がなされている。その中の「略顕諸宗各異門」では、華厳宗・大小持律宗・三論宗・法相宗・天台宗・成実宗・倶舎宗の諸宗の教理を問答体で略説している。未公認の真言宗は入っていないが、諸宗の併存体制がほぼ確立していることが知られる。第二期の最澄が自宗の存立をかけて論争を挑んだのに較べて、相対的な安定状態に向かっていることが知られる。

空海の真言宗の確立はこのような状況の中に位置づけられる。空海は、大同元年（八〇六）、唐から帰国後、着々と密教の定着を実現してきた。『弁顕密二教論』で、顕教と対比して密教の優位を説き、『即身成仏義』では、中核となる即身成仏の理論を確立した。『即身成仏義』に関しては、偽撰説もあるが、ひとまずその理論を概観しておくならば、本書の中心思想は、「六大無礙にして常に瑜伽なり、四種曼茶各々離れず、三密加持すれば速疾に顕わる、重々帝網なるを即身と名づく」という偈に簡潔に表明されている。

六大とはこの世界を構成している六つの要素、即ち、地・水・火・風・空・識である。それらは我々の身心の構成要素であるとともに、そのまま仏のあり方であり、それ故、我々はすでに本来、仏としてのあり方を実現しているのであり、その意味では、我々は本来的に成仏していると言うことができる。

この本体（体大）としての六大が現象的なすがた（相大）として現われたものが四種曼荼羅である。曼荼羅というのは、世界の根本構造を感覚的な表象によって表わしたもので、大曼荼羅（通常いう曼荼羅）・三昧耶曼荼羅（仏の持つ法具によって表わしたもの）・法曼荼羅（仏を表わす梵字〔種子〕によって表わしたもの）・羯磨曼荼羅（諸仏のはたらきによって表わすもの）の四種類が四種曼荼羅である。このような基礎の上に三密加持の実践が成り立つ。それは、身に印契を結び、口に真言を唱え、心（意）に三昧の境地に住することにより、行者の身・口・意のはたらき（三業）がそのまま仏の身・口・意のはたらき（三密）と合致することである。ここに成仏が実現することになるが、それは瞬時に成就されるのであり、それ故「速疾に顕わる」と言われる。

このように、即身成仏というのは、世界の構成要素である六大がそれ自体仏そのものであるという意味での本来成仏と、それを基礎に実践的に実現する速疾成仏の二面があると見ることができる。後の本覚思想になると、実践の側面が弱くなり、本来成仏の面だけが強調されるようになる。

天長六本宗書の一つに数えられる『秘密曼荼羅十住心論』と、その簡略版である『秘蔵宝鑰』は、精神世界の深まりを十段階を追って述べ、それによって諸宗を体系付けながら、密教の絶対性を証明しようという壮大な構想からなっている。

1、異生羝羊心——凡夫の心が羊のように愚かなこと。誤った外道。
2、愚童持斎心——愚かではあるが、道徳を守るようになった段階。儒教などの外道。
3、嬰童無畏心——善行によって天に生まれることを信じ、恐れがなくなった段階。
4、唯蘊無我心——実体的な自我がなく、要素（蘊）のみと知る段階。小乗の声聞。
5、抜業因種心——業と因果の理を知る段階。小乗の縁覚。
6、他縁大乗心——他者救済の大乗の心を起こす段階。法相宗。
7、覚心不生心——一切存在の不生不滅を悟る段階。三論宗。
8、一道無為心——因果を超えた悟りの段階。天台宗。
9、極無自性心——一切存在に本性のないことを悟る段階。華厳宗。
10、秘密荘厳心——最高の密教の立場。真言宗。

このように、十住心の段階は、浅い立場から次第に深まっていく心の展開であると同時に、諸宗を段階的に配列して優劣を判定し、前九段階の顕教よりも第十段階の密教が優れたものと見ている（九顕一密）。即ち、十住心は一種の教判論（仏教内の諸説の優劣を判定し、体系付けること）としての意味を持つものである。しかし、密教の究極の立場に立てば、前九段階の顕教もすべてその真理の一面を含んだもので、その意味では密教の中に含まれるということができる（九顕十密）。後述のように、この立場を極限まで押し詰めたのが、安然であった。

4、第四期――安然による大成

上述のように、九世紀前半の天長年間頃には、南都六宗に天台・真言両宗を加えた八宗体制が確立し、それを前提とした上で、それらを体系付け、仏教を全体としてどのように理解するかという問題へと展開していった。その中で、新たな展開を示したのは天台宗であり、円仁（七九四―八六四）、円珍（八一四―八九一）らによって、密教が大幅に取り入れられた。もともと最澄も密教を伝来しているが、空海のように体系的、総合的なものでなかったために、密教への要求が高まる中で、天台宗は遅れを取ることになった。そこで、円仁・円珍らは入唐して主として密教を導入しようとした。

東寺による空海系の密教を東密と呼ぶのに対して、こうして展開した天台の密教を台密と呼ぶ。台密では、『法華経』に基づく天台円教と密教との関係が大きな問題となり、次第に密教のほうが優位に立つようになっていった。円仁の段階では、両者は理としては同じであるが、実践の面から異なる（理同事別）とされていたのが、円珍では、理としては同じでも、実践の面では密教のほうが優れていると認めた（理同事勝）。このような台密理論の完成者が安然（八四一―？）で、密教の優位のもとに、すべての教説を統合することを企図した。

安然は元慶八年（八八四）に元慶寺の伝法大阿闍梨に任じられているが、それ以外はほとんど知られるところがない。最澄の一族の出身で、円仁に師事したことなど、その著作に記されているが、没年さえも明らかでない。ひたすら学問に打ち込んで、多数の著作を残したことで知られている。入唐を志したが、遣唐使が中止され、入唐できなかった。このことは、仏教が日本化する一つの転機として注目される。

安然は、比較的若い頃、『即身成仏義私記』『斟定草木成仏私記』など、密教色が薄い理論的な著作を著している。とりわけ、『斟定草木成仏私記』は、平安初期の草木成仏説を整理し、その後の展開の基礎を作ったものとして注目される。中国でも、非情成仏（無情成仏）の議論はあったが、あくまでも衆生（有情）の実践が中心課題であったので、非情である草木の成仏は必ずしも大きなテーマとしては発展しなかった。ところが、初期の日本天台の学僧が中国天台の指導者に教学上の問題を質問した『唐決』では、日本側は盛んに草木成仏の問題を取り上げ、非情である草木がそれ自身修行して成仏するのかという問いを提出している。しかし、このような問いは中国側には十分に理解できず、一般論的な答えしかえられなかった。

安然は『斟定草木成仏私記』の中で、中国側の答えを批判し、有情である動物と非情である草木とは本質的に区別がないとする。それ故、有情が発心・修行・成仏するのであれば、草木もまた発心・修行・成仏するはずだというのである。それでは、草木が発心・修行・成仏するとは、具体的にはどのようなことなのか。安然の著作はその議論に入ったところで中断して未完のまま終わっており、解決は示されていない。安然はその後『菩提心義抄』で、この問題を密教の立場から解決しようとしているが、必ずしも成功していない。

安然では解決がつかなかった草木成仏の問題は、その後の本覚思想の中で新たな展開を示す。一二世紀頃成立した著者不明の『草木発心修行成仏記』によると、草木の生・住・異・滅（生まれ、留まり、変化し、滅する）の姿、即ち、草木が芽生え、成長し、衰え、枯れることが、発心・修行・菩提・涅槃を表しているという。即ち、草木が特別何か仏道修行を行なうわけではなく、自然のままの草木のあり方がそのまま草木の成仏だというのである。『三十四箇事書』には、草木は成仏する必要さえなく、草木のままでよいということも言われている。このような自然観は、中世の能などの芸能や、茶道・華道など、「日本的」といわれる文化の形成にも影響を及ぼしている。

安然はまた、比較的短編の『教時諍論』『教時諍』を著して、インドから平安初期に至る諸宗の諍論を総括し、仏教内の教理的な異説を整理し、さらに、それらを体系付けるさまざまな教判論を網羅しようとしている。二著ともに未完で終わっているが、そこには多様な説が展開される仏教の教理を、いかにしたらすべて体系的に包摂することができるかという、大きな意図を持った資料整理が試みられている。

この意図が実現されたのが、主著の一つ『真言宗教時義』（『教時義』『教時問答』）四巻である。本書に示された四一教判は、すべての仏教を密教の立場から「一」なるものに統合しようとする。それは、単に台密理論の完成というだけでなく、空海の十住心体系を超えて、平安初期の諸宗の展開を最終的に終結させ、そればかりかインド以来の仏教をすべて統合する究極の理論ということができる。

それでは、四一教判とはどのようなものであろうか。それは、すべての仏教を一仏・一時・一処・一教の四つの「一」に統合しようとするものである。その意図は、冒頭の問答に、「真言宗は一仏・一時・一処・一教を立てて、三世・十方の一切の仏の教えを判じ摂む」と言われ、その意を問うた第二問答で、「一切の仏を一仏と名づけ、一切の時を一時と名づけ、一切の処を一処と名づけ、一切の教を一教と名づく」と答えられているところに要約される。

ここで言われる「真言宗」は宗派としての真言宗ではなく、台密をも含む密教の総称である。密教の立場では、この娑婆世界の釈迦仏の教えだけに限定されるのではなく、三世（過去世・現在世・未来世）の十方（東西南北とその間を含めた八方に、上下を加える）のすべての世界の仏の教えを考える。このように、あらゆる世界で、一切の仏が、一切の時に、一切の処で、一切の教を説くのであるが、それらの「一切」がじつは「一」に帰着する。即ち、大日如来という「無始無終本来常住の仏」（一切仏＝一仏）が、「無始無終平等の時」（一切時＝一時）に、「無中無辺法界の宮」（一切処＝一処）で、「遍一切乗自心成仏の教」（一切教＝一教）を説くことだと言うのである。

なぜ「一切」は「一」に帰着することができるのであろうか。そのキーワードが「真如」である。真如は唯一の根源的な存在でありながら、それが現象界の一切に変化する。それを「随縁真如」（縁に従って変化する真如）と呼ぶ。「随縁真如」は「不変真如」に対するものである。世界全体を「一」なるものとして統合的に見るのが「不変真如」であるのに対して、それが「多」なる世界に変容していくのが

「随縁真如」である。安然はこの二つの真如の理論を巧みに使って、世界のあり方を論じていく。安然によれば、否定的な原理である無明さえもが真如の変容したものであると言う。一切が真如の現われであるならば、どのような些細な現象も等しく普遍的な価値を持つものになるであろう。こうして、「一」なる真如が「一切」の現象に展開すると見ることで、安然の一即一切論が完成するのである。

安然の四一教判論は、従来必ずしも十分に高い評価を受けているとは言いがたい。しかし、このように見るならば、台密という枠を超えて、平安初期仏教の最高の達成であり、そればかりか、理論的に弱いと言われる日本仏教が到達した一つの極点と言うことができる。そして、多様な一切の現象がそのまま唯一の真如そのものに他ならないという説は、後の本覚思想における現象世界の肯定論につながることになるのである。

三、平安中後期の新展開――中世仏教の形成

1、教学の復興と浄土教――源信を中心に

安然が活躍したのは九世紀末であるが、その後、半世紀以上の間、叡山の教学は停滞する。それが再興されるのは、良源（九一二―九八五）の力による。良源は康保三年（九六六）天台座主となり、火事で焼けた堂塔を整備し、綱紀を粛清するとともに、広学竪義の制度を定めて、教学の振興を図った。これは、六月会と霜月会の年二回に教学の論義を行なうことを制度化したものである。

良源は、応和三年（九六三）に宮中清涼殿の法華十講に際して、南都の、特に法相宗の学僧たちと大きな論争を交した。これが応和の宗論と呼ばれるもので、三乗対一乗の議論が展開され、最澄・徳一以来の論争の最後を飾るものとなった。もっともきわめて形式化したもので、後世、天台が勝ったとも、法相が勝ったとも伝えられる。この時代には、天台のみならず、南都の教学も隆盛に向かい、法相・華厳などの教学が進展した。

良源は多くの弟子を育てたが、その中でもっとも優れていたのが源信（九四二―一〇一七）であった。源信は大和の出身であるが、叡山に登って良源の弟子となり、横川で修行に専念した。寛弘元年（一〇〇四）権少僧都に任ぜられ、そこから恵心僧都と呼ばれるが、翌年には辞職しているように、名利を離れてひたすら修行と勉学に努め、多数の著作を著した（以下、末木、一九九一に基づく）。

源信というと『往生要集』（九八五）があまりに有名だが、それだけでなく、仏教の基礎的な教理に関する研究書が多い。とりわけ『一乗要決』三巻（一〇〇六）は、晩年の著作であり、応和の宗論によって再び注目された三乗・一乗論争に関して、天台宗の一乗主義の立場から経論を引きながら論証したものである。そこには中国の論争に関する貴重な散逸文献を引くなど、博識振りが発揮されているが、序に「自宗他宗の偏党を捨てて」とあるように、客観主義的な学者としての立場に終始している。巻末に「我今一乗教を信解す。願わくは無量寿仏の前に生まれ、仏知見を開示悟入せん。一切衆生亦復然らん」とあって、その一乗主義が浄土信仰と結び付けられているなどの特徴はあるものの、それほど独自の説が主張されているわけではない。

ただ注目されるのは、源信は後に本覚思想の大きな流れである恵心流の祖と伝えられるが、実際の源信にはその要素はほとんど見られないことである。本覚思想は主観的な自由解釈を推し進めることになるが、それは源信の客観的文献主義とむしろ正反対である。しかも、源信の教学には密教的な要素がきわめて薄い。先にも触れたように、近年の研究は、平安期の仏教には全体として密教的な要素が強いことを明らかにしているが、それでも濃淡があり、源信は密教的な要素が少なく、顕教を主としているということができる。それ故、源信の教学は最澄につながるものであり、台密の安然から本覚思想につながる流れと異なっている。なお、源信以後もこのような文献主義も継承され、院政期には天台三大部に詳細な注釈書『三大部私記』を著した証真が知られる。

『往生要集』の浄土教もこのような源信の立場を反映している。念仏は円仁によって唐から伝えられたが、平安中期には市の聖空也（九〇三―九七二）によって、天慶元年（九三八）頃から民衆に広められた。『往生要集』と関係深い源信の活動として、二十五三昧会が知られている。これは寛和二年（九八六）に横川の二十五人の僧によって結成された。互いに助け合って往生を実現しようというもので、臨終や埋葬の方法まで定めている。源信は最初のメンバーには加わっていなかったが、実質的な指導者だったと考えられる。

ちなみに、源信と関係が深く、二十五三昧会にも関わったと思われる人物に慶滋保胤がいる。保胤は陰陽道家出身の下級貴族であったが、浄土教に心を寄せて『日本極楽往生記』（九八六頃）を著わし、遂に出家して寂心と名乗った。

源信は、二十五三昧会のほか、華台院の迎講や霊山院の釈迦講をも指導し、特に後者のように、狭い浄土教に捉われない実践も行なっているが、何と言っても後世に大きな影響を与えたのは『往生要集』による浄土教の体系化であった。『往生要集』は源信の文献主義的な特徴が発揮され、偏向のない立場から経論を渉猟している。本書が浄土教の教科書的な役割を果たしたのもそのことによる。本書以後、院政期に浄土教は隆盛に向かうことになる。その中には源隆国『安養集』のように、『往生要集』をベースとした浄土教資料集のようなものも編集されている。

『往生要集』の体系は全十章からなる。1・厭離穢土では、地獄・餓鬼・畜生・阿修羅・人・天の六道が苦しみに満ちていることを述べる。特に地獄の叙述が有名である。2・欣求浄土では、穢土と対照的に、極楽浄土のすばらしい様子を十項目に分けて述べる。3・極楽証拠では、極楽世界をそれ以外の他の世界と較べ、極楽世界がもっとも優れていることを述べる。特に弥勒の兜率世界との比較が詳しい。4・正修念仏は本書の中心となる章で、念仏の方法を五つに分けて詳しく述べる。詳細は後述。5・助念方法では、念仏の補助となるさまざまな行を述べる。6・別時念仏では、特別の時期に行なう念仏を述べる。尋常別行（普通のときにある時期を限って行なう）と臨終行儀とがある。7・念仏利益では、念仏によって生ずる利益を、滅罪生善・現身見仏など七項目挙げる。8・念仏証拠では、さまざまな行の中で、なぜ念仏だけを勧めるのかという疑問に答える。9・往生諸行では、念仏以外の往生の諸行を説く。最後の10・問答料揀では、以上の章の補足を問答によって説明する。

中心となる正修念仏の章は、以下の五門に分けられる。

1、礼拝門――身・口・意の三業のうち、身業。一心に阿弥陀仏を礼拝する。
2、讃歎門――三業のうち、口業。ひたすらに阿弥陀仏を讃歎する。
3、作願門――三業のうち、意業。菩提心を発す。
4、観察門――阿弥陀仏を観想する。五門のうちでも中心となる。
5、廻向門――善根を自らの悟りと衆生の救済に振り向ける。

このうち、中心となる観察門はまた、別想観・総想観・雑略観からなる。別想観では阿弥陀仏の身体的な特徴（相好）を順次各別に観想する。総想観ではそれを総合的に観想する。しかし、実際にはこれらの観想は決して容易ではない。そこで、より容易な方法として雑略観が重要となる。ここで主として説かれるのは、白毫観である。白毫は、仏の眉間にある巻毛で、光明を放っているという。源信は『阿弥陀仏白毫観』という短編を著しており、実際に可能な行として白毫観を重視していたと思われる。

さらに、白毫観さえも困難なものには、「一心称念」を勧めている。これは、帰命（阿弥陀仏への帰依）・引摂（臨終に阿弥陀仏が来迎して極楽に導くこと）・往生などを想いながら、ひたすら阿弥陀仏を念じ、口にその名を称えることである。こうして、法然以後、浄土教の主流となる称名念仏が登場することになる。

この白毫観は、その後の浄土教の発展を考える上で、重要な位置を占めるものである。即ち、一方では困難な観想から容易な称名へと展開する媒介をなすとともに、他方では具体的な相好を観ずる事観

（現象的な姿を観ずること）から、より抽象的で困難な理観（真理を観ずること）へと発展している手掛かりともなるものである。このことは、『阿弥陀仏白毫観』に述べられるが、それによると、白毫の本質は、空・仮・中の三諦であるという。三諦は天台の根本真理とされるもので、一切存在が無実体であることが空、現象としてのみ存在していることが仮、空・仮を超えた根源的なあり方が中である。三諦は、仏の本質であるとともに、我々衆生の本質でもあり、自らの心に三諦を観ずる実践が一心三観と呼ばれるもので、天台のもっとも根本的な冥想の方法である。

このように、白毫観は一心三観へと深められる入り口としても位置づけられることになる。実はこのような発想は本覚思想と関連しながら、院政期にさらに深められる。そこでは、白毫からさらに名号（阿弥陀仏の名前）が手掛かりとされることになるのである。先に述べたように、源信には本覚思想的な要素はほとんどないが、その方向へと発展していく萌芽は、このあたりに見られるということもできる。

平安初期の仏教が、国家との関係の中で形成されたのに対し、源信の浄土教は個人の実践を軸とするものであった。それは貴族社会の中に留まるとはいえ、在家者も含めて、仏教が人々の世界観の中核を形づくるようになる。なお、かつて井上光貞によって、浄土教の受容層を中下級貴族とする説が提示されたが（井上、一九五六）、実際には藤原道長らによって先導されており、その点、修正を要する。その一方で、同時代の空也は都の庶民を含めて念仏を弘めることで、仏教はより広い基盤を獲得してゆく。それが中世へとつながることになる。

2、本覚思想の形成

院政期の仏教はさまざまな動向が展開し、揺籃期とでも言うべき様相を呈している。『往生要集』の影響下に浄土教も大きく進展するが、思想史的に重要なものは、本覚思想の形成と密教の発展であろう。

本覚思想は、鎌倉期以降、本格的に展開するが、その形成は院政期に求められる。本覚思想という概念は近代になって作られたものであり、それ故、概念規定が曖昧なままに言葉が独り歩きして、誤解を招くことが少なくない。例えば、広義には「本覚」という言葉が使ってあればすべて「本覚思想」と呼ばれたり、もっと広くは、仏性思想や如来蔵思想と近いくらいに用いられることもある。

もともとは、中世天台において「本覚門」と呼ばれる思想動向は、「始覚門」と対照されるもので、衆生のあるがままの状態を悟りの現われと見て、修行も不要とするものである。それに対して、修行してはじめて悟りに至るとするのが始覚門である。本覚・始覚という術語は『大乗起信論』に由来するが、このような用法は日本独特のものである。それも天台宗においてもっとも典型的に発展したために、その動向に限定する時には、「天台本覚思想」とか「天台本覚論」のような呼称を用いる。

天台の本覚思想は口伝法門の形式を取って進展した。その伝承によると、最澄は、天台の教学（教門）を中国の行満から、一心三観の実践思想（観門）を道邃から受け、その後、良源まで継承されたが、良源は、教門を弟子の覚運に、行門を源信に授けたという（定珍『日本大師先徳明匠記』）。源信の流れを恵心流、覚運の流れを檀那流と呼び、前者が本覚門、後者が始覚門の立場に立つとされる。実際に中世にはこの二つの流れが認められるが、両者ともに本覚門の立場に立ち、思想的にそれほど大きな違いがあるわけではない。

口伝法門の文献は、最澄や源信などの祖師に仮託されているため、実際の成立年代を確定することは難しい。田村芳朗は、その思想展開から天台本覚思想の発展を六段階に分けている（田村、一九七三）。比較的初期に属するものとしては、次のようなものが挙げられている。

第一次形態（一一〇〇―一一五〇）『本理大綱集』『円多羅義集』
第二次形態（一一五〇―一二〇〇）『牛頭法門要纂』『五部血脈』『註本覚讃』『本覚讃釈』
第三次形態（一二〇〇―一二五〇）『真如観』『三十四箇事書』（『枕双紙』）

この年代推定に対しては、一つの基準となるところではあるが、全体としてやや年代を下げすぎていることが、花野充道らによって批判されている（花野、二〇一〇）。ここでは、初期の本覚思想と関係の深い浄土教文献『観心略要集』と、初期の本覚思想の典型とも言うべき『三十四箇事書』を取り上げて、いささか考察してみたい（『観心略要集』については、西村・末木、一九九二による）。

『観心略要集』は従来源信の真撰と考えられていたが、今日では偽撰であることがほぼ確定しており、一一世紀の成立と考えられる。上述のように、源信の『阿弥陀仏白毫観』では、白毫が一方で困難な観想から容易な称名へと向かう媒介となるとともに、他方で白毫が空・仮・中の三諦を表わすとされて、事観から理観へと向かう媒介ともなった。同じ源信の『阿弥陀経略記』では、「無量寿」という名前が、

「無」は空、「量」は仮、「寿」は中に宛てられている。

『観心略要集』では、そこからさらに一歩進め、「阿弥陀の三字において空仮中の三諦を観ずべし。彼の「阿」は即ち空なり、「弥」は即ち仮なり、「陀」は即ち中なり」と、「阿弥陀」の三字をそれぞれ空・仮・中に当てはめている。「無量寿」であればまだそれぞれの文字の意味を考えることができるが、「阿弥陀」の文字を分解しても無意味であり、無量寿三諦説から阿弥陀三諦説の間にはひとつの展開を見ることができる。

阿弥陀三諦説は「念仏に寄せて観心を明かす」という章に述べられており、「阿弥陀」の名号に思念を集中することを通して、一心三観の観心に深められるべきことが意図されている。「阿弥陀」の名号は観心のための手掛かりということができる。しかし他方、名号に三諦が籠められているとすれば、その名を称えることで大きな功徳を得ることができることになろう。実際、最後の問答料簡のところでは、「理観を修せず名号を称する人は往生できるか」という問いに対して、「夫れ名号の功徳、莫大なるを以ての故に。故に空仮中の三諦、法報応の三身、仏法僧の三宝、三徳、三般若、此の如き等の一切の法門、悉く阿弥陀の三字に摂す」と答えている。こうして阿弥陀三諦説は、天台の根本真理である一心三観の観心と、もっとも易行である称名念仏とをつなぐ役割を果たしている。

阿弥陀三諦説自体は本覚思想に属するものではないが、高度の観心を手近な称名に結びつけたところには本覚思想と軌を一にするところがある。また、院政期以後の浄土教文献にはこの阿弥陀三諦説がきわめてしばしば現われる。天台の本覚思想の流れの中でも、本書をさらに展開させた『妙行心要集』

『自行念仏問答』などが著されている。念仏は現世において観心に深められるとともに、他方で来世での往生を可能とするものであった。ちなみに、法然の浄土教もまた、念仏をすぐれた行（勝行）とするところに、阿弥陀三諦説的な発想が影響を与えていると考えられる。

次に、初期の天台本覚思想の代表的な文献である『三十四箇事書』を取り上げてみよう（末木、一九九三による）。田村芳朗は本書を一三世紀後半の成立とするが、それよりも少し前、一二世紀後半頃の成立と考えるのが適当と考えられる。本書は体系的な論述ではなく、口伝の切紙を集成したものであり、三十四という数も特に必然性があるわけではない。異本として、源信の作と伝える『枕双紙』があるが、構成が異なっている。

本書には、「無常は無常ながら、常住にして失せず、差別は差別ながら、常住にして失せず」と、無常や差別の状態をそのまま常住と認めるという、本覚思想の典型的な論法を展開する。従って、「円教の意は、衆生を転じて仏身と成るとは云はざるなり。衆生は衆生ながら、仏界は仏界ながら、倶に常住と覚ゆるなり」と言われるように、衆生が仏に転ずる必要はなく、衆生は衆生のまま、仏は仏のまま、地獄は地獄のままでよいことになる。そこには、先にも触れた草木成仏の問題も論じられるが、この立場からは、草木もまた仏に転ずる必要はなく、草木のままでよいことになる。それ故、草木成仏ではなく、草木不成仏が主張されることになる。「常住の十界全く改むるなく、草木も常住なり、衆生も常住なり、五陰も常住なり」と言われるとおりである。

このように、徹底したあるがまま主義を取り、修行不要の立場に立つ。そこから、「妙覚の成道は、理即においてこれを唱ふ」というように、理即成仏を主張するようになる。理即というのは、天台円教で悟りにいたる六段階（六即）のうちのもっとも低い段階で、いまだ仏の教えに触れることのない、自然のままのまったくの凡夫の状態である。十住心の異生羝羊心に近いものである。その状態ですでに最高の悟りである妙覚を達成しているというのである。

ところが、本書ではもう一方で、「名字即の位」において「自身即仏」と知ることで、「一念」に悟りを開くということも主張している。「名字即」というのは理即の上で、仏の教えを聞いて、まだ修行には至らない段階である。その段階ではあるが、ともかくここでは聞法という一段階が要請されている。ちょうど本覚思想の念仏において、現世での観心の実現と来世往生という二段階が考えられるのと同様に、本覚思想の修行不要論といっても、完全な不要というわけではないことが分かる。この後、本覚思想は、修行不要のあるがまま主義から進んで、「一念」に心の本体を悟る「観心」を重視する方向に進むことになる。その点で禅などとも関係する。

3、密教思想の進展と身体論

密教は、安然以後、東密・台密ともに教義的な教相よりも、儀礼の整備を中心とする事相の面が発展する。東密は、野沢二流と呼ばれる小野流・広沢流に分かれ、さらに分派し、台密は円仁の門流から谷流・川流の二流が分かれて、そこから台密十三流と呼ばれる分派を生ずる。事相的な儀礼は『覚禅抄《かくぜんしょう》』『阿娑縛抄《あさばしょう》』などに集大成された。教相面では、東密の済暹《さいせん》（一〇二五―一一一五）に至って、ようやく経典や空海の著作の研究に手が付けられるようになり、実範（―一一四四）が戒律や浄土教を取り入れることで、大きく進展した。

しかし、院政期の密教を代表するのは、やはり興教大師覚鑁《かくばん》（一〇九五―一一四三）であろう。覚鑁は高野山の復興を志し、大伝法院を設立して台密や浄土教をも含みこんだ総合的な密教を打ちたてようとしたが、山内の争いに巻き込まれ、高野山を去って、根来で没した。覚鑁の流れは、やがて頼瑜（一二二六―一三〇四）によって教学的に大成され、新義真言宗（豊山派・智山派）を形成することになる。

覚鑁は『五輪九字明秘密釈』において、五輪説を完成させた。これは、地・水・火・風・空の五輪を、方形・円形・三角形・半円形・宝珠形で表わすとともに、肝・肺・心・腎・脾の五臓の他、さまざまな五分化の原理を当てはめたものである。この理論に基づいて、身体の五臓を観ずることで即身成仏が成り立つことになる。空海は曼荼羅の世界観を展開し、即身成仏の理論を打ち立てたが、修行者個人に即して実践する方法は必ずしも確立していなかった。それに対して、覚鑁は自己の身体を観想することで即身成仏の実践を可能とした。

こうして身体論に焦点が当てられると、それはさらに応用の範囲が広がる。五輪を今度は自己の外部に石造等の塔として表現すると、それが五輪塔になる。五輪塔は、覚鑁以前に遡るが、覚鑁はそれを即身成仏の理論で基礎づけた。それによって、五輪塔は死者の成仏を可能にすることになり、墓碑として普及することになった。

このように、五輪思想は自己の身体の観想を中核として、生と死を織り合わせた人間観を密教の立場から成り立たせることになった。生の側面は、五臓を観想する五蔵（臓）曼荼羅が発展して、男女合一から胎児が成長し、この世に誕生するまでの過程を観想する胎内五位説が形成されることになる。

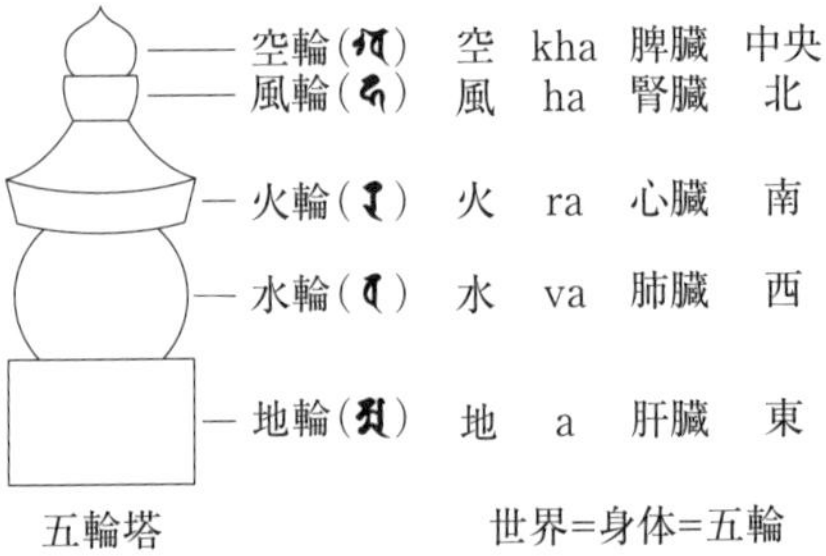

五輪塔

『五輪九字明秘密釈』には、もうひとつ重要な思想が盛り込まれている。それは浄土教の阿弥陀仏信仰を摂取することで、それによって密教の中に来世の問題を取り込むことができた。「五輪九字」の「九字」は阿弥陀の呪（oṃ, a, mṛ, ta, te, se, ha, ra, hūṃ）である。「顕教には釈尊の外に弥陀あり。密蔵には大日即ち弥陀にして、極楽の教主なり」（大正蔵七九、一一上）と、大日・弥陀は同体とするが、それ故にこそ、密教の行が弥陀の極楽への往生をも可能とするのである。密教の強みは多様な機根、多様な行をすべて包摂できることである。

即ち、「二種の機あり。一に上根上智にして、即身成仏を期す。二に但信行浅にして、順次往生を期す。此の行に就きて、亦多あり。正しく密厳浄土に往生し、兼て十方を期す」（同、一二中）（二種類の機根があり、一には上根上智で、即身成仏を期する。二には信のみで、行が足りない者で、来世往生を期する。この行者についてまた多種あり、正しくは大日の密厳浄土に往生するが、兼ねて十方世界の浄土を期する者もいる）と、即身成仏と来世の往生の両方が認められる。即ち、現世での即身成仏と来世の極楽往生がどちらも可能となるのである。

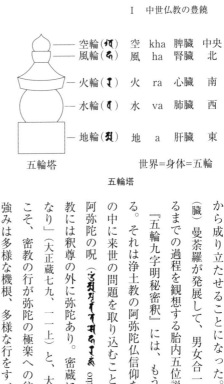

さらに、鎌倉仏教との関係で重要なのは、三密瑜伽に対して、一密だけでよいとして一密成仏を認めていることである。三密瑜伽というのは、空海の『即身成仏義』において説かれているが、身体には指で印契を結び、口には真言を唱え、心には仏を観想することにより、衆生と仏の三密（身・語・意）が一致することで、即身成仏が成り立つというものである。それに対して覚鑁は、そのうちの一密だけでもよいとしている。

問ふ、三密相応の修行に於て得る所の功徳は一向に然るべし。若し行者ありて唯だ真言を誦し、唯だ印契を結ぶも智慧なし。設ひ智慧あるも余の二密を闕く。偏修の得る所の功徳分斉は如何が差別ある。答ふ、偏修偏念、智なくとも信あれば得る所の功徳、顕教の無量劫を経て得る所の功徳に超過せり。（大正蔵七九、二〇上）

もし行者が唯、真言を誦するだけであったり、唯、印契を結ぶだけであったりして、心に智慧がない場合や、たとい智慧があっても、他の二密を欠いている偏った修行をする人の功徳はどうなるのかと問い、その功徳の大きいことを認めている。あるいはまた、「纔修一行成多門」として、「唯、一行一法を修して成仏し、また浄土に往生せんと欲すれば、教の意趣に違背すとせんや」と問い、「全くもつてこの教の意趣に違背すべからず」（大正蔵七九、二〇中）と、「一行一法」を可としている。こうして、一行一法でよいとする易行の道が開かれることになる。

　このことは、この後の中世仏教の発展に大きな影響を与えることになる。鎌倉期になって盛んになる「専修」の立場は、まさしくこの一密主義を徹底していくところに成り立つ。即ち、専修念仏は語密、禅は身密、親鸞のような信心中心主義は意密の一密だけを徹底することになる。

　ところで、上述のような身体への関心はまた、性への関心をも深める。後に立川流といわれるような動向については、以下の第五章で取り上げるが、性的な表現の先駆は院政期に見られる。栄西（一一四一―一二一五）というと、従来臨済禅の請来者として知られていたが、実際はそれは二度目の入宋（一一八七―一一九一）以後のことで、それも禅だけでなく、律を重視した総合仏教を目指していたと考えられる。さらに注目されるのは二度目の入宋前であり、その間に栄西は台密僧として博多を中心に北九州で活動していた。その頃の著作に『隠語集』（一一八一）がある。その中で栄西は、金胎両部の合一を男女の性的合一を譬喩として説いている（本書、Ⅱ―第三章参照）。

　ちなみに、『隠語集』以外にも、栄西の北九州滞在時の密教関係の著作が近年発見されているが、『改偏教主決』『重修教主決』などによると、当時北九州で栄西をめぐって密教に関する大きな論争が行われていたことが知られる。栄西の論敵となったのは尊賀という僧で、両者の間で闘わされた主要な問題は密教の教主論であった。即ち、密教を説いた大日如来が仏身としてどのような性格のものかを問うもので、尊賀が自受用身説法説を採ったのに対して、栄西は断固として自性身説法説を固守したのである。このような教主論は、後に形を変えて頼瑜による新義真言宗の教学の確立の際に大きな問題になる。即ち、古義（高野山系）が本地身説法を主張したのに対して、頼瑜は加持身説法説を主張した。本地身が自性法身であるのに対して、加持身は説法のために衆生に対して現われた姿であり、自受用身を受け継いだ性格を持っている。このように、院政期に発する密教教相論は、その後に大きな影響を与えていくことになる。

五、院政期から鎌倉期へ

一二世紀後半から一三世紀にかけての仏教を考えるには、運動面と思想面の両方から考える必要がある。思想面から言えば、上述のような身体論の展開の中で、覚鑁によって密教的人間論の総合的な理論が完成されるが、その後解体していく中で、鎌倉仏教の実践論が展開される。本来密教は複合的な理論であるが、覚鑁はその中で、一密一行のみの実践でもよいとした。それによって、複雑な密教儀礼は単純化され、広く在家者も含めて実践可能となる。こうして禅や念仏などの専修の活動が可能となる。しかも、現世で即身成仏が実現しなくても、来世の往生の保証が得られることで、実践はさらに容易になる。従来、「新仏教」とされていた鎌倉期の仏教は、このような理論的展開によって理解される。

鎌倉時代の新しい仏教の端緒を示す象徴的な仏教者の行為が、鴨長明の随筆『方丈記』に記されている。『方丈記』は養和年間（一一八一―八二）の大飢饉の様子を事細かく記しているが、それに続けて、仁和寺の隆暁法印の活動を記している。

仁和寺に隆暁法印といふ人、かくしつゝ数も不知《しらず》死ぬることを悲しみて、その首の見ゆるごとに、額に阿字を書きて、縁を結ばしむるわざをなんせられける。人数を知らむとて、四五両月を数へたりければ、京の中、一条より南、九條より北、京極よりは西、朱雀よりは東の、路のほとりなる頭、すべて四万二千三百余りなんありける。（『方丈記』、岩波文庫版、二一頁）

隆暁（一一三五―一二〇六）は源俊隆の子で、権大僧都であった。貴族社会出身で位階のある僧が、無数の庶民の死者の供養に奔走したというのである。額に阿字を書いて仏縁を結ばせるというのは、阿字の功徳を絶対視する一密化に他ならない。もともと遺体は穢れたものとして忌まれたが、それをものともせずに遺体の額に直接阿字を書いていくことが可能であったのは、阿字の功徳が穢れに打ち勝つ強力なはたらきを持つからに他ならない。そればかりか、死者を死後の成仏へ向けて機縁を作ることが可能なのである。このようにして、新しい実践が可能となった仏教は、貴族社会を超えて、不特定多数の庶民の中に入り込んでいくことが可能となった。

治承四（一一八〇）年の平家による南都焼討に対して、その直後から盛り上がった復興運動が大きな出発点となっている。後白河法皇の指揮下に俊乗房重源が東大寺大勧進職に任ぜられ、大仏再建を合言葉に、官民を挙げて、日本中を巻き込んでの大運動となった。東国の源頼朝も積極的に協力し、さらに歌人西行が平泉に赴いたのも奥州藤原氏の援助を求めるためであった。戦乱の後の新秩序の形成と並行して、仏教再興の機運はあらゆるところに沸き上がり、それを集約する形で大仏再建がなされたのである。これこそ古代と異なる中世仏教の出発点と考えるべきである。

後に新仏教と分類されるような栄西や法然もこの運動と密接な関係を持つ。栄西は重源と宋で知り合ったと言い、重源を引き継いで二代目の東大寺大勧進職となっている。真福寺から発見された真蹟書簡はその時期のものである。円爾もその職に就いている。法然は、重源に請われて、再建途上の東大寺で講義を行っている（『東大寺講説三部経釈』）。このように見るならば、新仏教（異端派）対旧仏教（顕密仏教）という二項対立は全くのフィクションであり、たとえ部分的な対立や抗争があったとしても、仏教界が全体として復興へ向けて巨大なエネルギーを傾注していた時代と見るべきである。

ただその際、中心となって活動した僧は、多く貴顕出身の僧位僧官を持つ官僧ではなく、周縁にあって山岳修行などを積んだ僧であり、しばしば「聖」と呼ばれた。その意味で、当時の仏教界は官僧による中心的な核と、その周縁に広がる自由な僧という重層的な構造を持っていたということができる。この点で、官僧と遁世僧の重層構造を説く松尾剛次の図式は有効性を持っていると思われる（松尾、一九八八）。ただ、両者は敵対するものではなかった。

このことは、栄西や法然が「開宗」したとされる「宗」の問題にも関わる。確かに『興禅護国論』では「禅宗」を、『選択本願念仏集』では「浄土宗」を説いている。それが、後には臨済宗と浄土宗の開創とみなされている。しかし、それを今日的な教団としての「宗」の開創と考えるならば、まったく間違っている。彼らは禅宗（臨済宗ではない）や浄土宗について、これまでの八宗に加えて公認されることを求めているのである。そこで言われる「宗」は理論・実践の組織的な体系ということであり、諸宗を兼学・兼修することは十分に可能である。それ故、「宗」は今日の大学における学部や学科のようなものと考えられる。栄西の禅が密教や律・天台教学などと併修されるのは当然であるし、「専修」を説く法然が戒師として活動したとしても不思議はない。

一三世紀後半になると、円爾の『十宗要道記』に見られるように、八宗に浄土宗、禅宗（仏心宗）を加えた十宗が常識となった。新しい禅・浄土・律などを含めて積極的に諸宗を学び、実践した無住道暁は、この時代を代表する仏教者であった。また、日蓮の遺文を見れば、彼がどれほど諸宗を広く学ぼうとしていたか、分かるであろう。

「宗」をこのように考えるならば、能忍の「達磨宗」の問題もおのずから明らかである。能忍が「達磨宗」という名の独立した教団を作ろうとしたということはあり得ない。「達磨宗」は達磨を開祖とする禅宗のことに他ならない。能忍は弟子を遣して仏照禅師拙庵徳光から印可を受けた文治五年（一一八九）を禅宗＝達磨宗伝来の年として、『禅家説』にも『成等正覚論』にも明記している。ただ、能忍の集団は宋に由来する特殊な舎利崇拝などを採用し、集団としての結束が強かったということはあったであろう。そこから、後になると、「達磨宗」が能忍に由来する特定のグループを指すようになった可能性は十分に考えられる。

こうした諸宗兼修、融合のダイナミックな運動は、一四世紀には南北朝期を経て、次第に宗派性が強まっていく。仏教全体を学び、発展させるというよりも、自宗・自派だけ学び、勢力を拡張するようになっていく。それが、近世の幕藩体制下で固定され、近代の宗派につながるのである。そのような形態の源流は室町期に作られたところから、「室町新仏教」という呼び方もなされている。今日の仏教のあり方は、「鎌倉新仏教」よりも「室町新仏教」に由来すると考えるほうが適切かもしれない。

第四章　東アジア仏教と東アジア周縁仏教
――『釈摩訶衍論』の流伝を中心に

一、東アジア仏教とチベット仏教

東アジア仏教というと、ひとまず漢訳経典に基づく仏教と考えることができる。サンスクリット語経典に基づくインド仏教が滅びた後、パーリ語経典に基づく南伝系の仏教、チベット経典に基づくチベット系の仏教とともに、現存する仏教の三つの系統の一つである。その範囲は中国・朝鮮（韓国）・ベトナム・日本にわたる。

もっとも、東アジアの仏教はすべて東アジア仏教と言えるかというと、それほど単純ではない。中国では、仏教の伝統を漢伝（東アジア系）・蔵伝（チベット系）・南伝の三つに分けるが、自国の中にこの三つの伝統が現存しているという。漢伝は漢民族の伝統であるが、チベット族・モンゴル族などは蔵伝、雲南省のタイ族などは南伝の仏教を信奉している。このように、東アジアの範囲と東アジア仏教の流伝の範囲は必ずしも重なるわけではない。これは、宗教が民族と密接に関係しているからであり、多数の少数民族を擁している中国は、それだけ複雑な宗教問題に直面することになる。中国西部のウイグル族はイスラム教を信奉している。ただし、キリスト教は旧教・新教ともに必ずしも民族と一致していない。

これは、キリスト教が個人宗教として入ったためである。

仏教に関していえば、とりわけチベット仏教は東アジアの中に広く分布している。歴史的に見ても、異民族が中国を支配していた時は、チベット仏教が中国の中央にまで進出した。モンゴル（元）はチベット仏教を信じていたし、清もまたチベット仏教を重視して、皇帝を文殊菩薩の化身と称した。これらの少数民族が広大な中国を支配するためには、漢民族の儒教を支配の原理として取り入れるとともに、東アジア仏教やチベット仏教を複合的に採用することが必要であった。ただし、東アジア仏教とチベット仏教は併存しても、融合することはなかった。

東アジア仏教が広まった地域は、中国・朝鮮・ベトナム・日本であるが、ベトナム仏教に関しては私の知識が乏しいので、今はさておいて、中国・朝鮮・日本を中心に考えてみたい。仏教に限らず、東アジアの文化は、基本的に中国から朝鮮・日本など周縁地域に伝播したもので、領域の広さや人口数から見ても、中国がずっと中心であり続けた。中華思想によれば、漢民族のみが高度に文明化した民族であり、その周縁の民族は四夷として、東夷・北狄・西戎・南蛮と呼ばれ（略して夷狄）、すべて野蛮な民族であって、漢民族と異なっているというのである。そのような野蛮な民族が漢民族の周囲を取り巻いていることになる。それは単に漢民族の自民族中心主義というに留まらず、実際に文明の程度の差は歴然としていたので、周縁の民族は漢民族の制度・宗教・道徳から科学技術まで取り入れ、自民族の文明化を図ることが大きな課題となった。仏教もその一環として受容された。

ただし、仏教は、単に中国文化の一環というだけでなく、それ以上に大きな役割を果たすことになった。それは、仏教が民族にとらわれない普遍性を持つからであり、そもそも漢民族の地域に到達する以前に、中央アジアでも様々な民族の間に定着していた。そこで、周縁民族においては、漢民族に固有な性格の強い儒教よりも、普遍的な仏教を核としながら、それに伴うものとして漢民族の高度な文明を受け入れる方策を採った。とりわけ漢民族の支配する中原と直接接し、中原をも狙いうる、あるいは実際に中原を支配した民族の場合、この点の配慮が一層重要であった。例えば、南北朝時代の北朝の場合、その点が顕著であり、仏教を国家のイデオロギー的な核としながら、中国的な制度を導入した。隋・唐の王室も北朝の流れを引くので、漢民族の民族主義的な傾向が弱く、儒教的な文化よりも仏教や道教を重視し、コスモポリタン的な方向性を強く持っていた。

チベット族もまた漢民族の周縁に位置し、唐代には吐蕃として大きな勢力を誇った。その中で仏教の導入が図られたが、八世紀末にインド系の仏教と中国系の禅の間で論争が交わされた（サムイェーの宗論）。インド系のカマラシーラが頓悟禅の立場に立つ摩訶衍に勝利することで、インド系の仏教の受容が決まり、それがチベット仏教として展開することになった。チベット族が中国とインドの間にあって、どのような位置に立つべきか難しい中で、インド系の仏教を受容することで、中国と一線を画したことは、大きな意味を持つ選択であった。東南アジアもインドの影響が大きく、ベトナムも南部にはインド文化の影響が大きかった。

それに対して、中国の東から北へかけての民族は、多く選択の余地がなく、東アジア仏教を受け入れることになった。その中で、朝鮮は地続きながらある程度中国から距離があり、日本は海を隔てているので、共に中国文化を受け入れながらも、ある程度独立した国家と文化を保持し続けることができた。

二、東アジア仏教の相関的展開

それでは、中国・朝鮮・日本の仏教をそれぞれ独立的に見るのではなく、東アジア仏教の展開という観点から相関的に捉えようとするならば、どのように見られるのであろうか。近年、東アジアを全体として捉える視角は、石井公成の『東アジア仏教史』など、意欲的に進められている（石井、二〇一九）。私は『宗教の世界史』（山川出版社）というシリーズの「仏教の歴史」第二巻（東アジア仏教）の編集を担当して、二〇一八年に刊行した（末木編、二〇一八）。本書では、中国・朝鮮・日本をそれぞれ独立して見るのではなく、できるだけ近い時代の各地域をまとめて論ずるという方法をとった。もっとも実際にはそれぞれの地域で王朝の交替の時期が異なり、それに伴って仏教の状況も変わるので、正確に同時代の仏教を並べることは困難である。そこで、あくまでも大まかな目安に過ぎないが、四段階に分けて、東アジア仏教の相関的な展開を見てみた。

（1）仏教の伝来と普及

中国では、紀元後一世紀、後漢の時代に仏教が到来し、その後の魏晋南北朝期に一気に発展した。隋の統一（五八二）に至る以前の時代である。朝鮮では新羅による統一（六七六）以前の三国時代、日本では、飛鳥時代（七世紀）まで。中国では中世前半、朝鮮・日本では古代前期に当たる。この時代は仏教の導入期に当り、試行錯誤しながら受容していく。

中国では、すでに仏教が入ってきたときには、古代文化の展開がほぼ終わりに達しようとしていた時であり、その円熟した古代文化の中に異文化の宗教として仏教が入ることになった。それ故、古代の文化や思想、とりわけ儒教倫理との関係が問われることになった。それに対して、朝鮮や日本ではそのような高度な文化はなく、仏教とともに中国の文化の摂取がなされた。

（2）統一国家と仏教

中国では隋・唐時代（五八一―九〇七）、朝鮮では統一新羅（六七六―九三八）、日本では奈良・平安時代（八世紀―一二世紀）を含めた。中国では中世後半、朝鮮・日本では古代後期に当たる。年代的には多少のずれがあるが、それぞれの地域の統一国家の形成に際して、仏教が大きな役割を果たした時代である。中国の隋・唐代は、統一国家が儒教でなく、仏教と道教を支配のイデオロギーとして採用した稀な時期である。仏教の普遍性は多民族国家としての唐にとってもっとも説得力を持つものであった。とりわけ儒教的な正統性の主張が困難な則天武后は仏教に頼ることになった。それが日本の聖武朝と光明皇后の活動に影響することになった。

（3）仏教の土着化

中国では五代を経て、宋・元・明の統一国家の時代で、一〇世紀後半から一七世紀中葉までで、近世前期に当たる。朝鮮では高麗時代（九一八—一三九二）、日本では鎌倉・室町時代（一二世紀後半—一六世紀前半）であり、中世に当たる。中国では儒教が復興されて正統化され、支配構造の中では仏教は力を失い、弱体化した。しかし、知識人の間で禅が受容されるとともに、明代には民衆の間で新たな信仰が展開し、また陽明学との関係など、新たな展開を示した。朝鮮では、仏教は禅を中心に定着し、国家的にも高麗大蔵経の開板など、重要な役割を果たし続けた。日本では武士社会となる中で仏教が全国的に定着していく。それぞれの国の状況は異なるが、仏教が社会に定着するという点で共通する。

（4）近代化の中の仏教

中国では清による統一（一六三六）以後で、近世後期から近代に当たる。朝鮮では、李氏による朝鮮建国（一三九二）以後、日本では織豊時代の一六世紀後半以後で、近世から近代を含む。朝鮮の支配が長いので、年代的な対応がうまくいかないところがある。この時代の初めは、いずれの地域も儒教が伸張し、仏教はやや停滞気味であった。しかし、一九世紀半ばに欧米勢力の圧力が顕著になってくると、近代化という大きな目標へ向けてそれぞれ国を挙げて対応を迫られるようになり、仏教界もまた新たな変貌を求められるようになった。

以上のように四期に分けてみたが、もちろんきわめて便宜的なもので、十分に根拠のあるものではない。しかし、ある程度は共通した流れを見ることができる。即ち、第一期に導入された仏教は、第二期に国家的規模で支配のイデオロギーとして採用され、第三期にかけて仏教の隆盛期となるが、第三期から第四期にかけて、儒教の進展や社会の世俗化の進行などによって、次第に仏教の影響力は弱くなる。それが、近代化の中で再び新たな役割を得るようになっていく。大まかにこのような展開を描くことができよう。

三、契丹と東アジア周縁仏教圏

このように、チベット系と東アジア仏教という相違だけでなく、東アジア仏教の受容に当たっても、民族によってさまざまな相違があり、それぞれで特徴のある仏教の形態を展開させ、また時代によってその形態に様々な多様性が生まれるようになった。ところで、以上では中国・朝鮮・日本の三地域を対等のように並べてみたが、実際にはそれは無理なことである。仏教は中国から朝鮮・日本に伝わるのであり、中国の優位性は揺るがない。朝鮮や日本はその周縁において、中国文化を輸入しながら、修正を加えていく。漢民族の中国を中心に置くならば、朝鮮や日本は文化の遅れた周縁の異民族という位置づけになるであろう。そう見るならば、東アジアの中心とともに、その周縁の仏教も大きな意味を持ってくる。

そこで、その点にもう少し立ち入って検討するために、中国の北方を見てみよう。隋・唐代には、北方で突厥やウイグル等のトルコ系の民族が勢力を持ったが、宋になると、それに代わって契丹（遼。九一六―一一二五）が北方を広く占拠し、チベット系のタングート族の西夏（一〇三八―一二二七）も勢力を持った。契丹も西夏も東アジア系の仏教を受け入れながら、独自の展開を示した。ここでは、契丹の場合を見ておこう（契丹史に関しては、島田、一九九三参照。契丹仏教に関しては、野上、一九五三、神尾、一九八二、藤原、二〇一五参照）。

契丹は太祖耶律阿保機（在位九〇七―二六）によって建国されたが、即位以前から開国寺の建立など、仏教と関係が深い。唐が滅び、五代の混乱の時期であり、太宗（在位九二六―四七）の時には、中原に攻め込んで後唐を滅ぼし、後晋から華北の燕州十六州の割愛を受けた（九三六）。さらに開封に攻め込んで、後晋をも滅ぼした（九四七）。宋の建国（九六〇）後もしばしば契丹との間に戦闘が繰り返されたが、燕州十六州を譲ることはなく、それどころか第六代の聖宗（在位九八三―一〇三一）の時には宋に攻め込んで、遂に「澶淵《せんえん》の盟」において、宋が契丹に兄事し、多額の銀や絹を支払うという、宋から見れば屈辱的な事態となって、朝貢関係が逆転した。この頃が契丹の全盛期であり、華北の一部と北方の広大な領地を支配した。

契丹は高麗とも境界を接してしばしば攻め入って紛争となった。九九三年には高麗に攻め込み、翌年高麗は宋との関係を断って契丹の属国となった。その後も侵略を繰り返して、一〇一一年には首都開京をも陥れた。一〇二二年以降、高麗は契丹の年号を用いた。聖宗から興宗（在位一〇三一―五五）・道宗（在位一〇五五―一一〇一）の頃が全盛期であり、その頃から次第に衰え、天祚帝（在位一一〇一―二五）の代に女真族の金に攻められて滅ぼされた（一一二五）。その末裔は中央アジアに逃れ、西遼として一時期広大な領域を支配した。

ところで、華北の一部まで領土とした契丹にとって、どこまで中国の制度文化を取り入れるかということが大きな問題であり、内部紛争の種であった。契丹が一度は遼という中国風の国名を名乗りながら、後に契丹に戻しているのは、その象徴である。聖宗は中国の制度を大幅に採用して国力の充実を図ったが、その方向を推し進めようとする一派と、伝統的な民族の制度習俗を守ろうとする一派との争いは、国力衰微の大きな要因となった。

このような中にあって、仏教の積極的な採用は大きな意味を持つものであった。宋が漢民族中心の儒教体制に向かうのに対して、仏教は非中国的な普遍性を持つものとして、それに対抗する意味を持つものでありながら、唐の伝統を継承することで、中国文化の一面を受容することをも意味した。高麗もまた仏教を国家体制の要として採用し、日本もまた、国家仏教体制は崩れたとしても、仏教を宗教的な基軸としていた。それだけでなく、西夏もまた仏教国家であり、西方では、吐蕃統一王朝（六一八―八四二）は滅亡したものの、チベット仏教が確立されてチベット族の宗教となっていた。このように、漢民族の国である宋を取り巻く形で、異民族の仏教文化圏が成立していたのであり、いわば東アジア周縁仏教圏とも呼ぶことができる。

漢民族がいわゆる唐宋変革で大きな社会的転換を遂げたのに対して、これらの地域はなお唐代に近い国家社会体制を維持していたと考えられる。南宋になって朱子により宋学が完成される時代にあっても、北方の金は仏教国であった。その後、モンゴル（元）においては、チベット仏教＋東アジア仏教＋儒教という複合的な体制が取られることになった。このように、中原では漢民族の中華主義的な儒教国家が確立する一方で、諸民族の仏教国家がそれを取り巻くという構造が、少なくともある時期成立していたと見ることができる。諸民族の仏教には、チベット仏教の系統と東アジア仏教の系統と二つの流れがあったが、契丹・高麗・日本などは、東アジア仏教の系統を受け継ぎながら、漢民族の仏教と必ずしも同一視できない独自性を発揮しようとしたのである。

四、契丹仏教の特徴

契丹の仏教の特徴はどこにあるのであろうか。仏教が意図的に採用されたことからも知られるように、何よりも国家仏教的性格が著しいことが挙げられる。皇帝自身が仏教に帰依し、仏教信仰を先導した。とりわけ崇仏皇帝として道宗が名高い。道宗は高僧の仏典の講義を聴講するとともに、自らも仏典を講義した。また、菩薩戒の授戒も盛んで、皇帝も受戒した(藤原、二〇一五)。

そうした中で、一大国家事業として大蔵経の編纂が行われた。契丹蔵(遼蔵)と呼ばれるものである。契丹蔵は長く現物がなく、幻の大蔵経と言われていたが、一九七四年に山西省応県木塔から一部の経典が発見されて、その実態が知られるようになった(竺沙、二〇〇〇、八六頁以下)。契丹時代には、房山石経の刻経も再開されたが、契丹蔵はその底本にも用いられた。また、高麗大蔵経の再雕本の底本ともなっている。大蔵経の刊行に伴って、希麟『続一切経音義』一〇巻が編纂され、また、行均『龍龕手鏡』のような字書も著された。

こうした仏教の隆盛の中で、契丹には鮮演などの高僧が現れ、教学も振興した。藤原崇人によると、鮮演は多数の著作を著しており、墓碑によると、『仁王護国経融通疏』『菩薩戒纂用疏』『唯識論掇奇提異鈔』『花厳経玄談決択記』『（釈）摩訶衍論顕正疏』『菩提心戒』『三宝六師外護文』などが挙げられる（藤原、二〇一五、第二章）。これによると、その学識の範囲は、戒・唯識・華厳などに及び、護国思想が濃厚にうかがわれる。

鮮演による『釈摩訶衍論』（釈論）の注釈書『顕正疏』は失われたが、『釈論』の重視もまた契丹仏教の特徴である。『釈論』は、龍樹作と伝える『大乗起信論』の注釈書であるが、荒唐無稽のところが多く、漢民族の仏教ではあまり使われなかった。ところが、契丹ではその注釈書が鮮演以外にも、守臻の『通賛疏』、志福の『通玄鈔』、法悟の『賛玄疏』が知られており、後の二つは現存している。これだけの数の注釈書が書かれていることは、契丹における『釈論』の盛行を物語っている。『釈論』は一二―一三世紀の日本でも盛んに研究されるが、それにはこのような契丹での盛行が影響していると思われる。

契丹は華厳を中心とした顕教とともに密教が盛んであり、覚苑『大日経義釈演密鈔』など、密教経典の注釈も書かれた。顕と密の並行した盛行を受けて、両者を結び付ける理論構築を図ったものとして、道殿の『顕密円通成仏心要集』二巻（大正蔵四六所収）が注目される。本書については以前分析したことがあるので（末木、一九九八、八八―一〇三頁）、ここではそれに従って概略だけ見ておくことにしたい。

本書は、短い序文的な文章の後、顕教心要・密教心要・顕密双弁・慶遇述懐の四門からなる。顕教は基本的に華厳の立場を取る。まず華厳の五教判を述べた後、華厳円教の修行として、「毘盧（遮那）の法界を悟る」智の面と、「普賢の行海を修する」行の面があることを指摘する。智の面は、一心＝真心を知ることで、華厳別教の立場では、一心は三世間・四法界を内に含む一真無礙大法界心である。行の面は、諸法如夢幻観・真如絶相観・事理無礙観・帝網無尽観・無障礙法界観であり、いわゆる華厳の四法界に、それを総体として観察する総法界観が加わっている。

次に、密教心要として、顕円に対して密円を述べる。顕円が悟→修→証という段階を経るのに対して、密円はそのような段階を経ないとされる。密教の修練は持誦儀軌と験成行相から成るが、後者は修練の結果得られる瑞相等であるから、中心は前者である。ここでは、①浄法界真言二十一遍、②護身真言二十一遍、③六字大明真言一百八遍、④准提真言と一字大輪呪一百八遍の四つの真言が挙げられるが、そのうちでも④の准提真言が中心に論じられ、その功徳が主張されている。准提真言を勧める理由としては、一切の真言を含む優れたもので、在家・出家を問わず、容易な行であることが挙げられている。

巻下では、顕密双弁から論ずる。ここでは、顕密双修を説くが、実際には主として密円の神呪の功徳を讃歎している。その上で、最後の慶遇述懐で、華厳と准提真言に出会うことのできた喜びを述べている。

本書の著者である道㲀の経歴は不明であるが、契丹の学僧と考えられる。その内容は、上述のように顕教の中でも華厳を重視し、それと密教の呪の併修を述べるものである。このことは、契丹仏教の特徴をよく表わしている。このような、本書の思想もまた、日本の一二―一三世紀の仏教と無関係ではない。

この時代の日本仏教では、顕密によって仏教を統合しようとする動向が顕著になった。特に高山寺に本書の写本が残っていることは、明恵が同じく華厳をもとにしながら、顕密双修を唱えた点できわめて近いところがあり、その関連がうかがわれる。また、本書で准提真言の優れた点として挙げていることは、法然が『選択本願念仏集』で弥陀が念仏を選択した理由として挙げる易行と勝行の二点と合致するもので、あるいはここにも何らかの関連が考えられないわけではない。

本書では、禅の七祖として荷沢神会を上げており（大正蔵四六、九九二上）、宗密系の華厳禅の立場を継承していることが知られる。遼の皇帝（道宗?）は、『六祖壇経』や『宝林伝』等を偽妄の書として焼いたという（『釈門正統』八、大正蔵四九、三二三下。竺沙、二〇〇〇、一〇二頁）。契丹の禅が不立文字的な禅ではなく、教禅一致的な立場を重視したことが知られ、ここにも宋との相違が見られる。宋が儒教中心に転換するとともに、仏教の主流が臨済系の禅によって占められていく中で、契丹は唐の融合的、総合的な仏教の立場を継承し、顕（華厳）・密・禅の併修を主流とし、『釈論』の重視など、きわめて特徴的である。

一二—一三世紀の日本もまた、必ずしも華厳が主流とは言えないものの、顕密の併修や『釈論』の重視など、非常に近い性格が見られる。次に見るように、高麗義天の続蔵経などを通して、日本では契丹の仏教への関心が高まり、積極的にその輸入を図った。それ故、この時代の日本仏教の展開に、契丹仏教の影響が多少なりともあったのではないかという推測は、十分に成り立つように思われる。そこに、漢民族の宋を取り巻いて東アジア周縁仏教が形成されていたと見ることができるのである。

五、契丹・高麗から日本へ

高麗の義天（一〇五五―一一〇一）は、契丹・北宋・日本などの周辺諸国から仏典を収集し、『新編諸宗教蔵総録』（『義天録』）を編集するとともに、逐次出版した。それらは従来の大蔵経に収録されていないもので、高麗続蔵経と呼ばれる。その中には契丹撰述の著作も多く含まれている。それらは日本にも輸入され、院政期・鎌倉期の仏教に大きな影響を与えたと考えられる。日本は、契丹とも高麗とも正式の国交を持たなかったが、高麗続蔵経への関心は高く、その輸入を試みている。それを通して契丹仏教もまた日本の学僧たちの関心を強く引くようになった。先に言及した『顕密円通成仏心要集』もその一つである。『釈論』もまた、古くは空海が用いていたが、この時代には契丹の注釈書とともに再輸入され、盛んに用いられ、研究されるようになった。

以下、一二―一三世紀の院政期から鎌倉期にかけての日本における高麗続蔵経の輸入の問題と、とりわけ『釈論』研究の流行について検討し、契丹・高麗・日本を結ぶこの時代の東アジア周縁仏教圏の一端を明らかにしたい。

続蔵経は、契丹の年号で大安八年（一〇九二）から寿昌五年（一〇九九）あたりがもっとも盛んであった（大屋、一九三七）。開板は文宗二一年（一〇六六）に完成した興王寺が中心であった。日本への高麗続蔵経の伝来については、横内裕人の研究が詳しく、それによると、次の八種類が日本に伝来しているという（横内、二〇〇八、第一〇章）。

①唐・慈恩基『阿弥陀経通賛疏』大安五年（一〇八九）刊
②唐・澄観『大方広仏花厳経随疏演義鈔』（演義鈔）大安一〇（一〇九四）〜寿昌二年（一〇九六）刊
③唐・澄観『貞元新訳花厳経疏』寿昌元年（一〇九五）刊
④遼・道殿『顕密円通成仏心要』寿昌三年（一〇九七）刊
⑤遼・法悟『釈摩訶衍論賛玄疏』（賛玄疏）寿昌五年（一〇九九）刊
⑥遼・志福『釈摩訶衍論通玄鈔』（通玄疏）寿昌五年（一〇九九）刊
⑦遼・覚苑『毘盧遮那神変経演密鈔』（大日経義釈演密鈔、演密鈔）寿昌元年（一〇九五）刊
⑧唐・慧祥『弘賛法華伝』天慶五年（一一一五）刊

これらのうち、原本が残っているのは②のみであり（東大寺図書館）、他は続蔵をもとに日本で書写されたものである。

以上の他に、高山寺には次のものが存する（末木、二〇一四a、末木、二〇一四b、九六―一〇〇頁）。

⑨遼・鮮演『華厳経談玄決択』寿昌二年（一〇九六）刊

ただし、奥書によると、これは高麗版そのものではなく、高麗版に基いた南宋の宣和五年（一一二三）の写本を写したものである。このことは、契丹仏教に宋の仏教者も関心を持っていたことを示している。高山寺蔵・宋版『華厳経指帰』の奥書（紹興一二年、一一四二）によると、宋代の華厳復興者義和が、中国では失われた同書を高麗版本で入手し、それを復刻した旨、記されている。

横内によると、続蔵本が日本に伝来したルートには次の四つがあるという。

Ⅰ興福寺僧の依頼により、永長二年（一〇九七）「弥陀極楽書等十三部二十巻」を入手。

Ⅱ康和五年（一一〇三）より、播磨国性海寺僧らが②『演義鈔』を書写。後、東大寺尊勝院に移る。

Ⅲ長治二年（一一〇五）、仁和寺御室覚行が、大宰権帥藤原季仲に命じて、高麗国に専使を遣わし、⑤⑥を奉請。これは高野山等にかなり広く分布する。

Ⅳ保安元年（一一二〇）東大寺覚樹が高麗から百余巻の経典を輸入。⑦⑧を含む。光明山寺、東大寺尊勝院などに伝わる。


このように、正式の国交のない高麗から積極的に続蔵経の輸入を図っている。それも出版後さほど時間の経っていない書物を、いわば同時代的のできごととして導入しているのである。中でも契丹の著作への関心は高く、現存する続蔵経の④〜⑦、⑨は契丹の著作物である。その他も契丹で重視されたものと見てよいであろう。先に私は高山寺所蔵本について紹介したが、高山寺には、④〜⑦、⑨をすべて所蔵し、『賛玄疏』は四部、『通玄鈔』は五部、『大日経義釈演密鈔』は二部蔵していて、関心の強さが知られる（末木、二〇一四a）。『賛玄疏』『通玄鈔』などはⅢの伝来で、高野山経由のものと考えられるが、『演密鈔』はⅣの覚樹請来本である（横内、二〇〇八、三七六頁）。

ここで、名古屋真福寺所蔵本について簡単に紹介しておきたい。真福寺には、続蔵経に属することが明記されているものとして、以下のものが現存する。

⑥遼・志福『釈摩訶衍論通玄鈔』寿昌五年（一〇九九）刊。高野版。巻四奥書に、長治二年の請来であることが記されている。従って、Ⅲの系統。弘安五年（一二八二）刊。

⑦遼・覚苑『毘盧遮那神変経演密鈔』（大日経義釈演密鈔）寿昌元年（一〇九五）刊。嘉暦三年（一三二七）武州高幡不動にて能信書写。

なお、続蔵経とは記されていないが、⑥と同じ形式の高野版として、『釈摩訶衍論』九冊（建長八年、一二五六）、普観『釈摩訶衍論記』六冊（弘安一〇―一一、一二八八―八九）、法悟『釈摩訶衍論賛玄疏』五冊（正応元―二、一二八八―八九）があり、また古写本として『賛玄疏』二冊（建久二年、一一九一書写）がある。高野版での出版は、これらの著作への需要がそれだけ多かったことを意味する。

六、『釈摩訶衍論』とその受容

1、『釈摩訶衍論』の概要と成立問題

日本に輸入され、普及した契丹仏典の中では、何と言っても『釈論』関係が特異なものとして注目される。真福寺経蔵の一四―一九函は『釈論』函と言ってもよいほど、『釈論』関係書を収め、高山寺でも一二八函は『釈論』函と言える。これらは、『釈論』そのものと、『賛玄疏』『通玄鈔』などの輸入注釈書、及び日本における注釈とを含んでいる。『釈論』は、新羅系の著作とも言われるが（石井、一九八八）、中国では多少は注目されたものの、必ずしも重視されなかった。ところが、契丹においては非常に重視されて、皇帝自身も関心を持ち、四本もの注釈書が書かれた。それら注釈書のうち、『賛玄疏』と『通玄鈔』は義天による高麗版の続蔵の目玉として日本に輸入され、日本の『釈論』研究を隆盛へと

導いた。こうした経緯を見ると、『釈論』はまさしく東アジア周縁仏教圏を代表する論書であると言ってよい。そこで、以下、『釈論』とその展開について、もう少し立ち入って見てみたい。

『釈論』は、龍樹による『大乗起信論』の注釈で、姚秦の筏提摩多訳と伝える。しかし、もちろんそのようなことがあり得るわけもなく、偽書であることは、日本に輸入された奈良時代から議論となっていた。本書は『起信論』を大胆に解釈して、独自の思想を提示しており、それ故、早く空海が着目し、その後も高い評価を受けることになった。しかし、本書のもう一つの特徴は、このような内容面の大胆な説の提示に留まらず、形式的にも、あたかも偽書であることを誇示するかのように、多数の架空の文献を引用し、荒唐無稽とも言えるような論述をしているところにある。依拠する経典を百あげるが、それらのほとんどが実体のない架空のものである。このように架空の典拠を作り出す偽書は、中世の日本には多く見られるが、これほど大胆な虚構は他に見られない。内容は大胆であっても、しっかりした理論を展開しているのであるから、あえて典拠となる経典を虚構しなくても十分通用するように思われるが、背景となる事情が不明であるので、それ以上のことは分からない。

本書の中心思想については、早川道雄の詳しい研究がある（早川、二〇一九）。その根本は、三十三法門を立て、最終的な到達点として不二摩訶衍を掲げるところにある。三十三法門は、能入の門に十六、所入の法に十六を立てて三十二とする。それに前重と後重を分けるから、実際には能入の八門と所入の八法の別を考えればよい。これらは、『起信論』の一心と三大（体・相・用）の四つを、それぞれ真如と生滅を分けることで八になり、それを能入の面と所入の面にそれぞれ立てるのである。不二摩訶衍は、

不二摩訶衍〔法〕　門無き法＝因縁無き果

①	前重八能入門＝因縁（機根＋教説）	②	前重八所入法（八種本法）＝果
1	一体一心門	1	一体一心摩訶衍〔法〕
2	三自一心門（＝『華厳経』と相応の機根）	2	三自一心摩訶衍〔法〕（＝盧舎那仏）
3	無量無辺諸法差別不増不減体大門	3	無量無辺諸法差別不増不減体大摩訶衍〔法〕
4	寂静無雑一味平等不増不減体大門	4	寂静無雑一味平等不増不減体大摩訶衍〔法〕
5	如来蔵功徳相大門	5	如来蔵功徳相大摩訶衍〔法〕
6	具足性功徳相大門	6	具足性功徳相大摩訶衍〔法〕
7	能生一切世間因果用大門	7	能生一切世間因果用大摩訶衍〔法〕
8	能生一切出世善因果用大門	8	能生一切出世善因果用大摩訶衍〔法〕
③	後重八能入門＝因縁（機根＋教説）	④	後重八所入法＝果
1	真如門（一体門・利機根相応の修行方便）	1	一体摩訶衍〔法〕（利機根相応の果）
2	生滅門（三自門・鈍機根相応の修行方便）	2	三自摩訶衍〔法〕（鈍機根相応の果）
3	無量無辺諸法差別不増不減門	3	無量無辺諸法差別不増不減摩訶衍〔法〕
4	寂静無雑一味平等不増不減門	4	寂静無雑一味平等不増不減摩訶衍〔法〕
5	如来蔵功徳門	5	如来蔵功徳摩訶衍〔法〕
6	具足性功徳門	6	具足性功徳摩訶衍〔法〕
7	能生一切世間因果門	7	能生一切世間因果摩訶衍〔法〕
8	能生一切出世間善因果門	8	能生一切出世間善因果摩訶衍〔法〕

①＋③＝十六能入門
②＋④＝十六所入法　門より生じる法・因縁所生の果
③の１・２＋④の１・２＝起信論所説の四法〔門〕（四種法〔門〕・二法二門）

（図表は早川 2019、525 頁）

これら三十二法門を超えた最終的な所入として位置づけられる。『起信論』では、心真如門と心生滅門とは、一心の異なる見方であって、その様態として体・相・用が立てられるのであるが、『釈論』では、それらをすべて同等視して並列し、不二摩訶衍に至る段階として位置づける。『起信論』でも言説を超えた立場は離言真如として立てられるが、それは依言真如と相対するものであって、隔絶した究極性を持つものではない。それに対して、不二摩訶衍は三十二法門を完全に超える果分不可説として絶対的であり、因分可説である三十二法門とは隔絶している。なお、この問題に関しては、本書Ⅱ—第六章において、再度取り上げたい。

このように、『釈論』は『起信論』に基づきつつも、それを換骨奪胎して大胆に新説を展開している。その中に、空海が『十住心論』の体系化に用いた巻五の五重問答など、様々な議論が展開されている。その中で注目されるのは、巻七—八において修行信心分の実践を説く中で、具体的な実践として様々な呪を挙げていることである。これらの呪は、通常見かけないもので、しかも普通の漢字にない特殊な文字が使われている。これもまた、『釈論』の特徴である。本書の『起信論』解釈が、たとえ本文を離れた独自のものであっても、顕教的な理論の枠に収まるのに対して、ここでは実践として密教の要素が入ってくることになる。その点で、本書はまさしく顕密融合という性質を持っている。

ところで、『釈論』は日本へは、戒明が宝亀一〇年（七七九）に伝えたが、伝来直後に真偽の論争が起こり、淡海三船が偽撰説を唱えたという（『唯識論同学鈔』など）。その後、空海が重視したが、天台系では最澄・安然らによって偽撰説が唱えられ、その後、真言系では真撰説、天台系では偽撰説が採られるようになった（中村、一九八七）。安然は『悉曇蔵』巻一において、「我和上（＝円仁）拠大安寺新羅国僧珍聰口説、是新羅国中朝山僧月忠偽作、於延暦寺目録注云月忠」（大正蔵八四、三七四下）と述べており、師の円仁が新羅僧珍聰の説によって新羅の月忠の偽作と断じたと伝えている。日本以外では、真偽の議論はなされていない。

中国では、宗密などに引用が見られるものの、重視された形跡はない。唯一の例外は、永明延寿（九〇四―九七五）の『宗鏡録』であり、重要な典拠として用いている（千葉、一九九四）。法蔵（六四三―七一二）の説に依拠するところが多いことから、法蔵から戒明による日本請来までの間の成立と考えられる（中村、一九八七）。石井公成は、『金剛三昧経』等との関係を検討した上で、「元暁・義湘・法蔵などの影響を受けた、華厳系統に近い新羅の修禅者が、『起信論』をめぐる諸説の会通を主たる目的とし、『金剛三昧経』や『金剛三昧経論』などに依拠しつつも自らの見解を交えて自由奔放に制作したもの」（石井、一九八八、三六二頁）と結論付けている。ちなみに、石山寺蔵本は武周時代（六九〇―七〇五）の写本とされており（大正蔵勘同目録）、さらに調査を必要とする。その成立についてはなお検討すべき余地が大きいが、安然が新羅成立説を伝えていることも併せて、新羅成立の可能性はありうるように思われる。

2、『釈摩訶衍論』と東アジア周縁仏教

中国の目録類に見えないこと、契丹蔵・高麗蔵以外の大蔵経に収められていないこと、中国での活用は限定的なこと、中国の注釈者聖法・法敏・普観は、いずれも伝記もはっきりせず、他に著作もないことなどを考えると、中国での『釈論』の流布は限られていたと見るべきである。それに対して、契丹では極めて本書が重んじられた。契丹では、道宗の時に散逸した仏典を捜索した時に発見され、すぐに大蔵経に入蔵されることになった（塚本、一九七五、五一六頁）。そして、注釈書が四本も著わされることになった。志福の『通玄鈔』には、道宗皇帝の序文が付され、そこには道宗自身がこの論にもっとも関

心を寄せて研究していたことが述べられている。

なぜ、『釈論』が契丹でそれほど重んじられたのであろうか。馬鳴が大乗仏教のエッセンスを論じた『起信論』に、龍樹が注を付けたという触れ込みがそのまま信じられ、もっとも根本となる大乗仏教の論書とされたのであろう。しかし、それだけでなく、内容的にも契丹で好まれるところがあったと考えられる。一つには、華厳を中心とした顕教理論の枠に、実践として密教の呪を収めるという構造が、『顕密円通成仏心要集』の顕密仏教双修の思想に通じ、契丹仏教の構造に適合しているということがあろう。もう一つには、三十三法門において、不二摩訶衍を超越的に立てる構造が、皇帝権の絶対性という国家構造の確立に適合するということもあったかもしれない。

この『釈論』が一二―一三世紀の日本の仏教界に大きな影響を及ぼすことになった。もともと空海が用いたものであるから、東密（真言宗）で注目されるのは当然とも言える。その研究の出発点は、平安中期に空海復興を主導した済暹（一〇二五―一一一五）であるが、『釈論』を特別の主題として専著を著すようになったのは覚鑁（一〇九五―一一四三）からであろう。日本密教の流れの中で『釈論』が注目されるようになった時期に、ちょうど契丹の注釈書が請来されたのであり、その後、『賛玄疏』と『通玄鈔』が、『釈論』研究の標準として見られるようになり、両書の説の相違が議論されるようにもなった（豊嶋、二〇一三）。

ここでは少し視点を変えて、密教と関連した禅の進展に『釈論』が与えた影響について触れておきたい。円爾（一二〇二―一二八〇）は、入宋して無準師範の法を継ぎ、後に東福寺を開いて、聖一派の流れを作った。円爾は禅とともに顕密の教えに通じ、とりわけ密教を重んじて、禅密一致の立場を取った。その弟子の一人が癡兀大慧（一二二九―一三一二）であり、伊勢に安養寺を開いたが、禅とともに東密・台密に通じていた。その東密の流れを安養寺流と呼び、真福寺（名古屋市中区）を開いた能信を通して、関連する膨大な資料が真福寺に現存する。その癡兀の伝記史料である『仏通禅師行状』に収められた一百年忌の際の伝記には、「明禅教之旨、一貫以注釈摩訶衍論」（『禅籍叢刊』四、五七七頁）と述べられており、『釈摩訶衍論』によって禅教を解釈しようとしたことが知られる。

癡兀が行なった『釈論』の講義は、『釈摩訶衍論見聞』という名で、真福寺に写本が現存しているが、未だ十分に解明が進んでいないため、現段階ではその内容に立ち入ることはできない。しかし、癡兀は他の著作でも、『釈論』に由来すると思われる概念をキーワードとして用いている。それは、「有覚門」と「無覚門」という対になる概念である（加藤、二〇一七）。これは、『釈論』五の五重問答の後に用いられている。即ち、次の通りである。

已に有覚門を説く。次に無覚門を説かん。何が故に一切衆生に本覚あることなきや。本覚なきが故に。何故に本覚なきや。衆生なきが故に。何が故に衆生なきや。所依の本覚なきが故に。（大正蔵三二、六二七下）

即ち、三十三法門をそれぞれ名付けてその区別を説き、段階的な発展を説くのは「有覚門」であり、そもそも本覚とか衆生とかいう概念自体を払い去るのが「無覚門」である。

癡兀はこの概念を多用し、特に「有覚門本有」と「無覚門本有」を対比する。今、『東寺印信等口決』（『禅籍叢刊』四）において見るならば、有覚門本有は迷と覚の違いを立てるのに対して、無覚門本有はすべてを仏の覚そのものと見る立場である。大まかに言えば有覚門本有は始覚、無覚門本有は本覚の立場に当たる。有覚門本有は、小乗・権大乗・顕実乗（実大乗）・密教でそれぞれ違いがあるとする。それに対して、無覚門本有は、一切衆生の色心の実相を毘盧遮那平等智身と見るもので、輪廻の苦がそのまま「自然成道」であるとされる。きわめて本覚思想的な発想である。それでは、無覚門本有の立場に立てば、修行が無用になるのではないか、という疑問が起こる。それに対して癡兀は、無覚門本有は覚を外に求める誤りを正すために説くのであり、それが理解できたら、今度は有覚門本有で修行することが必要だと言っている（本書、Ⅱ―第四章参照）。「有覚門本有」と「無覚門本有」は、『纂元面授』などの中世密教文献にも見え、癡兀だけに特有とは言えず（亀山、二〇一六）、『釈論』に由来する用語が、中世日本の仏教で非常に重要な役割を果たしていたことが知られる。

なお、癡兀の師である円爾もまた、禅とともに密教を重視したが、その密教には独特のところがある。通常の密教で説かれる八葉中台の大日如来よりもさらに上に、多仏を統一する「一智（法）身」を立てている（水上、二〇一七）。しかし、それでもまだ究極ではなく、さらにその上に、仏という有相性を超えた「無相菩提」を立てている。この「無相菩提」は密教の究極であるとともに、禅にも通ずるものと考えられる。このように、究極的にすべての差別を超え、言語的な表現を超えた悟りを立てるのは、

『釈論』における不二摩訶衍と共通するところがある。これらについても、本書Ⅱ―第四章でさらに検討したい。

以上のように、『釈論』が一一―一三世紀の日本の仏教界では、密教のみならず、禅においても重視されたことが知られる。日本の場合、空海が『釈論』を用いていたという理由もあるが、それだけでなく、一二世紀に契丹の『釈論』注釈書が日本に輸入され、そこから『釈論』に注目されるようになったという点も無視できない。

この頃の日本の院政は、天皇を退位した上皇が仏門に入って法皇となって、政治の実権を握るという形態のものであった。それ故、法皇は世俗権力とともに、宗教的権威をも身に付けることになった。そこに契丹の国家仏教と通ずるものがあったとも考えられる。その媒介となった高麗もまた、国家レベルで仏教を尊崇し、支配の力の源泉とした。そのような東アジア周縁仏教圏で重用されたのが『釈論』であった。高麗でも『釈論』は高麗蔵に収録され、義天の続蔵経でも遼の注釈書が重視されたことは、『釈論』の普及に大きな力となった（高麗蔵における『釈論』に関しては、金、二〇二一参照）。

日本における『釈論』は、必ずしも国家レベルで受容されたわけではなく、禅密関係などで影響を与えたところに特徴がある。また、日本の本覚思想とも深く関係するところがあると考えられる。それに対して、宋では『釈論』を受容したのは、延寿など一部に留まり、大きな影響は与えなかった。

以上、本章でははなはだ粗雑ではあるが、漢民族中心の東アジア仏教に対して、その周縁に東アジア周縁仏教圏を立てることで、仏教の展開のダイナミズムを具体的に見ることができるのではないかという仮説を提示し、その具体相を『釈論』の受容という点から検討してみた。

第五章　仏教と身体性

第一節　仏教の身体論――キリスト教との比較から

一、キリスト教における「肉」と「霊」

かつての近代的なキリスト教と聖書解釈の流れは、イエス＝キリストの神性を剥奪し、「人間イエス」の姿を明らかにすることに主力が注がれた。フォイエルバッハからマルクスへとつながる近代的、合理的、人間主義的な立場からする宗教批判の攻撃の中で、キリスト教の側も、「非神話化」を推し進め、ルナンに始まる「人間イエス」像を展開させた。その一つの頂点は、田川建三『イエスという男』（一九八〇）であった。一九七〇年代の反逆の時代をもっとも誠実に生き抜いた田川は、まさしくその時代にふさわしく、キリストとしての神性を否定して、徹底した「人間イエス」像を描きだした。田川は、「イエスは人類に真理をもたらした人ではない。現状を支配する「真理」を拒否する逆説的反抗者であった」（田川、一九八〇、五八頁）という立場から、「ガリラヤ人イエス」（同、四一頁）の生涯を明らかにしようとする。イエスは、「一人の人間」としての「人の子」（同、三四二頁）であり、弱者、被差別者の立場から、宗教の虚偽を徹底して暴き出した宗教批判者であったとされる。

　こうして「人間イエス」像は極限まで至る。確かにそこに大きな問題提起がされていることは間違いないが、今度は逆に伝統的な宗教をそこまで徹底的に否定し去ってよいのかという疑問が生ずる。今日、近代的な合理主義、人間主義の極限化は逆に伝統宗教への回帰を促した。フランスにおける「現象学の神学的転回」（ジャニコー、一九九四）と呼ばれる現象もそれと無関係ではない。サルトル、メルロ＝ポンティらによる無神論的現象学は、その後、アンリ、マリオンらによる神学的哲学へと変貌する。レヴィナスはもちろん、デリダもまた、急速に宗教的、神学的問題に接近する。

　それは、福音書で言えば、マルコからヨハネへの転換を意味する。「神の子イエス・キリストの福音の初め」と書き出すマルコ福音書に比べ、ヨハネ福音書は、冒頭から「神の言」の受肉という神学的議論を提示する。


　初めに言があった。言は神と共にあった。言は神であった。この言は、初めに神と共にあった。万物は言によって成った。成ったもので、言によらずに成ったものは何一つなかった。言の内に命があった。命は人間を照らす光であった。光は暗闇の中で輝いている。暗闇は光を理解しなかった。……言は世にあった。世は言によって成ったが、世は言を認めなかった。言は、自分の民のところへ来たが、民は受け入れなかった。しかし、言は、自分を受け入れた人、その名を信じる人々には神の子となる資格を与えた。この人々は、血によってではなく、肉の欲によってではなく、人の欲によってでもなく、神によって生まれたのである。言は肉となって、わたしたちの間に宿られた。わたしたちはその栄光を見た。それは父の独り子としての栄光であって、恵みと真理とに満ちていた。（ヨハネ福音書、一：一〜一四。新共同訳による。傍点引用者）

キリストは彼自身が「神の言（ロゴス）」であり、ロゴスの受肉だという。そうとすれば、その言葉はすでに人間の言葉とは言えない。ミシェル・アンリは、名著『キリストの生涯』で、キリストの言葉を「もっぱら人間的意味だけを汲み取ることによって、それを単なる道徳的な格言にしてしまう」（アンリ、二〇一二、一二頁）ことを強く批判する。「それが〈神の言葉〉であること、あるいは、それらの言葉を語ったキリスト自身が神の〈言〉だということであって、まさにそのことが明らかにされなければならない」（同）のである。キリストの言葉は、人間の言葉ではなく、どこまでも神の言葉である。

近代以前、何世紀にもわたり、人々は〈神の言葉〉をまさしく神ご自身の言葉として受け入れることによって、その言葉を直接に生きていたのである。しかし近代以後、〈神の言葉〉をめぐる状況は悪化の一途をたどった。（同、一四頁）

なぜなのか。それは、「現代世界を構成するシステム全体が、〈神の言葉〉を聞くことを不可能にしてきた」（同、一五頁）のである。だが、「そもそも、神の言葉である言語をわれわれ人間の言語を通じて聞き取るということが、ほんとうに可能だろうか」(同、一四頁)。キリストの言葉は、人間の言葉で語られる。それを〈神の言葉〉として聞くことができるのだろうか。

そこからアンリは、「人間」とは何かという問いへと向かう。キリストの受肉以前に、「人間が受肉した存在である」(同、二三頁)。では、「肉」とは何か。

〈肉〉とは、われわれ人間がそうである生ける者としての具体的現実を構成する感覚と情念がせめぎ合う印象の総体、流動的でありながらけっして引き裂くことのできないあの総体のことである。(同、二三頁)

「肉」とは、仏教的に言えば、あらゆる煩悩の総体としての人間である。キリストは、まさしくその「肉」としての人間そのものになる。「肉」としてのキリストの言葉は、「肉」としての人間を全面的に否定する。人間同士を結び付ける相互性を否定し、そこにはじめて人間は神に結び付けられる。その回路を経て人間同士の間にも新たな相互性が生まれる。今や、「人間の自然的血統は神的血統に取って代わられる」(同、六三頁)のであり、そこでは「人間とは〈神の子〉以外の何ものでもない」(同)。

このように、彼自身が「神の言(ロゴス)」であるキリストが受肉によって語る言葉は、人間に根本的な転換を起こさせる。「人の子」は「神の子」となり、「自然的血統」は「神的血統」となる。アンリは、「霊」という言葉を使わず、「いのち」という言葉を使うが、通常の神学の言葉で言えば、肉から霊への転換ということになる。

神学者の阿部仲麻呂は、「「肉」には「神から離れて生きる傲慢な人間の生き方」という意味がありま す。一方、「霊」には「神とともに生きる謙虚な人間の生き方」という意味があります」（阿部、二〇一四、一二九頁）と言う。それ故、「霊」と「肉」は人間を構成する成分ではなく、神の側に向かうか、神に背く方向に向かうかというベクトルの方向性の違いである。

神の受肉は、「神のあまりにも深い愛情が感極まって、私たち人間の生きているこの世界において、ともに生きざるを得ないほどの迫力をもって結実した」（同、一二七頁）ことであり、神自らが神に背くあり方をとることで、人間の「限界を克服する道」、即ち「肉から霊へと転換する方法」（同、一二九頁）を示したのである。

それ故、人間は「霊」と「肉」の合成物でもなければ、「身体」と「魂」（心）の合成物でもない。人間は「まるごとの人間」であって、分離されない（同、一二四頁）。「死」とは、「身体」と「魂」の分離ではない。「死」とは、悪の支配から完全に解放されて、神とともに永遠に安らぎはじめるという「新たな次元への過越」なのであり、「さいわいなる状態への門出」（同、一二八頁）なのである。

以上、今日のキリスト教における「霊」と身体の問題を概観してみた。そこでは、近代における身心二元論を乗り越え、「まるごとの人間」のあり方が神との関係の中で問われている。その点では、仏教の場合も変わらない。ただ、次に見る仏教の場合と較べて、二つの相違点が注意される。第一に、神の超越性が前提とされるということである。神は人となることができるが、人は神となることができない。

滝沢克己の言葉を借りれば、不可同・不可分・不可逆である。仏教の場合、人が仏となることができる点が、まったく異なる。不可同・不可分ではあるが、不可逆ではない。第二に、現世の生命は一回的なものと考えられ、「死」は神とともなる別の次元の問題となって、現世と関わらないことになる。これは、輪廻的な循環性を時間の根底において考える仏教の場合と異なる。

二、仏教における身体――輪廻・仏・死者

1、輪廻と身体

仏教においては、原則的に心ｰ身的な存在としての人間は、五蘊（色・受・想・行・色）の合成として考えられる。死によって五蘊は解体するが、業（行為）の結果が残ることで、次の生存へとつながり、輪廻する。この輪廻の構造に関して、日本で広く用いられたのは『倶舎論』の理論であり、それがさまざまに変容して用いられた。伝統的な解釈を加味した深浦正文の解説（深浦、一九五一）等を参考にして、以下略説する。惑（煩悩）によってなされた業のはたらきにより、死後に中有の微細な五蘊を生じ、それがもとになって、来世の五蘊が成り立ち、そこに苦の連鎖である輪廻が続くとする。輪廻する範囲は、六道（地獄・餓鬼・畜生・修羅・人・天）であり、その間に輪廻する存在を衆生と呼ぶ。その輪廻から脱することが目標とされ、そこに修道の過程が設定される。

輪廻については、十二縁起で説明する（大正蔵二九、五一上―中）。日本で広く用いられた『天台四教

義』（大正蔵四六、七七七上）の説明を参考にして記す。

無明――過去世の煩悩。
行――煩悩から起こる過去世の業。現在世の五果（識～受）の苦を引き起こす。
識――無明・行により、心識が母胎に託生する初念の位。以下、現在世の果。
名色――名は心、色は身体であるが、まだ心的な機能は十分に分化していない。
六処――胎中において六根（眼耳鼻舌身意の器官）が具わる。
触――出胎。心が対象と接触する。
受――対象に対して好悪等を感ずる。
愛――男女・金銭等への貪愛の心が盛んになる。現在世の惑（煩悩）。
取――貪愛が強くなり、執着を生ずる。現在世の惑。
有――愛・取の煩悩により作る業。未来の果を招く。
生――現在の因により未来に生を受ける初念の位。
老死――未来の生で、現在世の名色から受まで。

以上は、過去世・現在世・未来世の三世にわたり、過去世の因と現在世の果、現在世の因と未来世の果という二重の因果を説くところから、三世両重の因果と呼ばれる。それを図式化すると、以下のようになる。

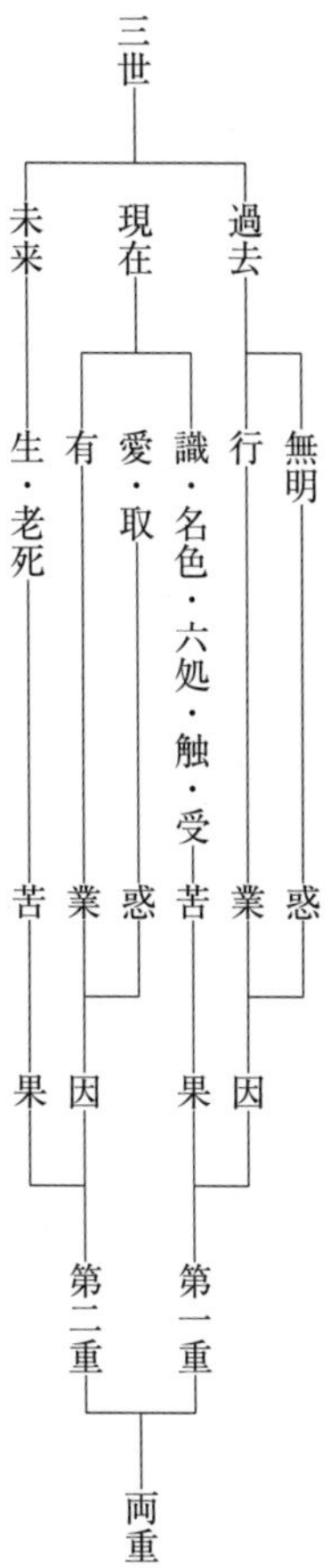

『倶舎論』では、輪廻の過程はまた、四有として説明される（大正蔵二九、四六上）。

中有――前世と今世、今世と来世の間の期間。中陰。
生有――今世に託生する最初の身。
本有――託生してから生まれ、死ぬまで。
死有――今世最後の身。

中有（中陰）の期間は『倶舎論』では確定されていないが、通常七七、四十九日と考えられ、追善法要の基準とされるようになった。即ち、この間であれば、廻向された善行によって善所に生まれ変わることが可能と考えられたのである。中有は小さいので人間には見えないが、身体を具え、香気を食物とする（法要で香を焚くのはこのためである）（大正蔵二九、四六中）。健達縛（Gandharva 乾闥婆）とも呼ばれるが、これはインドの楽神でもある。中有は、男女の交会を見て倒心を起こし、母胎に入り、生有となる（同、四七下）。ただし、有情の生まれ方には、胎生・卵生・湿生・化生の四生があり、これは胎生・卵生の場合である。

母胎の中での胎児の生育は五段階を経るとされる。羯邏藍・頞部曇・閉尸・鍵南・鉢羅奢佉であり（同、四七下）、胎内五位と呼ばれる。深浦の説明にもとづくと、以下の通りである（深浦、一九五一、一三九頁）。

1、羯邏藍（kalala）――受胎後七日間。凝滑。四大のぐにゃぐにゃしたかたまりができる。
2、頞部曇（arbuda）――第二の七日間。皰。その上に薄皮ができる。
3、閉尸（peśī）――第三の七日間。血肉。次第に固まっていく。
4、鍵南（ghana）――第四の七日間。堅肉。まったく固体となる。
5、鉢羅奢佉（praśākhā）――第五～三十八の七日間。支節。身体ができ、誕生する。

ところで、確かに「父母の不浄、羯邏藍を生ず」（大正蔵二九、四六下）と言われているものの、肝腎の胎児の主体を形成するのは、中有が母胎に入ったものである。個体性は過去世から中有を経て一貫しているのであって、その点では両親から子供へという継続関係があるわけではないことになる。子供のDNAは、両親を引き継ぐのであろうか、それとも前世を引き継ぐのであろうか、そのあたりが曖昧になる。

『大方等大集経』巻二三では、「父母所生の貪愛の心に於て、愛の因縁の故に四大和合し、精血の二渧合して一渧と成る。大きさ豆子の如し。歌羅羅と名づく」（大正蔵一三、一六四中）と言われている。これによると、父母の貪愛の心を原因として、四大（地水火風の要素）が集まり、男性の精と女性の血の二渧が合一して一つとなって、生命の生じた段階が第一段階の歌羅羅（カララ）だというのである。この二渧合一という説明は、天台智顗の『四教義』などに引かれて（大正蔵四六、七四一下）、日本でも多く用いられるようになる。しかし、この場合も、ただ男女の和合だけで胎児が生まれるわけではなく、そこに「過去世中の業縁の果報」が入ってくるのである。

このように、輪廻を考える以上、どうしても父母だけに還元できない要素が入ってくることになる。ただ、それを実体視して考えると、非常に分かりにくく、おかしなことになる。しかし、それでは我々のあり方を、単に生物的に両親からだけで説明して終わらせてよいのかというと、そこに残る問題がある。禅で「父母未生以前」と言われるような問題である。それを一笑に付することはできないであろう。

日本の中世では、『摩訶止観』巻七上（大正蔵四六、九三中）などに従って、男女の二渧を「赤白二渧」という言葉で表わし、根源的な生成を意味するような秘教的な理論を形成した。密教で性的な要素を重視する説は、かつては立川流と言われて特殊視され、いかがわしい異端説であるかのように思われていたが、今日の研究では、中世の多くの密教者に共有されるきわめて重要な理論であることが明らかになってきている（小川、二〇一四）。立川流については、本章第二節でもう少し詳しく考えたい。

例えば、そこでは胎内五位は、それぞれ金剛界成身会の五仏に宛てられている。即ち、初七日・阿閦、第二七日・宝生、第三七日・弥陀、第四七日・不空成就、第五七日・大日である。それはまた、即身成仏の方法である通達菩提心・修菩提心・成金剛心・証金剛身・仏身円満の五相成身観にも対応させられる（同、四七九―四八〇頁）。胎児は母胎の中で即身成仏の行を修し、最後には即身成仏を実現して、「仏身円満」として誕生するのである。

驚くべきことに、もともと煩悩と苦悩を繰り返す輪廻の説明であった胎内五位説が、ここでは逆に即身成仏の実現という正反対の方向に転換されている。もともと仏教は、生からの離脱を目指すために、生命の誕生に対して、肯定的な答えを与える理論を持たなかった。性交渉は煩悩による嫌悪すべきものであり、その結果としての生命の誕生は、輪廻の苦悩を増すだけのことでしかない。仏は我が子に悪魔の名前ラーフラと名づけ、その子を捨てて出家した（山折、二〇〇六）。しかし、日本ではそれが逆転する。それは、中世密教の大きな転換であり、本覚思想とも関わるものであった。このような生命の重視は、その後、仏教よりも神道に採用されて展開する。むしろ仏教では、このような見方は異端視され、理論面での発展は閉ざされてしまう。

2、仏・菩薩の身体

キリスト教とのもう一つの大きな相違点は、キリスト教の神と違い、仏教の仏は衆生がなるものであり（成仏）、その上で衆生救済に赴くとされる。もっとも初期仏教においては、悟りは修行をすれば到達しうるが、指導者としての仏は特別視され、修行をしたからと言って、到達できるものではない。ちなみに、近代における「人間イエス」論と対応して、仏（ブッダ）に関しても、「人間ブッダ」という見方が盛んになり、その観点からの仏伝が数多く著わされた。しかし今日、仏を人間化して捉える見方には限界があることが明白になってきた。もっとも古い律や経の資料でも、仏は単なる人間を超えて描かれている。仏は、悟りを開いても、身体を持っている限り、身体的束縛からは免れないので有余涅槃と呼ばれ、身体を捨ててはじめて完全な涅槃（無余涅槃）に入ることになる。無余涅槃がどのような状態であるかは、説明されないが、少なくとも無余涅槃に入れば、もはや教えを説くこともなくなる。

それでは、仏は人間を超えた存在として、神のような位置にあるのであろうか。それはあり得ず、仏はやはり悟りを開いた人であることは間違いない。それならば、仏の特殊性はどこから出てくるのだろうか。そこで生まれたのが菩薩（bodhisattva）という考え方である。仏は前世で繰り返し厳しい修行を積んでおり、その功徳によって現世で悟りを開いたというのである。そこに仏の前世譚であるジャータカが発展する。仏になるための菩薩の修行は六波羅蜜（布施・持戒・忍辱・精進・禅定・智慧）であるが、その中でも布施がもっとも重視される。布施は他者に対して施与することであり、菩薩の行は自利・利他と言われるように、他者とのかかわりが大きくクローズアップされる。

初期仏教においては、他者との関係は必ずしも根本の原理の中に入ってこない。むしろ他者との関係から離脱することが理想とされる。もちろん、仏の説法は人々の救済を目指すものであるが、なぜ他者救済がなされなければならないのか、その必然性は仏の悟りの原理の中には入っていない。仏は悟りを開いた後、それを説くことをためらい、梵天が三度お願いしてようやく教えを説いたという（梵天勧請）。即ち、仏は法を説かなかったこともありえたのであり、それによって仏の悟りそのものは変わることはない。

しかし、菩薩が自利とともに利他を根本の実践とするならば、もはや他者と無関係に自分だけ悟りに至ることはできない。それ故、菩薩の実践には長い時間を要する。それはしばしば三阿僧祇劫という長い期間を要するとされる。高位の菩薩になると、究極的な悟りを求め、他方で衆生救済を目指す点に執着が残っているが、通常の煩悩はすでになくなっている。そこで、煩悩と業に基づいて制約された凡夫の身体的な生死（分段生死）はもはやなく、寿命や身体を願いによって自由に変容させることができるので、変易生死と呼ばれる。

こうなれば、高位の菩薩と仏との区別はほとんどなくなる。実際、中国以来、菩薩の初住という段階に至ると、それで成仏が実現するという解釈がしばしばなされる（初住成仏）。衆生救済の活動に終わりはなく、その点からすれば、菩薩の活動にも終わりがない。その活動は生死を超えてなされる。そうであれば、もはや輪廻は苦の連鎖という否定的な意味合いではなく、むしろ菩薩の永遠の活動を保証する積極的なものに変ずる。仏は、悟りに入って自足するのではなく、菩薩の衆生救済の活動をさらにパワーアップして行うことになる。

このように、菩薩の理想が高く掲げられるようになると、それは衆生にとってあるべき生き方であり、我々もそれを目指すべきだと考えられるようになる。大乗仏教においては、菩薩は誓いを発して修行さえすれば、誰でもなることができ、その完成形としての仏を目指すことができるとされる。それどころか、東アジアで展開した密教の即身成仏や禅の頓悟の思想は、仏となること自体を遠い目標と見るのではなく、現在世で、この身体のままに実現できると考えるようになった。

それならば仏はどのような方法で衆生を救済するのであろうか。初期仏教においては、無余涅槃に入った仏は完全に身体を捨てて、捉えることができなくなってしまう。しかし、仏が衆生を救済するのであれば、何らかの形で衆生に姿を現さなければならない。こうして、キリスト教における受肉に近い発想が生まれる。これが仏身論と呼ばれる議論に展開する。仏の身体性が問われるのである。

仏身論の展開は複雑であるが、もっとも一般化したのは三身説である。

法身――通常の意味での身体性を失い、真理そのものと一体化したあり方。
報身――菩薩の行の果報として得た、人格性を持ったあり方。
応身――衆生救済のために、相手に合わせて取るあり方。

もちろん、これは非常に常識的な簡略化した説明であり、実際にはさまざまに複雑な理論が展開する。例えば、その一つの議論として、空海が主張した法身説法の問題がある。法身そのものが語ることができるのか、それはどのような形で語られるのか、また、それを人間が聞いて理解できるのか。その場合言われる法身は、動きのない理法ではなく、それ自体報身や応身的な要素を含みつつ流動的に活動するのである。それ故、一言に法身説法と言っても、そこに多様なあり方が可能と考えられる。

ここから、法身説法のあり方をめぐって日本中世で大きな議論が展開することになる。自性身説法と加持身説法をめぐる論争である。本来の法身そのものが説法するという自性身説法説に対して、それでは衆生には理解できないので、衆生に合わせて仏の力で姿を変えた加持身が説法すると主張する加持身説法説が対立した。結局、後者の側は新義真言宗として、分立するようになった。じつは、この論争に先立って、栄西と尊賀の間で、その源流となる論争が交わされていたことが、今日明らかになっている。それについては、本書Ⅱ―第三章で詳しく見ることにしたい。このように、仏の身体のあり方をめぐっては、さまざまな議論が展開されたのである。

3、死者の身体

ところで、仏が無余涅槃に入ったと言っても、すでに初期仏教において、実際の信仰はそれでは済まされない要素を持っていた。舎利八分と言われるように、仏の遺骨（舎利）は八つに分けられ、有力な種族に配分された。彼らは、その遺骨を丁重に葬り、そこに塚を築く。それが後に仏塔（ストゥーパ）として、信仰の拠点となっていく。無余涅槃が物質性をすべて超越したものとするならば、遺骨崇拝は何の意味も持たないはずであるが、実際にはそうではなく、遺骨という死者の身体性こそが、信仰の対象となるのである。それは、カトリックの聖遺物崇拝にも近いところがある。舎利信仰、仏塔信仰はその後、大きく発展し、特にアショーカ王がインド各地に仏塔を立てて仏教信仰の拠点としたことはよく知られている。後には、仏だけでなく、亡くなった高僧のためにも塔が築かれるようになった。

その影響は東アジアにも及ぶ。舎利は功徳の大きいものとして礼拝対象となり、しばしば舎利が出現したり、増加したりする奇蹟が起って、信者たちの信仰心を高揚させた。仏塔はもともとの土饅頭型から、五重塔に見られるような丈の高い姿に変わるが、寺院の中核をなし続ける。それだけでなく、仏の遺骸、高僧の遺骸から、さらに発展して、一般の信者の墓標ともなっていく。五輪塔は、日本にしか作例が見られないと言われるが、十一世紀頃から普及し始め、その後広く用いられるようになる。

五輪塔の普及には、覚鑁の『五輪九字明秘密釈』に集大成されるような五輪思想の展開が密接に関係する。五輪は、世界を構成する地・水・火・風・空の五要素（五大）である（空海では、それに精神的要素である識を加えて六大とされる）。五輪思想については、第三章に論じたが、基本的なところを再説しておきたい。

五大は、次のように対応付けられる。

地	𑖀	a	肝臓	東	方形
水	𑖪	va	肺臓	西	円形
火	𑖨	ra	心臓	南	三角

風　ha　腎臓　北　台形
空　kha　脾臓　中央　宝珠形

梵字は、仏としての聖的な側面であり、それが身体の五臓と結びつけられ、さらに方位等の外界の世界とも対応付けられる。それが、五つの形態をとった塔に集約されるのである。それ故、塔はまさしく仏＝世界＝身体の統合された場と見ることができる。とりわけ、五臓（蔵）との関係は、身体を観想の対象とすることで、仏の世界に一体化する即身成仏の行法として発展することになる。それは、五臓（蔵）曼荼羅と呼ばれる図像を伴った形で広く展開される。そのような身体への内観は、さらに上述の胎内五位説とも結びつけられて、日本密教独自の身体論へと発展する。

注目されるのは、まさしくこのような身体論の展開が、同時に五輪塔の普及による死者供養と結びついていることである。五輪塔は、生者の身体のシンボルであると同時に、死者の身体のシンボルでもある。五輪塔を媒介として、生者と死者は結びあうことになる。そこに、後に発展する日本のいわゆる葬式仏教の理論的根拠が形作られることになる。

ところで、死者の身体の問題を考える際、無視できない経典として『法華経』がある。ここで、『法華経』に少し立ち入って考えてみたい（末木、二〇二一参照）。『法華経』は、伝統的には迹門と本門に二分されてきたが、近代の研究の中で、三類に分かつことが適当と考えられるようになった。即ち、方便品から授学無学人記品までを第一類、序品並びに法師品から嘱累品までを第二類、薬王品以下を第三類と考える。第三類は菩薩のあり方を付加的に述べた部分であり、中心となるのは第一類と第二類である。その間に成立段階の違いを見る見方と、同時成立の立場があり、一時論争になったが、決着はついていない。私自身は第一類と第二類との間に思想的な距離があり、同時に構想されたものとは考えられないという立場を取っている。

伝統的に、迹門の中心思想は方便品の会三帰一であると言われる。これは、声聞・縁覚・菩薩の三乗がじつは仏乗の一乗に統合されるというのである。小乗と大乗の対立を止揚して、絶対的な唯一の立場に帰着させることになる。それは、あらゆる人が仏となる可能性を持っているということを意味する。ただし、この解釈はやや誤解を招くところがある。一つには、成仏という未来的なところに焦点を当てることで、いま現在の問題から視点がそれてしまうということが指摘される。もう一つには、このような発想は、仏性を内在的に見る見方につながり、菩薩の持つ他者との関わりという問題が消えてしまう恐れがある。

それに対して、苅谷定彦は、それを「一切衆生は菩薩である」と定式化した（苅谷、一九八三）。ただし、苅谷は「菩薩」と「ボサツ」を分けて使うが、今はその点は立ち入らない）。それは、一切衆生は他者との関係なしには存立しえないことを表わしている。このことを、『法華経』は、舎利弗をはじめとする仏弟子たちが、じつは仏とははるか昔から関わりを持っていたという過去譚から説き起こす。輪廻の中で、他者と関わり続けるのが菩薩の根本義である。

それに対して、伝統的には本門の中心テーマは寿量品の久遠実成の釈迦の開顕にあると考えられてきた。それは間違いではないが、じつはそれに先立つ宝塔品の重要性がこれまで見逃されてきた。宝塔品では、『法華経』を説く釈尊の前に、巨大な仏塔が出現し、そこから多宝仏が姿を現わす。多宝仏は、『法華経』を説く仏の前に出現しようという願によって、全身そのまま塔中に坐していたのであり、まさしく死者そのものである。多宝仏がその仏塔の半坐を分かち、そこに釈尊が坐ることで、釈尊は死者の力を身に着け、久遠実成の世界を表わしだすことができるのである。身体性を持った死者のリアリティこそが、生者をより完全な世界へと導くのである。

以上、キリスト教と対比しながら、仏教の身体論をいくつかの観点から検討してみた。仏教を含む東洋の身体論に関しては、湯浅泰雄の研究が有名であるが（湯浅、一九九〇）、上述のように、近年の研究で、さらに豊かな内容が明らかになりつつある。とりわけ平安中期以後、大きく発展することは、第三章に述べたとおりである。その中で必然的に性の問題が出てくる。一三世紀になると、先に触れたように、いわゆる「立川流」の問題として議論されるようになる。以下第二節では、いわゆる「立川流」のもっとも早い批判書である心定の『受法用心集』を中心にいささか検討してみたい。

第二節　立川流と『受法用心集』

一、高山寺本『受法用心集』

『受法用心集』は、いわゆる「立川流」に対する最古の批判書とされる（ただし、後述のように、この言い方は問題があるが）。「立川流」自体の資料がすべてなくなった今日、その古い形態を知る唯一の資料として重視される。従来は主として守山聖真の著作（守山、一九六五）に付載された活字本（守山本と略す）が用いられてきた。ところが、明恵上人のお寺として知られる京都栂尾の高山寺から、それと別系統の写本が出てきて、先にその翻刻・解題を発表した（末木、二〇二〇）。おそらく高山寺本が草稿本で、守山本系が清書本と考えられる。守山本と高山寺本を突き合わせることで、これまで十分に理解できなかった箇所もかなり解明できるようになることが期待される。

高山寺本は従来知られてはいたものの、ほとんど注目されることがなかった。その理由として、一つには、高山寺本の中心をなす鎌倉前期の写本類よりもやや遅れ、鎌倉後期の正和二年（一三一三）の写本であるために注目を浴びなかったこと、また一つには、立川流という特殊な流派と関係するもので、一般的な教理書や密教事相書の範疇に入らず、明恵教団とも直接の関係を持たないので、関心が持たれなかったこと、などが挙げられよう。

本書の成立年代に関しては、以下に見るように、本書の自伝箇所に「今五十四」歳であると記していることから計算して、文永五年（一二六八）と考えられる。守山本下巻奥書の「別本後記」には、同年の記載がある。また、高山寺本にはないが、守山本等には、「蒙古の異域、当朝の皇域を軽じ奉るに及べり」（守山本五四八頁）とあるから、高麗の使者が来て、蒙古（モンゴル）が日本侵攻の意図を持っていることが知られ、危機意識が高まったこの頃の成立と見てよいであろう。無住の『聖財集』に言及されているところから（『聖財集』巻中、『禅籍叢刊』五、四一七頁）、ある程度流布していたことが知られる。

二、『受法用心集』の著者誓願房心定

著者の心定は、高山寺本下巻奥書の抹消された「私云」に「越前国豊原誓願房」とあり、包紙にも朱で「豊原」と書かれているので、豊原寺に住房があったことが知られる。豊原寺は越前国坂井郡（現・福井県坂井市丸岡町豊原）にあった天台宗の大寺院で、白山信仰の拠点となった。

心定については、本書以外に著作もないが、本書中にかなり詳しく自伝的な記載があり、そこからその経歴が知られる。他に、「白山豊原寺縁起」（文化庁編『白山を中心とする文化財　福井県』、一九七二所収）に、「当寺円福院之開山」として、略歴が記されている（池田、二〇一五）。おおむね『受法用心集』に基づいていると思われるが、それ以外にも五人の弟子に邪法を破せしめたこと、その三宝院流が豊原寺で継承されたことなどが記されている。豊原寺では、後代に至るまで大きな影響を残している。

『受法用心集』の自伝は、どのようにして邪義を知るに至ったかという経緯と、それに対して、自分がどのように正しい法を受けているかを証明するための記述であるから、それ以外のことは知られない。その自伝箇所は、高山寺本では、下巻の終わりのほう（二五ウ―二八オ）に纏まっていて、それ以外に、上巻のはじめの部分（二オ―三オ）などに見える。それに基づいて、心定の伝記上の主要事項を年代順に記すと以下のようになる（池田、二〇一五参照）。なお、高山寺本に主に拠るが、不明な箇所は守山本を用いる。なお、以下では、高山寺本は「高」、守山本は「守」と略す。

建保三年（一二一五）におそらく越前で誕生。生年は、建長五年（一二五三）に三九歳であった等、年号と年齢を併記した記述が多いので、逆算できる。

一八歳で出家。二一歳まで、蓮徳より、諸天法等など、さまざまな秘訣を受ける。

嘉禎元年（一二三五）、二一歳で英豪より十八道を受け、許可入壇授職を得る。

延応元年（一二三九）、二五歳で越中細野の阿聖に随い一流の秘抄ことごとく書き尽くす。守山本には「立川の一流秘書」とあるが、疑問。後に検討する。

仁治三年（一二四二）、二八歳で道源から中陰流を伝授され、瑜祇三重灌頂を受ける。

建長二年（一二五〇）、三六歳、越前国赤坂新善光寺の客僧弘阿弥陀仏が菴室を来訪、後、新善光寺の弘阿弥陀仏の菴室で百余巻の巻物を見る。「大旨越中ニ流布スルトコロノタチカハノ折紙トモ」であり、その中に「内三部経菊蘭ノ日記七八巻交レリ」という。それを借用して、書写した。なお、高山寺本は建長四年とするが、上洛の年の前ということから、守山本の建長二年が適切。新善光寺は廃寺だが、坂井市丸岡町赤坂の白山神社に板碑が遺されている（池田、二〇一五）。

建長三年（一二五一）、三七歳、上洛。五条坊城（坊門）の地蔵堂（現在の壬生寺）で、執行の快賢と即身成仏の義を談ず。その折、客僧から内三部経のことを聞き、法性寺一ノ橋の宿所を訪ねて灌頂を受け、経典や口伝集などを授かる。この僧は、北山顕密房に習ったという。

建長五年（一二五三）、三九歳、高野山快賢（守「玄覚」）から教相の秘抄を得、正智院一流口決を蒙る。

建長七年（一二五五）、四一歳、金剛王院大僧正（実賢）の付法賀茂上人（空観）に随い、一流教相を聞き、両部大法を受けること七年。師の空観については、「七（守「六」）人ノ智者ニシタカフテ九流ノ付法ヲ受ケタリ」（高上一七オ）と、その系譜を伝え、さらにその他の受法も記している。

弘長元年（一二六一）、四七歳、許可入壇を遂げる。「始十八歳ヨリ今□（五）十四ニ及フマテ始末卅七年」（高下二七ウ）とあり、『受法用心集』の著述が文永五年（一二六八）五四歳であることが知られる。

その後の事績は本書中からは知られないが、上述のように、郷里の豊原寺で教化に従ったと考えられる。

三、『受法用心集』に見える「立川」

「立川流」というと、あやしげな性的快楽を追求して、それをもって即身成仏とするいかがわしい邪教、というイメージが一般に定着している。そのために、ともすれば興味本位のような扱いを受けることがしばしばであり、真言宗内の実証的な研究も「邪教」であることを前提として、その枠の中で行われてきた。典型的には、後醍醐天皇の護持僧であった文観が立川流の継承者とされ、そこから、後醍醐もまた、「異形の王権」としておどろおどろしく語られた（網野、一九九三）。しかし、今日では後醍醐も文観もそのような見方は不適切であることが明らかにされてきている（内田、二〇一〇など）。また、近年の研究によって、一三世紀頃の密教文献には性的な言説は広く見られ、特別異端視されるものではなかったことも知られるようになった。

確かに「立川流」と呼ばれるべき流派があったことは間違いない。『受法用心集』にも「立川」の呼称は出てくる。それ故、本書が立川流批判書として扱われるのも、無理のないところがある。それに対して疑義を呈したのは、彌永信美であった。彌永は、本書に「立川」と出るのが二回だけ（守山本）であり、それは心定が批判する「此の法」ではないとする（彌永、二〇〇三）。これはきわめて重要な問題提起であるので、ここで検討してみたい。

守山本で「立川」が出るのは、いずれも冒頭の自伝的箇所である。

第一は、延応元年（一二三九）、二五歳の時の記述で、「越中国細野の阿聖あさりに秘密瑜祇等流法身三種の灌頂を受け、立川の一流秘書悉く書きつくし了ぬ」（守五三一頁、高下二七オ）とある。第二は、建長二年（一二五〇）、三六歳の時に、越前国赤坂新善光寺の客僧弘阿弥陀仏の菴室で百余巻の巻物を見た時、「大旨越中国に流布する処の立川の折紙どもなり」（守五三二頁、高下二六オ）とある。

このうち、第一の箇所は、高山寺本では「立川」の文字を欠き、「一流秘抄コト〳〵クカクツクシヲハヌ」とある。全体として、守山本は修訂本であるから、高山寺本よりも信頼できる場合が多いが、ここはやや疑問である。前後のつながりを見ると、正統的な受法を記しているので、ここに「立川の一流」が出てくるのは唐突である。それ故、この箇所は高山寺本のほうが適当である可能性がある。

そうすると、確実に「立川」が出るのは第二の箇所のみとなる。その箇所を引用してみる。

小僧是れを開き見れば大旨越中国に流布する処の立川の折紙どもなり。此の中に彼の内三部経、菊蘭の日記七八巻交れり。小僧初めて是れを見るに珍しく、此の巻物を借用して、住所に帰てうつしをはりぬ。（守五三二頁、高下二六オ）

この文脈からすると、「大旨越中国に流布する処の立川の折紙ども」は、すでに知っていたが、ただその中に混じっていた「内三部経、菊蘭の日記七八巻」は「初めて是れを見る」ものであった、と解することができそうである。そうとすると、内三部経などの特殊な経典のセットが立川の流れと密接な関係を持っていたとは考えられるものの、それがただちに立川流の中核をなすものとは言えないようである。心定が破折対象とする邪説は、この「内三部経菊蘭の日記七八巻」等であり、「立川の折紙ども」ではない。

心定は上洛後、「五条の坊門の地蔵堂」（壬生寺）で、「彼の法の行者」に出会い、経論を授けられた。

その行者は、「即身成仏の至極の秘決は内の三部経に説ききわめたり」（守五三三頁、高上オ―ウ）というのであり、これらが主要な批判の対象となるが、そこでは「立川」ということはまったく言われていない。

その後、「稲荷清水嵯峨法輪の辺地にしてこの行人にあひて受学する」（守五六二頁、高下二六ウ）とあるように、（伏見）稲荷、清水寺、嵯峨の法輪寺など京都周辺の地で「この行人」に多く出会ったというのである。また、「住国の内ににうの北の海受房、かた山の郷の阿闍梨の弟子ども」もまた、「数巻秘記」を持ってきたというのであるから、越前でもかなり広まっていたことが知られる。しかし、この場合も、「立川」ということは言われていない。このように見れば、彌永の言うように、本書中の邪義は直ちに立川流と結びつけることはできない。

ところが、高山寺本下巻にのみ付されている『破邪顕正抄』からの引用は、いささか趣を異にしている。これは、高山寺本の書写者が他の書から書き写して挿入したものであるが、ここでは、立川流という名は出ないものの、「此法相承蓮念阿闍梨ノ流ヨリ出タリト云正キ伝歟　件阿闍梨ハ権僧正勝覚ノ弟子仁寛阿闍梨後改蓮念伊豆国ニ配セラルコノ人元始ナリトイフ或説ニハ蓮念ガ弟子見蓮上人武州立河ニ住スコノ時ノ濫觴ナリト云」（高下三五オ）と、その系譜を記している。仁寛（蓮念）―見蓮という流れは、まさしく立川流の系譜に他ならない（Köck 2003）。ここでは、この系譜と「内三部経」とを結びつけている。奥書の「私云」によると、『破邪顕正抄』は、高野山正智院で撰述されたものだという。この「私云」は、おそらく書写者である定遍の正和二年（一三一三）のものと思われるので、『受法用心集』よりもやや遅れる。それ故、この頃には、『受法用心集』の破折対象が立川流であったと考えられるようになっていたものと思われる。

四、「立川流」再考

彌永は別の論文（彌永、二〇一八）において、『受法用心集』で批判される邪宗と「立川流」の関係について、注目すべき新知見を披露している。ここでこの論文を紹介しながら、それを検討し、改めて立川流の主要な問題点を整理して、『受法用心集』の位置づけを考えてみたい。

まず、従来の立川流の常識が、いつからどのような形で成立したかを見ておきたい。彌永が指摘するように、中世に遡って、立川流に関係すると考えられるまとまった文献は、この心定の『受法用心集』（一二六八）と、その次は宥快（一三四五―一四一六）の『宝鏡鈔』（一三七五）と『立河聖教目録』（同）の三つである。これらはいずれも「立川流」や「邪義」そのものを説いたものではなく、それを批判する側のものである。しかも、心定と宥快の間には約一世紀の開きがあり、直ちにつながるものではない。宥快の二つの著作には、はっきりと後世に立川流とされる主要な要素が出そろっている。

第一に、立川流は、醍醐三宝院権僧正（勝覚）の弟子仁寛（蓮念）が伊豆に流され、そこで武蔵国立川の陰陽師が自説に引き入れて作ったものとされる。『宝鏡鈔』には、仁寛の弟子の名前は見えないが、『立川聖教目録』では見蓮（兼蓮）とされ、その後の流れも記されて、血脈相承がかなりはっきりと跡付けられる。『宝鏡鈔』には弘真（文観）のことも述べられている。

第二に、その教説は、「男女陰陽の道を以て即身成仏の秘術と為す。成仏得道の法、此の外なし」（大正蔵七七、八四八下）というものだとする。即ち、性的な秘義をその本質と見る。

第三に、それを「豊原誓願房記二巻書」（同、八四八下）、即ち『受法用心集』に記されている邪義と同じとする。

第一点に関して、彌永によれば、実際に仁寛（蓮念）から見蓮へとつながる法流を記した血脈は少なからず現存するところから、そのような法脈があったのは事実と考えられる。彌永はそれを「本当の「立川流」」と呼んでいる。即ち、さまざまの法流の中で、立川流という法流も確かに存在したのであり、それはもともとは必ずしも異端として糾弾されるようなものではなかったと考えられる。

一三世紀には、はっきりした正統が確立しておらず、従って、そこでは邪義を批判することはあっても、正統から異端を排除するという構造はない。それが、なぜ宥快の時に異端を切り分けるようなことが起こったのであろうか。彌永は、宥快の著作が一三七五年に書かれたことに注目する。それは、「南北朝の戦いが終結に近づき、北朝の最終的な勝利がほぼ明らかになった時代」（彌永、二〇一八、六頁）である。そこから、氏は次のように推測する。

宥快は一方では高野山内部のヘゲモニー争いに勝利すること、もう一方では、真言宗の「弱い環」を標的にして、自分の思想や法流に反すると感じるあらゆる法流、個人を一括して排除し、同時に

南朝とのかかわりを断つことを目的として、『宝鏡鈔』を書いたのではないか。(同、二九頁)

即ち、宥快による正統派確立の過程で、「弱い環」であった立川流が攻撃対象となり、異端として排撃されることになったというのである。氏の推測はなお検討の余地はあるが、ともあれ最初から立川流が異端として排除されていたわけではないのである。

そこで、第三点の問題、即ち、『受法用心集』で取り上げられた邪説が、その「本当の「立川流」」なのか、という問題であるが、彌永氏はそれを否定する。なぜならば、そこに出てくる血脈は、心定が批判する通り、全くでたらめであり、広沢流と小野流の基本的な人名を適当に繋げただけで、現実にあり得ないものだからであり、立川流の法流とは全く関係ない(同、一七頁)。高山寺本末尾にひかれた『破邪顕正集』には、仁寛—蓮念の継承を説くが、これはもともとの『受法用心集』とは別で、書写の際の付加と考えられる。ただし、上述のように、一箇所だけだが越中国に「立川」が流布していたという記載があり、それをどう解するかは、なお検討を要する。

いずれにしても、『受法用心集』で扱われる邪説は、直ちには「本当の「立川流」」とは言えない。そこで、彌永はそれを「「いわゆる」付きの「立川流」」と呼んで、区別している(同、二頁)。彌永の論証はほぼ適切であり、その結論を認めてよいと思われる。その結論をまとめると、「本当の「立川流」」の法流は確かにあったのであるが、それがはっきりと異端視されるのは一四世紀の宥快にまで下る。『受法用心集』で批判される邪義は、後には立川流と同一視されることになったが、立川流の法流とは別であったと考えられる。ただし、そこにはいささか検討の余地がないわけではない。それについては、後ほど触れることにしたい。

五、性的言説をめぐって

そこで次に、先に挙げた宥快の説の第二点、即ち『宝鏡鈔』で立川流の内容として考えられた男女の性的合一がそのまま即身成仏だという教説について考えてみたい。俗に立川流というと、上記の法流の問題よりも、このような性的言説がまず問題とされる。そうした言説があると、法流の問題など関係なしに「立川流的」として、何でもその範疇に放り込んで、仏教にあるまじきいかがわしい異端と考えられてしまうことが、しばしば見られる。

この点に関して、まず注意が必要なのは、彌永が指摘するように、そこには「性的言説と性的実践の両方が含まれており」（彌永、二〇一八、六頁）、両者がごっちゃにされていることである。性的な実践がはたして実際にどれだけ行われたかは、それほどはっきりしない。少なくとも、性的実践の具体的な儀礼を規定した文献はいまだ発見されていないようである。

それに対して、性的言説に関しては、「「正統派」も性的言説を完全に排除することはできない」（同、六―七頁）ような状況であり、そのあたりが曖昧にされてきた。実際、一三世紀の密教には男女の性的合一に関する言説は広く見られるのであって、それをもって単純に異端とすることはとてもできない。

この問題に関しては、近年研究が盛んになりつつあるが、ここでは私自身が多少なりとも調査研究に関わった真福寺所蔵聖教の中から例を挙げてみたい。

まず注目されるのは、栄西の『隠語集』である（『真福寺善本叢刊』第二期第三巻）。本書は治承五年（一一八一）に書かれたが、入宋中の宋紹煕元年（一一九一）に再治され、その再治本は『秘宗隠語集』として大東急記念文庫に現存する（『大東急記念文庫善本叢刊』中古中世篇一四）。その内容は、金剛界・胎蔵界の両部の冥合を男女の和合から説明するものである。即ち、「一対の男女のみ同時の快楽を受けて、余人の所知には非ず」ということを、「自受法楽と為す。亦た理智冥合と為す」（『真福寺善本叢刊』第二期第三巻、四四六頁）のであり、それは「能加持」の面から言うものである。その際、「若し男女和合する時、男根・女根相加持して各自然に精を生得す」（同、四四七頁）という。男の精は白であり、女の精は黄であるので、両者が同時に施されるとき、「終に人体の種子を成して、熟蔵の上、生蔵の下に処す」（同）ことになる。男の白水は骨となり、女の黄水は肉となる。これは、「所加持に約して理智冥合を説く」ことである。こうして、能加持・所加持の両方において「理智不二」「胎金両部唯一合法」が言われることになる。このように、金胎両部一体、理智不二を説明するのに、男女合一の快楽を譬えとしている。栄西の段階においては、男が白で女が黄とされているので、いまだ赤白二渧説の定式が確立していないと考えられる。なお、栄西は台密谷流の合行灌頂の立場に立つ。

一三世紀後半になると、聖一派の円爾の弟子癡兀大慧が醍醐寺三宝院流を受け、男女合一説を発展させる。関連する聖教は少なくないが、比較的短編でまとまったものとして『東寺印信等口決』（一二九六）（『禅籍叢刊』四）があげられる。本書では、癡兀がしばしば用いる有覚門本有と無覚門本有の二つの立場を立てる。無覚門本有は、「一切衆生の色と心と実相にして、本際より来《このか》た、常に毘盧遮那平等智身なりと知見」（同、四九三頁）する立場である。この立場では、三重の相伝を説く。第一重は二印二明、第二重は一印二明、第三重は一印一明であり、金胎両部が別々に相伝される次元から、次第に両者が一体化したものとして相伝されるようになる。その第三重の一印一明については、「二身交合の故に、中有の識種、恚と愛との二心を起して、渇活赤白二渧の中に依託して、赤白、色を失いて黄色と為て、即ち葛一字と成る。故に一印一明を以て之を示す」（同、四九四頁）と、赤白二渧説を提示している。

本書はそれに続けて、二身交合から胎児が成長するさまを示す胎内五位説を提示し、それを一連の図で示している（図は、本書Ⅱ—第四章第二節に掲載）。そして、「上来図する所の五転とは、皆是れ母胎内に在る五転の次第にして、未だ胎内を出でざる色相なり。此の五転を法爾正覚と名づけて、亦は自然成道と号す」（同、四九六頁）と論じている。

赤白二渧説と胎内五位説のセットは、かつてまさに立川流と呼ばれてきた教説の中核である。しかし、癡兀の流れは全くそれとは異なっている。癡兀の住寺の名を取って安養寺流と呼ばれ、弟子の寂雲を経て、真福寺の開祖である能信に継承される。その系譜ははっきりしていて、立川流の血脈とは関係ない。もし何らかの関係を求めるならば、いずれも醍醐寺三宝院流に由来することであろうが、『受法用心集』の著者心定もまたその流れを受けているのであるから、三宝院流が直ちに性的言説を重視するとも言い切れない。

いずれにしても、栄西や癡兀の場合を見れば分かるように、一二―一三世紀においては、性的な表現によって金胎両部の合一を説くのは、特に異端的とか邪教とは言えないものであった。この時代の性的な表現としては、他にも親鸞が六角堂で救世観音から受けた女犯偈や、親鸞の師とされる慈円の王権に絡む夢記などが知られている。明恵の『夢記』にも様々な性的表現が見られることが知られている。中でも有名なのは、承久三年（一二二一）一一月六日に、一人の貴女と一緒にいたが、無情に捨てたという夢を見た。明恵はこの夢にコメントして、「女は毘盧舎那也。即ち是、定めて妃也」と夢解きしている。もっと生々しい夢もある。

一同じき廿四日の夜の夢に云はく、一の大堂有り。其の中に一人の貴女有り。面貌ふくらかをにして、以ての外に肥満せり。青きかさねきぬを着給へり。後戸の如くなる処にして対面す。心に思はく、此の人の諸根相貌、一々香象大師の釈と符合す。其の女根等、又以て符合す。悉く是れ法門なり。此の対面の行儀も又法門なり。此の人と合宿し、交陰する人、皆菩提の因縁と成るべしと云々。即ち互ひに相抱き馴れ親しむ。哀憐の思ひ深し此の行儀、又大師の釈と符合する心地す。同じき廿五日、記文を見出だすと云々。（奥田勲他編『明恵上人夢記訳注』、勉誠出版、二〇一五、二一三頁）

これは、建暦元年（一二一一）十二月二十四日の夢である。ここでは、はっきりと女性と交合している。この月、後鳥羽院の第一皇女春華門院（昇子内親王。一一九五―一二一一）が若くして亡くなり、明恵はその追善の法要に加わり、それと関係すると思われる夢を幾度か見ている。この夢もそれと関係ある可能性もある。そうとすれば、この貴女は春華門院であるかもしれない。不謹慎な性的な夢のようにも思われるが、明恵はそうは考えていない。女性器まで細かく点検し、交合まで含めて、きわめて神聖な儀式のようである。一々香象大師（法蔵）の注釈に合致することを確認している（ただし、法蔵の著作に該当するような箇所は見られない）。

以上のように、一三世紀には性的言説は必ずしも批判対象とはなっておらず、むしろ秘儀的な性質のものとして重視されてきたと思われる。それが、一三世紀の後半になると、『受法用心集』のように、性的言説を批判する動向が見えるようになる。それが、一四世紀の立川流批判につながると考えられる。

六、邪義の中核をなす髑髏本尊説

以上検討したように、本書で批判対象となっているのは、直接には立川流ではない。しかし、特殊な聖典を持つ一群の密教者たちが当時かなり広く活動していたことは確かである。その聖典については、建長三年に地蔵堂で会った客僧から得たものがセットとして最も大きかったようである。それらは、五種類に分けられるという。

①三経一論　この三経（三部経）にも三種類がある。

1、皇体経五巻・妙阿字経三巻・真如実相経二巻（一行訳）
2、七甜滴変化自在タラニ経一巻・有相無相究竟自在タラニ経一巻・薬法術経一巻（不空訳）
3、如意宝珠経一巻・遍化経一巻・無相実相経一巻（善无畏三蔵訳）
一論　一心内成就論一巻
②赤蓮花経・白蓮花経・宝冠陀羅尼経・菊蘭童子経・権現納受経・房内不動経・変成就陀羅（尼経）等八〇巻
③秘密口伝集一二六巻
④印信血脈・経論相伝日記
⑤灌頂修行の私記

このうちの①②が「内三部経」とされるものである。このような膨大な典籍があったようであるが、それらは本書以外には痕跡がない。

これらの「内三部経」を中心とする典籍に対する批判が上巻第一問答で展開され、本書の重要な箇所となっている。それらの批判は、以下のような順で展開される。

1、経について五の不審（高上四オ―一一オ）
（1）訳者の不審　（2）文章の不審　（3）現文の不審
（4）一切経の目録にもれたる不審　（5）弘法大師御録にもれたる不審

2、口伝集について三の不審（高上一一オ―一三ウ）
（1）天台の一箱の不審
（2）東寺の宝珠の不審
（3）諸家の大師先徳の密記不審
3、血脈相承について二の不審（高上一四オ―一六オ）
（1）経論相承と灌頂血脈と二通相違の不審
（2）師弟相違の不審

第一問答では、このようにかなり整理されて批判されているが、その後はそれを補足する議論であり、必ずしも体系的とは言えない。しかし、基本的な立場は、正統的な相承の中にはこの法は見えないということで、外法として排除するところにある。その中で、「讃岐国高丈（大）夫ノ伝」として伝える吒枳尼天法が近似する方術として挙げられている（高上二〇ウ）ことが注目される。この吒枳尼天法が下巻の髑髏本尊と密接に関係する。

吒枳尼（Ḍākinī）は、インドの鬼神で、墓場にいて人肉を食うという。そこから、髑髏本尊と関係することになる。なお、稲荷と習合したり、即位灌頂の際に吒枳尼天の真言が唱えられるなど、「外法」でありながら、日本で重要な役割を果たすことになる（田中、二〇〇六）。

下巻は、高山寺本のほうが基本的な構想がはっきりしている。即ち、第一に「邪法修行の悉地」を論じ（高下二オ以下）、第二に「正法修行の悉地（真言即身成仏悉地）」（高下一二オ以下）を論じている。即ち、まず邪法を批判した上で、正しい真言即身成仏の法を明らかにするというのである。守山本は第二のほうを削除して、邪法批判に焦点を当てている。

ここで取り上げられる邪法は髑髏本尊と言われるものである。即ち、本尊を建立するのに髑髏を用いる。それに大頭、小頭、月輪形があるという。大頭は髑髏に生身のように舌・歯・肉を付け、それに男女の和合水を塗って、反魂香を焚く。小頭は大頭の頂を八分して霊木で頭を作る。月輪形は大頭の脳の袋を使う。こうして、本尊は生身になるという。それは吒枳尼の秘術であるという。著者はこれを「道士外道」（高下八ウ）の法であると批判する。

確かに髑髏本尊は異様ではあり、実際に行なわれたものかどうか疑問はあるが、少なくともこの時代の言説の世界では十分にあり得ることであった。有名なものとして、『撰集抄』の西行の話がある（巻五・第一五話「作人形事」）。高野山で友が去って一人となった西行が、人骨を集めて人の形としたが、うまくできなかったという話である。西行はその後、伏見の前中納言師仲卿（源師仲）に教えを請い、師仲は四条大納言（藤原公任）の流れを受けているとして、その方法を説いたという。

西行の話からも知られるように、反魂法は確かに外法であり、仏教内のものとは言い難い。しかし、仏教の周縁にそのような外法的な運動が生まれることは十分にあり得ることである。「内三部経」の壮大な体系的著作を展開した一派が、結局は「正法」を錦の御旗とする正統派に追われて一掃された後で、その批判書の中に痕跡が遺され、異端的思想の可能性の片鱗をうかがわせるのは、歴史の皮肉と言うべきであろう。

七、『受法用心集』と邪義の法脈

以上のように、従来、「立川流」として漠然と一括して見られていたものには、三種類が分かれると思われる。それをまとめると、次のようになるであろう。

第一、仁寛（蓮念）に由来する法脈としての立川流。彌永の言う「本当の「立川流」」。

第二、『受法用心集』の破折の対象となった邪義。彌永の言う「「いわゆる」付きの「立川流」」。

第三、より広く密教に含まれる性的言説。しばしば曖昧に「立川流的」と言われるもの。

これらは、相互に関連しつつも、はっきりと分けて考えることができる。第三の傾向は、一二世紀後半の栄西の頃から、一三世紀を通して広く見られ、必ずしも批判されるわけではない。

第一は、一三―一四世紀頃に実際に存在した法流で、称名寺所蔵（金沢文庫保管）の聖教にかなりまとまって見られる。その具体的な教説については、さらに検討が必要であるが、当初は必ずしも異端的な邪義とされたわけではない。ところが、一四世紀後半に宥快によって批判され、以後、異端として抹殺されることになる。その際、批判される中心的な教説として、「男女陰陽の道」ということが挙げられ、ここから、第三の性的言説すべてが邪義として封じ込められることになった。

第二の『受法用心集』の邪義については、先に検討したとおりであり、直ちに第一の「ほんとうの「立川流」」と結びつけることはできない。しかし、第一の法脈と関連して、注目される個所があるので、ここで指摘しておきたい。それは守山本には見えず、高山寺本のみに見える箇所であるが、下巻で、吒枳尼法に関連して、三宝院の勝覚について言及したところである。勝覚は、立川流の祖とされる仁寛（蓮念）の実兄であり、師とされる。そこでは、勝覚自身は吒枳尼法を行うことはなかったが、「ヲノツカラ檀越ノ所望申コトアレハ浅位ノ弟子ニツケテ行セラレケルヨシ本所ノ人々ツタヘカタレリ」（高下一九オ）と、「浅位ノ弟子」に行じさせたという逸話を紹介している。つまり、勝覚の「浅位ノ弟子」が吒枳尼の邪法に走ったということになる。それが仁寛を暗示しているということは、十分にあり得ることである。そうとすれば、この頃すでに勝覚の弟であり弟子である仁寛が邪法の行者であったという話が、ある程度流布していたと見ることは可能である。ただ、それが越中で流布していた「立川」と関係するかどうかは不明である。

『受法用心集』が批判する一派は、髑髏本尊による反魂法を説き、心定はそれへの批判に多くのスペースを割いている。従来、それを直ちに立川流と結びつけ、それが立川流のおどろおどろしい異端的なイメージを形成する一因となってきた。しかし、このように見てくるならば、それを単純に立川流と結びつけることは慎むべきであろう。

一三世紀は、性的な言説や「外法」的な呪法も含めて、密教の多様な実践や理論が展開された。それが、正統と異端が切り分けられる中で、多様な可能性が次第に狭められていった。そこで、「立川流」は、異端を封じ込める記号と化していったと考えられる。密教から切り捨てられた異端的な要素は、神道・修験道・陰陽道などに継承されていくことになった。逆に言えば、一三世紀頃の密教は、それらを包摂する豊饒さを持っていたのであり、改めてその再検討が不可欠となっている。

Ⅱ　中世禅の複合

第一章　中世禅への新視角
――『中世禅籍叢刊』から見える世界

一、『中世禅籍叢刊』をめぐって

第Ⅱ部では、『中世禅籍叢刊』（以下、『禅籍叢刊』）の成果に基づいて、日本の中世禅の形成について、いささかの考察を行いたい。第Ⅰ部における中世仏教の見直しも、多くはこの中世禅の見直しを基礎として行われている。そこでまず、『禅籍叢刊』について紹介しておきたい。

『禅籍叢刊』全一二巻は、二〇一三年三月に第一巻「栄西」の巻を刊行し、二〇一八年三月の第一二巻「稀覯禅籍集続」によって完結した。刊行の準備は二〇〇九年に臨川書店との打ち合わせによって始められたので、足かけ一〇年をかけた大事業であった。臨川書店からは、国文学研究資料館編／阿部泰郎・山崎誠編集責任『真福寺善本叢刊』第一期一二冊、第二期一三冊（臨川書店、一九九八―二〇〇六）が刊行されており、阿部泰郎氏を中心に真福寺（真言宗智山派別格本山北野山真福寺宝生院、名古屋市中区）大須文庫の調査が進められていた（なお、その後第三期神道篇四冊も完結した。二〇一九―二二）。

その過程で、二〇〇三年に稲葉伸道氏によって、『因明三十三過』裏書に残された栄西の自筆書状が発見され、大きな話題となった。同年には、栄西著『改偏教主決』の断簡があることが分かり、また、達磨宗に関係する『禅家説』の断簡なども見つかったことで、同文庫所蔵の禅籍の調査研究が重要な課題として浮上した。私は、『真福寺善本叢刊』第二期第三巻「中世先徳著作集」（二〇〇六）において、同文庫で発見された栄西の著作『無名集』『隠語集』を担当したが、いずれも密教に関するものであり、栄西と密教の関係が改めて注目されることになった。

このような事情から、当初は『中世禅籍叢刊』は『真福寺善本叢刊』を継承し、真福寺所蔵の写本を中心として、それと関連する他機関の写本を収め、五巻程度で完結するという方針であった。真福寺は密教寺院であるが、中国禅籍の写本を有し、また、道元『正法眼蔵』の「大悟」の写本があることも知られていた。さらに、後述のように、同寺は癡兀大慧（聖一派の円爾の法嗣）に由来する安養寺流を伝え、その系統の禅密関係の写本があることも分かっていた。そこで、それらを中心に編纂することが考えられた。

ところが、調査を進める中で、称名寺（真言律宗別格本山、横浜市金沢区）所蔵・神奈川県立金沢文庫管理の国宝聖教中の禅籍との関連が指摘され、それらも併せて収録する必要が明らかとなった。称名寺本の禅籍は『金沢文庫資料全書』第一巻・禅籍編（神奈川県立金沢文庫、一九七四。復刻、臨川書店、二〇一八）に主要なものが収録されているが、紹介されていない禅籍もあり、既公表のものも改めて検討する必要があると考えられた。こうして真福寺本・称名寺本を中心に、他寺・他機関の関連する文献を収めることとして、全一〇巻の予定で出発した。その後、刊行の過程でさらに少なからぬ重要な写本が発見されて新たに二巻を加え、最終的に全一二巻として完結した。なお、中世写本を中心として影印・翻刻・解題を収めたが、一部の資料（主として近世の写本・刊本）は翻刻あるいは影印のみ「参考」として掲載した場合がある。

編集委員は、阿部泰郎・石井修道・末木文美士・高橋秀榮・道津綾乃の五名が当たり、中国撰述書や道元関係を石井、それ以外の真福寺本を阿部・末木、称名寺本を高橋・道津が中心となって担当した。多くの関係研究者の尽力により、多数の貴重書を紹介することができた。

全一二巻の構成は、以下の通りである（カッコ内は責任編集者）。

第一巻・栄西集（末木）　第二巻・道元集（石井）
第三巻・達磨宗（道津）　第四巻・聖一派（阿部・末木）
第五巻・無住集（阿部）　第六巻・禅宗清規集（石井）
第七巻・禅教交渉論（末木・高橋）　第八巻・中国禅籍集一（石井）
第九巻・中国禅籍集二（石井）　第一〇巻・稀覯禅籍集（道津・高橋）
第一一巻・聖一派続（阿部・末木）　第一二巻・稀覯禅籍集続（阿部・末木）

完結後、二〇一八年七月七日にシンポジウム「中世禅への新視角――『中世禅籍叢刊』が開く世界」を名古屋大学において開催し、さらに、一〇月八日にも補足のシンポジウム「中世禅への新視角 PART II――『中世禅籍叢刊』が開く世界」を開催して、本叢刊に基づく新知見を発表、討論した。『禅籍叢刊』別巻は、そのシンポジウムにおける発表をもとに、さらに発表者が検討を加えて論文化したものを収録した。

また、宗教関係の新聞『中外日報』においては、二〇一八年一〇月より二〇一九年一月まで、一〇回にわたって「論」（論説等を掲載）の欄に「中世禅の再考」の総合タイトルのもとに、本叢刊の関係者等による連載を行い、本叢刊の意義を広く発信することができた。この連載をもとにして、さらに新稿を加え臨川書店から末木監修、榎本渉・亀山隆彦・米田真理子編『中世禅の知』（二〇二一）を刊行した。

真福寺本だけをとっても、本叢刊で関連する写本を全て収めきれず、今後の課題として残されているものが多い。しかし、とりあえずこれらの収録文献だけでも、従来の中世禅宗史を大きくひっくり返すに足るだけの貴重な内容に満ちている。別巻にはそれらを扱った諸論考を集めたが、それはごく一端であり、今後の研究に俟つところが大きい。

従来の常識化した見方では、栄西らが中国から禅を伝えたが、当初はそのままでは日本では受け入れにくいために、既存の日本の顕密諸宗と妥協し、融合させる不純な兼修禅を説いたが、その後、機が熟して本来の純粋禅を説くようになったと説かれてきた。それは鎌倉新仏教を純粋な専修主義として、従来の旧仏教（顕密仏教）を融合的で不純な兼修・兼学主義とする対立図式に則ったものである。そのような図式が実際には不適切であることは、しばらく前から言われ、中世禅の再検討が要請されていたが（例えば、市川・菅編、二〇〇六）、資料的な制約から、実証的な解明に限界があった。例えば、そのキーパーソンとも言うべき円爾の著作としては、その原本が確認できない『十宗要道記』しか取り上げられず、十分な説得力を持たなかった。本叢刊によって、円爾とその門流の著作・講義録が多数紹介されたことは、その研究を大きく進めるものである。もちろん聖一派以外の資料も重要なものが多い。

以下、本章では、本叢刊の諸文献に基づいて、どのように新しい視点が得られるかを、①日本への禅宗の伝来、②日本の禅に中国禅がどのように影響したか、③中世禅はどのように進展したか、という三点から多少の検討を試みたい。はなはだ大雑把な論であり、細かい点は今後修正が必要になるであろうが、大まかな見通しをつける上で、多少の手がかりになればと考える。

二、禅宗の伝来

常識的には、日本における禅宗の成立は、栄西によって臨済宗、道元によって曹洞宗が伝えられたとされる。しかし、宗派内における信仰の問題を別にすれば、今日、そのような単純な図式で満足する研究者はいない。栄西は『興禅護国論』で臨済宗の系譜を受けていることを言うが、あくまでも主眼は「禅宗」というところにある。まして道元は、真実の仏法を伝えたのであって、曹洞宗という宗派を伝えたわけではない。当時の「宗」は、成員を拘束する宗派的なものではなく、もともとの八宗がそうであったように、理論や実践を体系化したものであり、一人の僧が一つだけの宗に属する必要はない。むしろ八宗兼学が理想とされる。「宗」は大学の学部や学科のようなものと考えられる。ただ、当時の中国の禅で五家七宗と言われる場合の「宗」は、師資相承によって明確化される系譜的なもので、日本の場合とはやや異なっている。それは、日本の中世後期に形成される禅宗の中の「派」に近いものと考えられよう。

栄西が『興禅護国論』で確立しようとした「禅宗」は、宋で学んできた新しい禅のあり方を、従来の八宗に加えて公認を目指すものであった。総合大学の中に新学部創設を目指すようなものと考えられる。能忍の「達磨宗」も同じようなものと考えられる。それ故、「達磨宗」という宗派的なものを創設したわけではなく、「達磨宗」は禅宗と同じものを意味していたと見るのが適当である。その点、次章でさらに検討したい。

能忍一派は、弟子を遣わして、仏照禅師拙庵徳光から印可を受けた文治五年（一一八九）を禅宗＝達磨宗伝来の年として、『禅家説』にも『成等正覚論』にも明記している。とりわけ『成等正覚論』には、「晨旦国に仏法弘まりて後四百八十四年に達磨の教法初めて来たりき。日本国には上宮太子世に出でて法を崇びて後六百十八年に、大宋淳熙十六年己酉、皇朝文治五年の八月の十五日に初めて此の法渡れり」（『禅籍叢刊』三、四二六頁）と、晨旦（中国）と日本を較べ、達磨の西来と文治五年の禅法請来を同等の重みをもつ出来事として記している。栄西が虚庵懐敞に受法して帰朝したのが、建久二年（一一九一）であり、それより二年早い。能忍一派としては、自分たちのほうが早いことが誇りであり、それに対して、栄西は『興禅護国論』で能忍一派を批判して、自己の正統性を主張したのであり、両者はライバル関係にあった。

ただ、栄西がその後も密教・天台・律などとの併修をとり続け、必ずしも閉鎖的な教団組織を作らなかったのに対して、能忍一派は舎利信仰などの独自の儀礼体系を用い、それだけ閉鎖的な集団性が強くなったと思われる。このために「達磨宗」という呼称が、能忍一派を主たる対象として用いられるようになった可能性が考えられる。また、日本の在来の諸宗との融合よりも、宋仏教の継承というところに重点を置いていたことが、その後宋から新しい禅をもたらした道元の門下に流入することになった一因ではなかったかと推測される。

ちなみに、能忍や栄西が伝える以前の日本の禅宗はどうであったかというと、すでに奈良時代に道璿によって北宗の禅が伝えられ、それが行表を通して最澄に伝えられた（末木、一九九三）。最澄はまた、翛然から牛頭系の禅（牛頭法融に由来するとされる、南宗・北宗と異なる系統の禅）を受けたという。聖徳太子説話と結びつけて、達磨が日本に渡来したという話は奈良時代から形成されていたが、最澄の弟子光定は叡山の大乗戒を達磨に由来する一心戒として特徴づけた（『伝述一心戒文』）。安然は、八宗に仏心宗を加えて九宗説を立てている（『教時諍』『教時諍論』）。「達磨宗」の呼称が見える早い例は、保延六年（一一四〇）書写の『達磨和尚秘密偈』（『禅籍叢刊』三）であるが、さらにそれより早く、延久五年（一〇七三）書写の『厭世論』に「若し修習せんには応に達磨蔵に依るべし」（『禅籍叢刊』一二、六三九頁）とあって、「達磨蔵」は達磨系の禅と関係があるのではないかと推定される（落合俊典『厭世論』解題、『禅籍叢刊』一一参照）。

なお、最澄が『絶観論』や『観心論』などを請来しているのをはじめ、すでに平安期にはかなりの数の重要な禅籍が伝えられていた（伊吹、二〇〇一）。このような伝統を受けて、能忍や栄西の禅が形成されたと考えられる。真福寺所蔵の中国禅籍は、東南院経由で信瑜がもたらしたものが多いとされている（阿部泰郎、解題特論、『禅籍叢刊』九）。東南院の聖教には、宋や高麗から請来された多くの典籍が含まれており、その中には禅籍も少なくない（同）。それ故、真福寺の禅籍は必ずしも古くから日本に伝来していた典籍に基づくわけではなく、むしろ院政期以後の顕密寺院における新しい大陸仏教の受容の様子を知る資料と見るべきである。

三、初期禅宗における中国禅籍の影響（一）――『宗鏡録』

それでは、日本の初期の禅宗では、中国禅のどのような祖師の説が重視されたのであろうか。智覚禅師永明延寿（九〇四―九七六）の『宗鏡録』の影響が大きいことは、これまでにもすでにしばしば指摘されており、禅宗だけでなく、他宗の文献にも多く用いられている（柳幹康『宗鏡録要処』解題、『禅籍叢刊』一〇）。延寿は法眼宗の禅僧であるが、諸宗の教学に通じ、『宗鏡録』百巻は、柳幹康の言葉を借りれば、「禅宗所伝の一心を核に従来の諸教諸宗の教説と実践を一元的に統合する書物」（柳、二〇一五、三七六頁）という壮大な規模の著作であった。どうして『宗鏡録』がそれほど流行し、多く用いられたのであろうか。これについては、柳の考察が優れているが（柳、二〇二一）、ここではそれと重複しつつ、『叢刊』を資料として検討してみたい。

1、仏教百科全書としての活用。本書にはきわめて多くの仏典が引用されており、原典に当たらなくても、仏典のアンソロジーとして使うことができる。栄西が『興禅護国論』を著すのに簡便な『大蔵一覧集』を活用したことが指摘されているが（柳田、一九七二）、当時仏典を読むためにさまざまな工具書が用いられていたと考えられる。『宗鏡録』全百巻は、禅の立場からのアンソロジーとして便利であっただろう。その全体を読むのは大変であるが、おそらくそれを読むための工夫もなされていたと思われる。『宗鏡録要処』（『禅籍叢刊』一〇）はそのようなメモと考えられ、『宗鏡録注解断簡』（『禅籍叢刊』一二）のような講義もなされていた。

2、諸宗を統合する総合性。諸宗が鼎立する中で、禅をどう位置付けるかは、当時の日本では大きな課題であった。そこから、諸宗・諸行を排除せずに禅教一致的な立場を取る『宗鏡録』がもっとも適切なモデルを提供することになった。そのことは、円爾系において顕著に見られる。無住は直接円爾の教えを受けているが、『聖財集』巻下には、禅教一致を説いて、『宗鏡録』に言及し、「圭峯（宗密―引用者注）、三宗三教和会の釈有り。智覚禅師の宗鏡の録二四巻に之有り引用し給へり。故に、東福寺の法門、大体宗鏡録の義勢なり。彼の録、禅教偏執なくして、末学の亀鏡に備へたり」（『禅籍叢刊』五、四三九頁。平仮名に直して書き下す）と、円爾の教説がおよそ『宗鏡録』と一致すると論じている。ただし、「宗鏡録に諸宗の法門あれども、密宗の事委細に見えず」（同）と、『宗鏡録』には密教の事が詳しく記されず、それに対して、日本では密教が盛んなことを記している。無住の指摘はきわめて適切と思われる。

3、一心の強調。『宗鏡録』は、単に禅教一致というだけでなく、その根本を「一心」に還元するところに特徴がある。それはまた、「霊知」「霊智」「霊性」などと呼ばれ、「霊知不昧」と熟語で用いられる。それはもともと宗密の『禅源諸詮集都序』から受け継いだものである。『十宗要道記』は、円爾のものと見てよいが（和田有希子『十宗要道記』解題、『禅籍叢刊』四）、その仏心宗の章には、「真妄の二知、名のみ有って体無く、霊霊たる心独知す、是を霊知の仏と名づく、是を禅の正談と為すなり」（『禅籍叢刊』四、五九三頁）と、「霊知仏」という表現も見える。『見性成仏論』『覚性論』『法門大綱』など『禅籍叢刊』一〇所収の称名寺所蔵の禅籍も「霊知」の語を使っている。なお、道元は、このような「霊知」の説に関しては、一種の霊魂的な実在を認める点で、外道に陥るものとして、「弁道話」などで真っ向から批判を加えている。道元が『宗鏡録』を用いなかったこともそれと関係するかもしれない。

4、多様な機根への対応。延寿は、機根を上上根、上根、中・下根などに分けて、上上根は「頓悟→頓修」、上根は「頓悟→漸修」であり、中・下根は「解悟（悟→修）」や「証悟（修→悟）」などが必要だという（柳、二〇一五、一八三頁）。機根論は禅と密教の関係に関しても問題となるが、禅の中での機根論は、『禅宗九根機口決』に典型的に見られる。これは癡兀大慧の弟子の寂雲の口決をその弟子の能信が記したものであるが、「今円悟真要上下巻二冊に於て、先づ根機を論ずれば、即ち九根有り」（『叢刊』四、五六九頁）として、上之上根から下之下根まで、禅の根機を九段階に分けて論じている。ただし、このような説は『圜悟心要』には見えず、『宗鏡録』にヒントを得たものと思われる。しかし、興味深いことに、『宗鏡録』で上上根とされている頓悟頓修は、ここでは中之中根に落とされている。上之上根は「威音以前無師自悟根機」（同、五六九頁）であり、威音王仏（『法華経』常不軽菩薩品に出る過去仏）以前から師なしに自ら悟った人である。このように、本書は『宗鏡録』の説を意識しながら、それを超えた段階を加えている。なお、機根に分ける説は『禅家説』の仮名法語などにも見える。

以上、聖一派を中心に『宗鏡録』の影響を検討した。『宗鏡録』はそれ以外にも一二世紀から一四世紀初め頃までの禅に大きな影響を与えたが、それ以後になるとほとんど顧みられなくなる。その転機は一四世紀前半から中葉頃と考えられる。夢窓疎石（一二七五―一三五一）によっては重視され、その弟子の春屋妙葩は『宗鏡録』を刊行していたが、他方、宗峰妙超（一二八三―一三三八）は用いていない（柳、二〇二二）。夢窓疎石までは禅教論が論じられ、機根による違いが認められていたが、宗峰は同時代の夢想のこのような禅風を批判して、「純粋禅」を確立する（ダヴァン、二〇二二）。その中で、『宗鏡録』的な要素は徹底的に排除されるようになる。興味深いことに、その頃から『宗鏡録』に代わって『碧巌録』が「宗門第一の書」として重んじられるようになる。『宗鏡録』から『碧巌録』へという転換が、日本禅の大きな転換を象徴するように思われる。

四、初期禅宗における中国禅籍の影響（二）――『大慧語録』『圜悟心要』など

以上、『宗鏡録』の影響を概観してみた。それでは、それ以外の禅籍としては、どのようなものが重

視されたのであろうか。能忍一派で、いわゆる「達磨三論」（『血脈論』『悟性論』『破相論』）が重視され、あるいは三論というまとまりは彼らによって作られたものかとも言われている（伊吹、一九九四）。『禅家説』には、小室六門の一つである『達磨大師安心法門』も引かれている。

能忍系の『禅家説』は引用によって成り立っているので、それを見ることで、どのような典籍が重視されていたのかを知ることができる。その中で、特に注目されるものとして、黄檗の『伝心法要』『宛陵録』がある。黄檗希運は、臨済義玄の師として知られるが、在家の裴休の帰依を受け、『伝心法要』等も裴休の編集になるものと考えられる。『禅家説』所引の『伝心法要』『宛陵録』の後には、裴休の「伝心偈」が付されている。『禅家説』所引の『伝心法要』等は、能忍によって出版されたものの書写であり、出版時の奥書がそのまま収録されている。それによると、本書は文治五年に仏照禅師拙庵徳光から授けられたものを基にして、能忍が出版したものだという。『禅家説』の中でもとりわけ長い引用であり、『伝心法要』『宛陵録』が、能忍一派で聖典視されていたことをうかがわせる。それに対して、臨済宗の系統を引きながら、『臨済録』や臨済義玄の言動に関しては全く言及がないことが注意される。能忍系だけでなく、栄西や円爾系でも臨済への言及は見られない。これははなはだ興味深い。蘭渓道隆には『臨済録提唱記』があったと伝えるので（『新纂禅籍目録』）、そのあたりから『臨済録』が用いられるようになったのであろう。

もう一つ注目されるのは、『禅家説』の最後に引かれた『大慧法語』の箇所である（『禅籍叢刊』三、四二〇―四二二頁）。大慧は、宋代の看話禅の大成者である大慧宗杲（一〇八九―一一六三）のことで、最初の部分は『大慧普覚禅師語録』巻二八「答呂舎人」（大正蔵四七、九三〇上）の全文であるが、和田有希子が指摘するように（和田『禅家説』解題、『禅籍叢刊』三、六〇三頁）、「石鞏彎弓発箭」以下は『圜悟心要』の引用である。それも、その前半は「示普賢文長者」（続蔵六九、四五八上）であり、後半の「只道与你」以下は、「示蘊初監寺」（同、四六〇下）である。

まず、大慧の法語では、「千疑万疑、只だ是れ一疑なり。話頭上の疑い破すれば、則ち千疑万疑一時に破す」（『禅籍叢刊』三、四二一頁）と、一つの話頭（公案）の疑いが突破できれば、それですべての疑いが晴れ、悟りが開かれると説く。具体的には、「仏語・祖語・諸方老宿語、千差万別なるも、若し箇の无字を透得すれば、一時に透過して、人に問うに著せず」（同）と言われるように、「趙州無字の公案」一つが通れば、それだけですべての公案を透過することになるというのである。それ故、「仏語又如何、祖語又如何、諸方老宿如何」などと人に問い続けるならば、「永劫にも悟る時有ることなけん」（同）というのである。

「無字の公案」は、圜悟の師の五祖法演によって採用されたとされるが、圜悟を経てその弟子の大慧は、それを中核として看話禅（公案禅）による指導システムを確立した。能忍が印可を受けた拙庵徳光は大慧の弟子である。それ故、大慧系の看話禅が能忍系に導入されていたとしても不思議でない。その後の『圜悟心要』の引用を見ると、いろいろな公案にうろうろしていても悟りは開けないので、「曹渓の正路」（「曹渓」は六祖慧能のことで、南宗禅を指す）を真実に踏み行うことを求めている。二番目の引用も、ひたすらに「修行供養」すべきことを説いている。圜悟の引用では言葉に捉われることを厳しく誡めており、はたして能忍系で実際に公案が用いられていたかは、はっきりしない。

一体、能忍系以外でも、一三世紀頃の禅宗で、どれだけ公案が用いられていたかは、必ずしも明確でない。癡兀大慧の仮名法語『枯木集』では、「只何れの一言一字の上にても心を置きて守るべし、あの字、この字に、取りかへうつることことなかれ、只一字をとりわきて、心をきまもるべし」（『国文東方仏教叢書』第一輯第三巻、二一〇―二一一頁）と、ただ一字に心を専注することを説く。その一字は、「何の字をも守るべし、然れども無の字を守るべし」（同、二一一頁）と、無字を勧める。その根拠として大慧宗杲の語を引いた上で、「只飲も無、食も無、屎も無、尿も無、往も無、回も無、臥も無、起も無、時々刻々只此の一字を心にかけて、日久しければ、ねむりてもをどろきても忘ずなる也」（同）と、ひたすら無だけを心にかけていれば、「必ず生死一大事の因縁をあきらむべき也」（同）とされている。「只生より死に至るまで、此字を守りをはるべし」（同）と、一生、ただ無字のみを守って一生を終わるようにというのである。

このように、無字の実践のみを説き、他の公案は挙げてはいるものの、実際の修行に用いるべきものとはされていない。後代のような公案による指導というやり方は用いていなかった可能性が大きい。ちなみに、後の公案禅のテクストとなる『無門関』は、その著者無門慧開に学んだ心地覚心が、建長六年（一二五四）帰国時に請来したとされる。また、一四世紀の『渓嵐拾葉集』には、禅宗で公案を用いていたことが明白に述べられている（『禅籍叢刊』七、三八七頁など）。

公案を体系的に用いていたかどうかははっきりしないが、『枯木集』には、禅における悟りの表現として、いわゆる禅問答的なナンセンスな言葉（道元の言う「無理会話」）を駆使して、いわば問者を煙に巻くような箇所がある。即ち、「禅宗は幾《いくばく》の迷をのぞいて、いかやうなる悟りを得るぞや」という問いに対して、倶胝一指や乾屎橛などの例を挙げ、さらに次のように続ける。

問、総て心得られず。答、鶏寒しては上《リ》レ木《ニ》、鴨寒しては入《ル》レ水《ニ》。
問、総て心得られず。只よく〳〵理をこまやかにのべて心得させよ。答、河水淡《ク》海水鹹《シ》。
問、是は何事ぞ汝が物狂しきか、又我を欺か、此理をのべてきかせよ。答、母のたぶたる袴子、父のたぶたる手車。（前掲書、二〇八―二〇九頁）

この調子でさらに続いていき、最後に問者が音を上げることになる。同様の問答は『見性成仏論』にも見られる。そこでは、「正宗ノ実義ヲトキタマヱ」という問いに対して、「石虎山ノフモトニタヽカヒ、蘆花ミヅノソコニシヅマムトキヲマチテ、コノ宗ムネヲハノフベシ」（『禅籍叢刊』一〇、四五五―四五六頁。表記を一部読みやすく改めた。以下同）と答え、以下、問答が続いている。ただ、『枯木集』の場合のように、公案的な句を連ねるのではなく、「イカムガカクノゴトクアラム」という問いに、「イカムガコヽロヲトクコトアラム」という具合に、一応内容のある問答になっていて、最後は「任運霊知」（同、四五七頁）へと導いている。

なお、大慧以上に圜悟の著作、とりわけ『圜悟心要』が重視されたようである。このことは、先に挙げた『禅宗九根機口決』で、実際には引用されていないにもかかわらず、『圜悟心要』の名を挙げていることからも知られる。また、『逸題無住聞書断簡』の重要な箇所に引用されていることも注目される（末木、解題総説、『禅籍叢刊』一二、六六七頁）。

なお、禅籍ではないが、『釈摩訶衍論』（『釈論』）について触れておきたい。『釈論』は、『大乗起信論』に対する龍樹の注釈とされる。今日ではほとんど忘れられた書物となっているが、空海が十住心の教判に活用したこと、契丹（遼）で重視されて注釈書が著され、それが高麗大蔵経の続蔵経として出版され、日本にも輸入されたことから、院政期から鎌倉期にかけて真言宗を中心に注目が集まり、ブームとも言えるほど広く活用されることになった（本書、I―第四章参照）。それを活用したのは癡兀大慧であり、『仏通禅師行状』に収められた一百年忌の際の伝記には、「明禅教之旨、一貫以注釈摩訶衍論」（『禅籍叢刊』四、五七七頁）と述べられており、『釈論』によって禅教を解釈しようとしたことが知られる。癡兀による『釈論』の注釈書は真福寺に現存するが、いまだ研究には手が付けられていない。癡兀が多く用いる「有覚門」と「無覚門」という対になる概念は、『釈論』に由来すると思われる（加藤、二〇一七）。なお、円爾が『釈論』を用いたかどうかはこれまではっきりしていなかったが、『禅籍叢刊』別巻に翻刻された「心」図（東福寺栗棘庵所蔵）には多く『釈論』が引用されており、円爾自身が重視したことが確認される。

五、中世禅の展開

『禅籍叢刊』に収録した禅籍は多種多様にわたり、どのような系譜に属するか、必ずしもはっきりしないものが多い。その中で、真福寺所蔵の安養寺の癡兀大慧の系統のものは、奥書によって由来がはっきりと分かる。また、文治五年の禅伝来を伝える『成等正覚論』と『禅家説』は、能忍系であることが明白である。しかし、『禅籍叢刊』一〇に収録した称名寺本は、多く由来がはっきりしない。『見性成仏論』や『法門大綱』は、達磨宗と関係があるのではないかとも言われるが、確定できるだけの強い根拠はない。『見性成仏論』は、冒頭に達磨のことから入っているが、菩提達磨ではなく、わざわざ菩提多羅と呼んでいること、文中で禅宗のことを達磨宗と言わず、禅宗・仏心宗という呼称を用いていることなど、達磨宗系のものとしては、いささかおかしいところがある。

一三世紀後半は、達磨宗、聖一派の他に、心地覚心の法灯派や蘭渓道隆等の活動も入り混じり、禅の流れは錯綜している。とりわけ達磨宗、聖一派、法灯派などは近似したところがあり、どの派の思想か確定しにくいところがある。上述のように、称名寺所蔵の『見性成仏論』『覚性論』『法門大綱』などには、『宗鏡録』に基づき、「霊知」の語を使って、心の本体に達することを重視するという点で共通性が見られる。直ちに同一の系統に属するとは断定できないが、広い意味での同一のネットワークの中のものと言えるかもしれない。

この期の禅思想の大きな潮流として、密教との関係が深いことが指摘される。『禅籍叢刊』のうち、栄西や聖一派の巻の所収文献がほとんど密教書によって占められていることは、多くの研究者を途惑わせることになった。ただ、密教との関係は必ずしも同一ではない。栄西においては、真福寺から発見された著作はすべて第二回の入宋以前のもので、まったく禅の要素の入らない、純粋な台密の著作である。栄西は第二回の入宋で禅を学び、帰国して『興禅護国論』を書いて禅宗の公認を求めた。その後も密教を捨てたわけではないが、禅も密教も含む総合仏教の方向を目指したと思われ、密教の専著はなくなる。栄西においては、禅と密教の関係を正面から論じた著作はない。ただ、『改偏教主決』などの議論が自性身説法説を強く主張していることを考えると、そのような法身中心主義が法身そのものを体得する禅の実践に結び付く要素があったのではないかと推測される。

聖一派の場合は、禅と密教の優劣が問題とされている。ただし、単純に優劣がはっきり決まるわけではない。円爾の場合には、最高の境地を無覚無成として、それは禅の悟りであると同時に、密教の究極ともみなしていたと考えられる。弟子の癡兀の場合は、禅中心の著作と密教の優位を説く著作とあり、必ずしも一義的に決められない。『渓嵐拾葉集』によると、「用上房（＝葉上房栄西）の御意は、禅宗をば天台の上、真言の下に之を置くべき由、思し召し給ふ」（『禅籍叢刊』七、三八三頁。書き下しに改める）のに対して、「聖一房存知は、禅宗をば天台・真言等より、其上に之を置くと思すなり」（同、三八四頁）という点に、両者の違いを見ている。

いずれにしても、一二、一三世紀には諸宗を学び、諸行を併修することが当然と考えられた。その中には多様な動向があり、聖一派や達磨宗のように、ある程度その流れが知られているものの他にも、その周縁に独自の立場から禅宗を主張する論著も見られた。その典型は、明恵の弟子の証定の『禅宗綱目』で、はっきり書名にも「禅宗」を謳っている（高柳、二〇一四）。真福寺から発見された『教月要文集』（『禅籍叢刊』七）も興味深い文献である。そこでは天台系の教学や止観を重視しながらも禅の立場へと進み、『宗鏡録』によりながら、息妄修心宗・泯絶無寄宗・直顕心性宗という禅の三分類を用いている。これは、もともとは宗密の『禅源諸詮集都序』に由来するものである。このような傾向は、先に挙げた称名寺所蔵本とも共通するところがある。『渓嵐拾葉集』によれば、「我禅法師（俊芿か――傍注）と云ふ人之有り、……此の人も禅宗と為す」（同、三八三頁）とあり、俊芿もまた禅宗に数えられている。このように、当時の禅宗はかなり広い範囲で考えられている。

こうした融合的、あるいは総合的な禅宗は、一四世紀になると衰退して、専修化、純粋化が進められる。それを象徴するのが聖一派／安養寺流の伝授である。癡兀は円爾の法嗣であり、禅とともに密教を受けている。もっとも円爾の密教をそっくり受けているかというと、疑問があり、教相は受けているが、灌頂は受けていない（菊地大樹「安養寺流印信」解題、『禅籍叢刊』一二）。癡兀はその他に、別に東密三宝院流も伝えている。つまり、禅・台密・東密の三つを兼ねて伝えている。真福寺に伝えられた安養寺流というのは、この東密三宝院流の流れであり、台密の印信はない。他方、癡兀の印信は安養寺にも伝えられているが、これは台密のものであり、東密のものはない。さらに、禅もまた別に伝えられることになった。即ち、癡兀の段階では統合されていた台密・東密・禅が、その後、三つの流れに分かれてしまうのである。総合的、兼修的な実践から単独の行へと専修化していくことになる。それが一四世紀前半のことである。

癡兀に関しては、『大日経疏住心品聞書』などの講義録に聴衆のリストが付されている（伊藤聡『大日経義釈見聞』解題、『禅籍叢刊』一二、七〇六―七〇七頁）。その中には直弟子以外の名が見られるものもあり、その講義が基本的に門流に限定されながらも、ある程度開かれていたことが知られる。それとあわせて注目されるのは、円爾による『大日経疏』の講義を出発点として、それをもとにしながら、癡兀からさらには能忍などまでが、同じような講義を継承して行っているということである（同、七〇八―七〇九頁）。円爾・癡兀などの講義録が真福寺に遺されたのは、そのような講義の継承と関係する。ここにははっきりと門流による継承が自覚的になされていることが知られる。それを直ちに宗派化と同一視できないが、従来の開かれた仏教から、流派による閉じた継承へと変わってきていることが知られる。一四世紀前半頃のことである。

しかし、その時代になっても必ずしも禅が宗派や門流によって完全に閉鎖化されるわけではない。称名寺蔵『禅宗法語』（『禅籍叢刊』一〇）は、さまざまな禅関係の法語を集めているが、その中には明恵・法灯国師（心地覚心）・夢窓疎石の法語を含んでいる。明恵の法語の中には、栄西との問答も含まれている。それによると、栄西が明恵のことを「この宗をうけつきて興隆すへき人大切也」（『禅籍叢刊』一〇、五〇九頁）として、自分の門下に入るようにと求めたが、明恵は固辞したという。ここでは禅宗の法系が問題とされ、本来であれば明恵がその中に入るはずだということが主張されている。本書は明らかに夢窓以後、おそらくは夢窓と関係する人により編集されたものと考えられるが、そこに、このように常識的な禅の法灯と異なる系譜が示されているのは興味深い。この頃、即ち一四世紀中葉頃を転機に、禅の印可の系譜が固定化されると考えられる。それは、まさに『宗鏡録』から『碧巌録』への転換の時期と重なっている点が興味深い。

第二章　日本禅宗の形成
――新資料から見た禅宗と達磨宗

一、新資料の発見とその出版

かつての歴史の常識では、日本の禅宗は栄西が宋から臨済宗をもたらし、道元が曹洞宗をもたらしたとされていた。また、禅宗が請来された初めの頃は、日本ではまだ禅宗はなじみが薄かったために、密教や諸宗を取り入れた兼修禅であったのが、次第に理解が進んで純粋禅に移行したと考えられていた。このようなかつての常識は、近年の研究では疑問を持たれるようになってきたが、限定された資料に基づいていたために限界があり、新しい視点を確立するには至っていなかった。しかし近年、名古屋の真福寺大須文庫から発見された資料は従来の常識を打ち破るのに十分なものがあり、それに基づいて一二世紀後半から一三世紀へかけての禅宗の状況はかなり明らかになってきた。それについては、前章で詳しく述べたが、ここで概略をまとめて確認しておきたい。

一九七〇年代には称名寺所蔵（金沢文庫保管）の写本が多く発見され、出版された。禅に関しては、『金沢文庫資料全書』仏典第一巻禅籍篇（神奈川県立金沢文庫、一九七四）に収録され、禅宗研究の発展に大きく寄与した。その解題によると、三九種の禅籍が確認され、同書には一三種の写本の翻刻が収録されている。そこには、（1）『伝心法要』などの中国禅籍、（2）『成等正覚論』などの、いわゆる「達磨宗」の文献、（3）道元撰になる真字（漢字）の『正法眼蔵』など、貴重な新発見資料が含まれていた。

その後、このようにまとまった禅籍の発見は長い間なかったが、二〇〇〇年代になって、真福寺大須文庫から禅に関する資料が数多く発見された。そこで、それらを他の諸寺・文庫、特に同寺所蔵のものと性格が似ている称名寺の関連写本などとあわせて出版する計画が立てられ、『中世禅籍叢刊』（『禅籍叢刊』）全一二冊＋別巻として刊行された。

日本への臨済宗の初期の伝来という問題と関わるのは、『禅籍叢刊』のうちでは、1・栄西集と3・達磨宗である。そのうち、栄西による臨済宗請来に関しては、いくつかの拙稿において記し（末木、二〇〇四、二〇一〇）、本書でも以下の第五章に論ずるので、ここではその概要を述べるとともに多少の補足をし、それから達磨宗と能忍の問題について検討することにしたい。能忍の活動は今日栄西の陰に隠れてしまっているが、禅宗の請来という点で、非常に重要な意味を持っている。

二、栄西と禅宗

臨済宗の請来者とされる栄西（一一四一―一二一五）は、比叡山で天台を学び、一一六八年に入宋して、半年の間に四明山・天台山・阿育王山などを訪れて帰国した。その後、一一八七年に再度入宋し、この時は一一九一年まで滞在し、天台山万年寺で臨済宗黄龍派の虚庵懐敞から嗣法している。帰国後、禅を停止しようとする動きに対抗しながら禅を弘め、一一九八年には主著の『興禅護国論』を執筆している。一二〇六年に東大寺大勧進職に就任し、源平の戦争で荒廃した南都の復興に尽力した。

このように、栄西の活動は禅の請来者というに留まらない幅広いものを持っている。そこから、その禅は不純な兼修禅であるとして、低く評価されがちであった。とりわけ『禅籍叢刊』第一巻に収録した新発見の著作はすべて一一八七年に二度目の入宋をする前に北九州で著わされたもので、密教に関する著作であることに特徴がある。なかでも『改偏教主決』『重修教主決』は、密教関係の主著とも言えるもので、原山の僧尊賀との密教教主に関する論争書である。そこで、このような密教僧としての栄西と臨済禅の請来者としての栄西の関係をどのように見るかが大きな課題となった。

栄西については、第三章で詳しく論ずるので、ここでは以前検討した問題（末木、二〇〇四）も含めて、主要な論点を箇条書的に記すに留めたい。

（1）栄西は必ずしも禅そのものを求めたわけではなく、釈尊以来の真実の仏法を求めていた。宋で禅に感銘を受け、それを学んだのも、禅自体というよりは、清規に基づき、規律ある寺院体制の中で厳格な修行が行なわれる禅のあり方に感銘を受け、それが本来の仏教のあり方だと考えたからであった。それ故、『興禅護国論』においても、「今此の禅宗は戒律を以て宗と為す」（大正蔵八〇、七上）、「此宗は戒を以て初めと為し、禅を以て究と為す」（同）などと述べて、戒と禅をセットにして見ている。戒・定・慧の三学が具わってはじめて本来の仏教となる。

（2）従って、栄西が禅宗を立てたのは、禅のみを限定して信奉するという意図ではない。「宗」とは今日考えられるような固定した組織ではなく、一宗に限定して所属するわけではない。理論と実践が体系化されたものが「宗」であって、今日でいえば、大学の学部か学科のようなものと考えるほうが実状に合っている。当時の八宗体制は、全体として総合大学の組織をなすようなものであり、八宗兼学が理想とされる。そのような八宗体制に禅宗を加えようというのが、栄西の意図であったと考えられる。このことは、法然の浄土宗の場合にも言える。ただ、浄土宗の場合は必ずしも兼学兼修を前提せず、「専修念仏」の立場を取るが、そのことは他宗との共存や兼学を排除するものではない。

なお、『興禅護国論』でも引用するように、比叡山では、天台宗の開創者最澄が『内証仏法血脈譜』において、禅の相承を記しており、その後、円珍の『諸家教相同異略集』では、禅宗は「禅門宗」と呼ばれて、八宗の枠に収まらないものとされ、安然の『教時諍論』では、「仏心宗」と呼ばれて、九宗の一つに数えられている。このような比叡山の伝統があり、それ故、禅宗は宋から新たにもたらされたというだけでなく、比叡山の伝統の復興という意味をも持つ。

（3）密教との関係に関して言えば、二回目の入宋の前に著わされた密教関係の著作と禅宗との関係をどのように見るかが問題となる。それに関しては、一つは『改偏教主決』などで、密教教主論を大きく取り上げていることが注目される。栄西の主張するのは自性身説法であり、その立場から自受用身説法説を取る尊賀と論争になった。自性身の究極の立場を重視するところに、禅の悟りの絶対性への到達と結びつくところがあると考えられる。また、『隠語集』に見られるような身体論もまた、禅の修行論と結びつくところがある。このように、栄西の密教は禅に結びつく性質を持っている。しかし、栄西においては、円爾のように禅と密教の関係を理論化することはなかった。

（4）栄西は、事前に必ずしも禅に関する十分な知識を有さず、また、禅の請来を意図していたとは考えられないことが指摘される。第一回の入宋のとき、博多で通事の李徳昭から「禅宗有りて宋朝に弘む」（『興禅護国論』、大正蔵八〇、一〇上）と教えられた。そこで、明州に到着した時、広恵寺の知客禅師に対して、「我国祖師、禅を伝えて帰朝するも、其の宗今に遺缺す。予興廃を懐くが故に此に至る。願くは法旨を開示せんことを。其の禅宗の祖師達磨大師伝法偈、如何」（同）と尋ねて、知客から教示を得ている。しかし、第一回の入宋の際は天台山などの巡礼が中心であり、禅の興隆を意図していたように見えない。帰国後の活動を見ても、禅に意を用いた様子は見られない。

さらに、次の知客との問答では、「我日本国に達磨大師知死期偈有り。真偽如何」と問い、知客に「所喩の法、乃ち小根魔子妄りに其語を撰するなり」と、否定されている。「達磨大師知死期偈」は、『達磨和尚秘密偈』（高山寺蔵）、あるいはその異本である『兼知死期秘法』（真福寺、称名寺蔵）に当たる（『禅籍叢刊』三に収録）。これは、達磨の作として伝えられたもので、「纔覚玉池無滴瀝　次於波底取神光　無常須聴髑頭鼓　得数方知幾日亡」（纔かに玉池を覚れば滴瀝無し　次に波底に於て神光を取る　無常須く髑頭鼓を聴くべし　数を得て方めて幾日亡を知る）という偈であり、それは自らの死期を知る秘法を説いたものだとされる。それに対する説明的な口伝が付され、また、宋の俗人の船頭から叡山に伝えられたという伝承の系譜が記されている。本書は明らかに口伝法門のものであり、禅とただちに結び付くものではない。ただ、当時「達磨」の名が一種神秘化され、新奇なものとして使われていることは注目される。栄西の当時の禅の認識は、その程度のものであったと知られる。

これは、第一回入宋のこととされているが、『興禅護国論』によると、帰国後に、安然『教時諍論』、円珍『諸家教相同異略集』、最澄『内証仏法相承血脈譜』を見て、禅宗が比叡山に伝えられていたことをはじめて知ったという。栄西が第一回の入宋から帰国後にこれらの文献で禅の伝来を知ったということは、それまで禅に関してそれほど深い関心を持っていなかったことを証する。帰国後も、密教に関する著作をきわめて精力的に著わしているものの、禅に関する言及はまったく見られない。第二回の入宋の際にも、その目的は、「西天八塔を礼せんことを懐く」（大正蔵八〇、一〇中）ということであり、インドの八カ所の仏蹟の参拝を目指していた。その許可が下りなかったために、天台山に登り、万年寺の懐敞禅師のもとで修行することになったのである。このように、第二回の入宋でも禅はもともとの目的ではなかった。

（5）栄西が禅宗を採用した大きな理由として、正しい法の伝承が釈尊以来の相承系譜によって確証されるということが挙げられる。『興禅護国論』宗派血脈門では、西天第一祖摩訶迦葉から第二十八祖菩提達磨に到る系譜と、東土の第二十九祖可（慧可）大師から第五十二代の敞禅師を経て、第五十三代栄西に到る系譜を記し、その系譜的正統性を主張している（同、一〇上）。そこでは、「頗伝臨済宗風」（同、一〇中）と、伝えられた系譜が臨済宗であることを明白にしている。さらに、帰国時に懐敞から受けた文書を載せ、そこでは、此の宗は六祖より以降、漸く宗派を分かち、法は四海に周ねし。世は二十に洎《およ》び、脈は五家に流る。謂く、一に法眼宗、二に臨済宗、三に潙仰宗、四に雲門宗、五に曹洞宗なり。今最も盛んなるは是れ臨済なり。七仏より栄西に至る、凡そ六十代なり。嫡嫡相承継脈、寔《まこと》に仏法の公験、以有《ゆえ》る者なり。（同、一〇下）

と、五家の分派を記している。ただし、臨済宗の中の楊岐派と黄龍派の別は伝えない。当時隆盛を極めていたのは楊岐派であり、栄西の伝えた黄龍派の勢力は弱く、師と仰ぐ懐敞はほとんど伝記も知られていない。しかし、栄西としては、あくまでも仏陀の遺法を正しく受け継いで、系譜として仏陀から自らにまで続いて継承されてきていることこそ重要なのである。それ故、「臨済宗」ということは必ずしも重要ではなく、あくまで「禅宗」という立場に立っている。

このような系譜の重視は、第二回入宋に先立つ密教関係の主著『改偏教主決』においてもすでに見られる。そこでは、栄西は冒頭に次のように記している。

蓋し聞く、仏法は人に乗じて、西より東に到る。血脈は資に託して、以て本より末に流る。然るに三国伝灯の東西未だ乱れず、五瓶師資の血脈未だ竭きず。所以に日月は尚ほ空に懸り、経巻は未だ海に帰せず。誰か法流を乱し、誰か血脈を竭さん。（『禅籍叢刊』一、三七九頁）

このように、すでにこの段階で、「血脈」が正しく伝えられ、それによって仏陀の正しい教えが途切れることなく続いていることを重視し、それが密教において実現していることを評価している。「其俗姓を云はば、孝霊天皇六十余代の孫」（同、三七九頁）と、その世俗の系譜を誇るような書き方も、このような系譜意識の表われと見ることができる。栄西は自らが台密（天台密教）の谷流の系譜に連なることを述べている（同、三八八頁）。しかも、密教から禅へという栄西の経路は、このように系譜的正統性を求めるという点で一貫している。密教の系譜が日本の枠内に留まるのに対して、禅の系譜は釈尊から続いていることが、禅の大きな魅力となったと考えられる。

（6）栄西が戒を重視するところには、当時、「達磨宗」と称して「無行無修」を説く人たちがいたのに対抗するという面があったと考えられる。『興禅護国論』には、こう問われている。

或る人妄りに禅宗と称し名づけて達磨宗と曰ふ。而も自ら云く、無行無修、本無煩悩、元是菩提。是の故に事戒を用いず、事行を用いず。但だ応に偃臥を用ふべし。何ぞ念仏を修し舎利に供へ長斎節食を労せんや。（大正蔵八〇、七下）

それに対して栄西は、「其の人、悪の造らざる無きの類なり。聖教中に空見者と言ふが如きは是れなり。此の人と共に語り座を同じくすべからず。応に百由旬を避くべし」（同、八上）と、厳しく批判している。「禅宗」の異称として、「達磨宗」「禅門宗」「仏心宗」などがあるが、栄西はそのような異称を用いず、常に「禅宗」という呼称を用い、円珍の『諸家教相同異略集』や安然の『教時諍論』を引く場合も、「禅門宗」や「仏心宗」を「禅宗」と言い換えている（同、五下）。そこには、当時の「達磨宗」を用いるような動向と異なることを明示するという意図があったと考えられる。また、戒律を強調するのは、このような「無行無修」に対抗するという意図もあった。

ところで、この「達磨宗」を説いた「或人」は、通説では能忍のことと考えられてきた。その一つの論拠は、一三世紀末の歴史書『百錬抄』の建久五年（一一九四）の記事に、「入唐上人栄西、在京上人能忍等、達磨宗を建立せしむるの由、風聞あり、停止せらるべきの旨、天台宗徒奏聞す云々。停止に従ふべきの趣、宣下せらる云々」とあって、栄西と能忍が並べられており、ともに「達磨宗」を説いたとして、停止されている。そのような能忍一派の「達磨宗」と区別するために、栄西はそれを批判し、「達磨宗」に対して「禅宗」の呼称を用いたと考えられる。

このように、『興禅護国論』のこの箇所の「或人」を能忍と見ることに対しては、最近、疑問が呈されている（古瀬、二〇一三）。確かに能忍であるという確証はなく、はたして能忍が「達磨宗」を自称していたか、また、はたして彼は「無行無修」と言われるような主張をしていたか、など、検討の余地がある。これらの問題については、次項で検討してみたい。ただ、当時、栄西が言及しなければならないほどの勢力を持っていたのは、能忍以外に知られておらず、しかも、『百錬抄』の記述を考える時、それが能忍である可能性は十分にあり得ると思われる。

三、能忍と達磨宗

1、能忍と達磨宗をめぐる問題

日本への臨済禅の請来という点では、大日能忍のほうが栄西より早く、重要な意味を持っている。しかし、能忍は伝記もはっきりせず、生没年も明らかでない。能忍自身は無師独悟と言われ、入宋もしていないので、臨済禅を請来したとは言えない。しかし、弟子を宋に遣わし、一一八九年（宋・淳熙一六年、日本・文治五年）に拙庵徳光から印可を得ると同時に、舎利・頂相・達磨図・典籍などを授けられて帰国した。当時、栄西はまだ宋に滞在中であり、それよりも早い臨済宗の請来である。しかも徳光は主流の楊岐派を大成した大慧宗杲の法嗣であり、孝宗の帰依を受けて仏照禅師の号を授けられている。このように、傍流を受けた栄西に較べて、当時の禅の本流を受けていることになる。

能忍は、『興禅護国論』の前掲箇所の「或人」に相当すると考えられ、それ故、能忍一派は「達磨宗」という集団を作ったと考えられてきた。この能忍の一派は、後に大挙して道元の門下に入り、道元を継承していく中核となった。しかし他方、摂津（大阪）の三宝寺を中心として後代まで続いたことが知られている。

能忍一派は、このように日本の禅宗の形成に重要な役割を果たしたが、後に衰退したこともあって、その実態は分からないところが多い。その中にあって、一九七〇年代に、称名寺（神奈川県横浜市）所蔵（金沢文庫寄託）資料の中から達磨宗に関係する文献として『成等正覚論』と『見性成仏論』が出版され

（前掲『金沢文庫資料全書』一）、研究が大きく進展することになった。その後、研究がやや停滞していたが、真福寺から新資料として『禅家説』が発見され、研究は新しい段階に入った。また、舘隆志によって、称名寺所蔵資料の中から、能忍を継いだ覚晏の著作『心根決疑章』も発見された（舘、二〇二二）。それと同時に、従来、能忍が「達磨宗」という集団を作ったということが無批判に前提にされてきたことに対して、古瀬珠水が疑問を呈し（古瀬、二〇一三）、能忍と達磨宗をめぐる問題がもう一度根底から検討されなければならない状況となっている。このような研究状況の中で、『中世禅籍叢刊』第三巻は、『禅家説』や『成等正覚論』など、達磨宗関係の資料を収録し、あわせて最新の研究を踏まえた解題を付して、二〇一五年に出版され、次の研究段階に進む基礎資料を提供している。

2、能忍系の著作

そこで、以下では先の『興禅護国論』の記述と関係させて、二つの問題を検討したい。第一に、能忍と達磨宗という宗名が結び付けられるかという問題であり、第二に、その主張は「無行無修」の修行不要論かという問題である。それに先立って、どの著作を能忍系のものと確定しうるかという点が問題になる。その際、思想内容だけで判断するのは危険である。何故ならば、達磨宗だけの固有の思想というものは明白でなく、「無行無修」ということも後に検討するように単純ではない。それ故、能忍の名前が見える著作、あるいは一一八九年の伝法のことを述べている著作など、明確な記述がある著作だけに限定して能忍系のものと認め、そうでないものに関しては、さらに検討を要するものとして、今後の課題に残したい。ただし、『心根決疑章』については、発見されて日が浅く、十分な検討がなされていないので、今後の課題として、ここでは触れない。

その基準によると、称名寺蔵の『見性成仏論』にはそのような明確な文言が見られないので、今後の検討を俟つこととする。それに対して、『成等正覚論』は、一一八九年（宋・淳熙一六年、日本・文治五年）が大きく取り上げられていて、能忍系のものと認めてよい。

震旦国に仏法弘まりて後四百八十四年、達磨の教法初めて来たる。日本国上宮太子出世宗法後六百十八年、大宋淳熙十六年己酉、皇朝文治五年八月十五日、初めて此の法渡る。（『禅籍叢刊』三、四二六頁）

このように、ここでは仏教の中国伝来以後の画期として達磨の到来をあげ、それに対して日本では聖徳太子の出現以後の画期とされている（一一八九年から六一八年前は五七一年であり、聖徳太子の誕生年五七四年に近い）。本書ではまた、「自仏祖法王至仏照大師五十代列祖」（同、四二五頁）と言われており、拙庵に至るまでの系譜の正統性を主張している。

この度、真福寺から発見された『禅家説』は、断簡として発見されたものから復元されたもので、表紙が未発見にために原書名は不明で、仮に名付けた。成立は一三世紀末頃と考えられている（和田有希子『禅家説』解題、『禅籍叢刊』三）。それが達磨宗と関係することは、そこに『伝心法要』が長く引用され、その末尾に次のような奥書があることによって知られる（『禅籍叢刊』三、四〇九頁）。

文治五年、遣宋使の帰朝の時、宋国仏照禅師、新渡の心要を送遣す。先段有りて後段し、而して奥に此の伝心偈等、已上十八行二百七十七字有り、是れ秘本なるか。大日本国特賜金剛阿闍梨能忍、之を弘通せんが為に、広灯心要後段、了彫して之に継ぐ。後賢之を悉くせよ。

彫料浄施財者尼無求

これはまさしく文治五年（一一八九）の伝法のことであり、その時に仏照禅師（＝拙庵徳光）から新しい『心要（＝伝心法要）』を受けたというのである。それは、前半のみあり、後半を欠く本であったので、それを『広灯録』によって補って、能忍が出版したというのである。これによって、能忍の弟子たちによる禅籍請来の様子と、能忍の出版活動、さらにはそれを援助した無求というパトロン的な尼（おそらくは在俗者）の存在が明らかになり、きわめて貴重な記録である。

『禅家説』は、禅の入門的な文章や法語を集めたアンソロジーであるが、その中でこの『伝心法要』は飛び抜けて長い引用であり、奥書まで完全に収録していることは、能忍出版の『伝心法要』に一種聖典的な意味を認めていたと考えられ、それ故、『禅家説』全体が能忍の継承者によって編纂されたと考えてよいであろう。『伝心法要』の問題については、後にもう少し補足する。ここではとりあえず、『成等正覚論』と『禅家説』の二書を能忍系の達磨宗の著作として、認めてよいと考える。

3、能忍は達磨宗を自称したか

そこで、『興禅護国論』と関係して先に挙げた二つの問題、即ち、第一に、能忍が達磨宗を自称していたかという問題と、第二に、その教えが「無行無修」であったか、という問題を考えてみたい。第一の問題に関しては、『成等正覚論』に、「夫れ此の宗は、達磨大師の伝ふる所の法なり、故に達磨宗と名づくるなり」(『禅籍叢刊』三、四二五頁)と言われていることから、問題ないように見える。ただ、誤解を生じさせているのは、「宗」を今日考えられるような宗派的なものと同一視するところにある。この箇所で言われていることは、古瀬珠水が、「この宗(=中心となる基本的な教え)は、達磨大師から伝わる法である。だから達磨の宗(=法または教え)と名づける」(古瀬、二〇一三、一八二頁)と解釈しているのが適切である。「宗」は根本の教え、立場という意味である。

そのような「達磨宗」という呼称は中国でも用いられている。特に注目されるのは、『禅家説』所収の『伝心法要』である。それには乾道六年(一一七〇)の懶庵道枢の跋文があるが、そこに、「幸に後来の者、詳かに之を覧、此に証入すれば則ち達磨正宗なり」(『禅籍叢刊』三、四〇八頁)とあって、「達磨正宗」ということがはっきり言われている。このような用例で分かるように、「達磨(正)宗」は禅宗の別称と見てよいものであり、能忍一派だけに限られた固有名詞的な集団名というわけではない。『成等正覚論』の「達磨宗」もその意味で取るべきである。即ち、能忍は達磨所伝の正しい法を日本に伝えたというのであり、「達磨宗」という特定の閉鎖的な宗派を立てたというわけではない。

このように見れば、栄西が「禅宗」と呼んだものが、能忍においては「達磨宗」と呼ばれているのであって、「禅宗」＝「達磨宗」である。ところが、能忍一派との混同をきらう栄西は、「達磨宗」はもちろん、他の呼称も排除して、「禅宗」の呼称のみに統一しようとしたのである。それ故、外から見れば、「達磨宗」と言っても「禅宗」と言っても同じことであるが、当人たちにはその呼称にこだわることになる。

能忍一派が「達磨宗」の呼称にこだわったのは、そこに祖師である達磨崇拝の要素が強いことによるのであろう。『成等正覚論』は拙庵より与えられた達磨像を本尊とする法会のテクストと考えられ（原田正俊『成等正覚論』解題、『禅籍叢刊』三）、また、能忍一派では、達磨の著作とされる『血脈論』『悟性論』『破相論』を「達磨三論」としてまとめて尊重したことも知られている（高柳さつき『達磨和尚観心破相論』解題、『禅籍叢刊』三）。「達磨宗」が禅宗の中でも特に能忍一派のみに限定され、固有名詞的な使い方をされるようになるのは、一三世紀末から一四世紀初頭頃からと考えられる（和田有希子、解題総説、『禅籍叢刊』三、五四五頁）。

以上のようなわけで、今日使われるような宗派的な意味で、能忍一派を「達磨宗」と呼ぶのは不適切であるが、このような経緯を了解した上で、栄西たちの「禅宗」に対して、能忍たちを「達磨宗」として区別することは、必ずしも不適切ではないであろう。後に、「禅宗」の呼称が一般化する中で、「達磨宗」は能忍一派に限定されることになったと考えられる。即ち、下記の図1から図2へと移行することになる。

図1

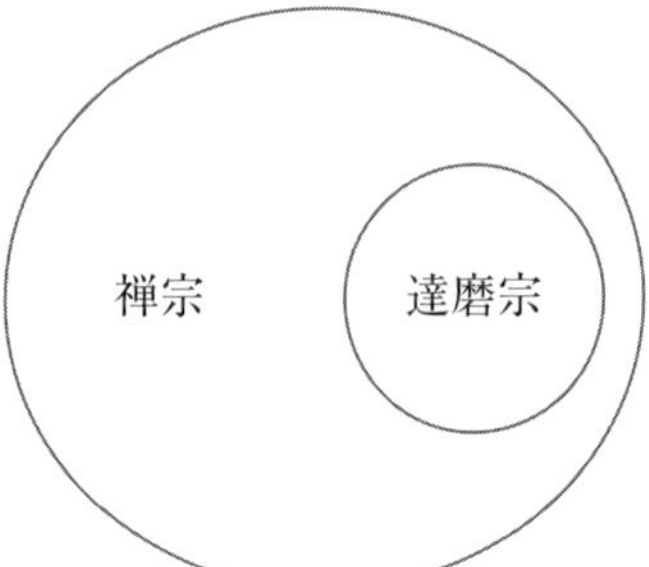

図2

4、能忍は無行無修論を説いたか

次に「無行無修」の問題であるが、これは禅宗がしばしば批判に曝されるところであり、誤解を生みやすいところである。確かに『成等正覚論』には、「自心即仏」を説き、「所求即成」を説いている。基本的には、一切唯心の立場に立ち、それを悟れば、「滅罪生福、除災与楽、現生後報、殊勝に所求の悉地、只だ此の宗の力なり」（『禅籍叢刊』三、四二八頁）とあって、非常に容易に現世後世の利益を得られるかのようである（『成等正覚論』の思想に関しては、石井、一九九一、第八章参照）。しかし、そのことは直ちに栄西が批判するように、「但だ応に偃臥を用ふべし。何ぞ念仏を修し舎利に供え長斎節食を労せんや」ということになるかというと、そうではない。そのことはすでに、能忍一派が舎利信仰で知られていたことからも分かる。『成等正覚論』自体も、達磨崇拝の儀礼書であり、けっして「偃臥」していればよいというわけではない。まして、『禅家説』では、懇切に初心者向けの坐禅法を指南しており、能忍一派が「無行無修」であったわけではない。

しかし、禅は中国以来、「無事」を理想としてきた。南宗禅は頓悟の立場に立つから、漸悟主義の修行論を否定した。それをもっともよく表わし、後世に大きな影響を与えたのは、馬祖道一の「作用是性」（作用即性）説であり、見聞覚知のはたらきがそのまま悟りだとするものであった。それに対しては、無行無修になってしまうということで、同じ禅の流れの中でも批判があり、石頭希遷らは現象の背後の本来の自己を悟らなければならないという立場を取った（小川、二〇一一）。

こうした対立は宋代にも持ち込まれ、修行をおろそかにする無事禅に対して、黄龍派の系統は批判を展開して修行の必要を説き、それが圜悟克勤から大慧宗杲の公案禅・看話禅によって大成することになる。そうではあるが、圜悟においても最終的には無事の境地が理想とされるのであり、「山是山」は一度「山不是山」という段階を経ながら、再び「山是山」に戻らなければならないとされたのである（土屋、二〇〇八）。

このように、無行無修の「無事」と、修行を経た後の理想状態としての「無事」が同じように表現されるためにそこに混乱が生じ、無行無修のままでよいかのように振舞う人たちも出てくるし、それに対する批判も生まれることになる。栄西の『興禅護国論』にも、禅の境地を「本来不動にして物の得べきものなし、是を仏法と謂ふ。仏法は只だ行住坐臥の処に在り、一糸毫を添ふるも也《ま》た得ず、一糸毫を減ずるも也た得ず。便ち恁麼《いんも》に会《え》し去れば、更に些児《いささか》の気力を費やさず。纔かに奇特玄妙の商量を作すや、已に無交渉」（大正蔵八〇、一一下）と表現しており、そこだけ取れば、無行無修のような誤解が生じてもおかしくない。能忍一派への批判も、同じような誤解から生ずることになったと思われる。従って、外から無行無修と見られて批判されることと、実際には修行があることとは、必ずしも矛盾することではない。

5、『伝心法要』の出版について

最後に、先に触れた能忍による『伝心法要』の出版について考えてみよう。先の奥書によると、仏照禅師から贈られた『伝心法要』は、「有先段無後段」、即ち、前半のみのもので、かつ伝心偈等十八行二百七十七字のあるものであり、それを能忍が『広灯録』によって補って出版したということであった。前半のみで、伝心偈の付いた『伝心法要』は、『景徳伝灯録』巻九の末尾に南宋の天真が一〇四八年に加えたもので、その後、元版大蔵経以来、その形で普及している。それに対して、現行の『伝心法要』は『四家語類』（一〇八五序）に収められた形でほぼ出来上がり、福州開元寺版大蔵経では、『広灯録』の巻首に収められた。能忍が増補に用いたのは、一一七〇年の懶庵道枢の跋文のあるものであるが、これは東洋文庫所蔵五山版、ならびに称名寺所蔵釼阿書写本と同系列のものである（『伝心法要』の諸本に関しては、柳田、一九六九参照）。ちなみに、大谷大学所蔵『伝心法要』は、道枢の跋文はないが、前半だけのものに伝心偈が付されている興味深いもので、しかも達磨三論と合冊になっている。達磨宗と何らかの関係も考えられ、注目される（和田有希子『血脈論』解題、『禅籍叢刊』三）。

このように、黄檗の『伝心法要』は能忍らによってきわめて重視されたのに対して、能忍系の著作には『臨済録』への言及はなく、その引用も認められない。栄西においても『臨済録』は用いられていない。日本の初期の禅宗は、臨済系の法系を受けながら、『臨済録』を用いることはなかったと考えられる。

もう一つ注目されるのは、能忍は本書を無求という尼の財施援助で出版していることである。無求はまた、『潙山警策』の出版の際にもパトロンとなっていることが知られていたが、この『潙山警策』は現存せず、それ故、実際にあったかどうかさえも疑われてきた。ところが、最近駒ケ嶺法子によって、それが江戸時代に存在したことが明確にされた（駒ケ嶺、解題総説、『禅籍叢刊』三）。それは、禅学者として知られる無著道忠（一六五三―一七四五）の『註仏祖三経把燭』に収録されている「潙山警策守遂註把燭」末尾に記されている記事で、そこには「大円禅師警策跋　此書者、宋国明州広利禅寺長老仏照禅師、付遣宋使所恩賜也、日本国能忍彫板、願弘願矣、施浄財老尼無求」とあるという。道忠の記載は未見であるが、このような記載があるとすれば、その存在は確実と言わなければならない。これによると、この『潙山警策』もまた、仏照禅師拙庵徳光から受けたものを、無求の援助で能忍が出版したのであり、『伝心法要』とまったく同じやり方である。この版本は「右古印本、蔵在栂尾高山寺、元禄五年六月廿六日、借此古本而写焉、水戸家臣佐々氏筆記ニ見ヘタリ」とあって、高山寺に蔵されていたことが知られるが、現在は所在不明である。

以上、新発見資料を用いて栄西と能忍の思想と活動について多少の知見を記した。真福寺からの新発見史料は、聖一派の円爾や癡兀大慧に関するものも多く、そこからも初期の日本禅宗について新たな知見が得られる。それについては、第四章で論じたい。

第三章　栄西
――生涯・著作・思想

一、真福寺発見栄西著作をめぐって

栄西というと、日本臨済宗の開祖と言われながら、その評価は必ずしも高くない。旧仏教の密教の影響をまぬかれず、純粋な禅に徹底できなかったとか、権力者にすり寄って僧位僧官を求め、世俗の名誉欲から抜け出せなかったとか、不純で不徹底な面が強調されることが多かった。その評価が変わってきたのは、ごく近年のことである。鎌倉期の禅は、必ずしも後代のように「純粋禅」であることが理想視されたわけではなく、密教との兼修は積極的な意味を持つこと、権力に近づいたのも個人的な名誉欲ではなく、仏教興隆を目指していたからであることなど、次第に分かってきた。

その際、真福寺から栄西に関する資料が新出したことは、栄西再評価に当たって決定的な意味を持つものであった。即ち、二〇〇三年には稲葉伸道によって、『因明三十三過』裏書から栄西自筆書状が発見され、話題となった。それらは、以前から知られていた書状とともに、すべて『禅籍叢刊』一に収録されているが、東大寺大勧進職にあり、南都仏教の復興、そればかりか源平合戦で荒廃した日本仏教全体の再建の先頭に立っていた時期のものである。

さらにまた、真福寺からは従来知られていなかった栄西の著作の写本が発見された。『無名集』『隠語集』の二書で、それらは『真福寺善本叢刊』第二期第三巻「中世先徳著作集」（臨川書店、二〇〇六）に収録され、末木が翻刻・解題を担当した。

その過程で、栄西にもう一つの失われた著作があることが分かってきた。それが『改偏教主決』である。当初、ごく一部の断簡が残存するのみで、大部分は散逸したものと考えられていた。ところが、その後の調査で次々と断簡が発見され、『改偏教主決』とともに、その後にそれと関連して書かれた『重修教主決』という著作の断簡も混在していることが判明した。最終的に、数丁を除いて、この二書はほぼ完全に復原されるに至った。両書は太宰府の原山の僧尊賀を相手とする論争書であり、両者のやり取りは年月まで含めて詳細に明らかにされることになった。その発見・復原の過程は、本章末に記した。『改偏教主決』の終わりには、従来知られていた別の著作『教時義勘文』が付載されており、従来位置づけが分からなかった同書もまた、この一連の論争と関係深いことが明白になった。

さらに、『諸秘口決』の名で、巻首を欠く短い巻子も発見され、巻末に朱筆で栄西から明恵に伝授された旨が記されている。これも上記の「中世先徳著作集」の解題に参考として翻刻しておいたが、その後、巻頭を含む三紙が発見され、その書名が『結縁一遍集』であることが分かり、復原することができた。『結縁一遍集』は、曼殊院所蔵本が知られているが、本写本はその異本である。

『禅籍叢刊』一・栄西集には、以上の真福寺所蔵本のうち、「中世先徳著作集」に収録した『無名集』『隠語集』を除くもの、即ち、書状（真福寺所蔵以外のものも含む）、『改偏教主決』（『教時義勘文』を含む）、

『重修教主決』、『結縁一遍集』（一紙欠）を収録した。ちなみに、書状が晩年の東大寺大勧進職時代の栄西の姿を伝えるのに対して、他の著作はすべて、二回目の入宋前に北九州で活動していた時期のものであり、内容的には純粋に密教に関するものである。なお、『結縁一遍集』の全体は『禅籍叢刊』一二に全巻を収録できた。

以上、真福寺から発見された栄西の著作を整理すると、以下の通りである。

『改遍教主決』（安元元年、一一七五）　『禅籍叢刊』一・栄西集
『無名集』（安元三年、一一七七）　『真福寺善本叢刊』第二期三・中世先徳著作集
『結縁一遍集』（治承四年、一一八〇）　『禅籍叢刊』一二・稀覯禅籍集続
『隠語集』（治承五年、一一八一）　『真福寺善本叢刊』第二期三
『重修教主決』（文治三年、一一八七）　『禅籍叢刊』一・栄西集

それに加えて、真福寺所蔵本以外で、従来未翻刻、或いは翻刻されていても不十分であった二書を収録した。それは、『胎口決』と『釈迦八相』である。前者（叡山文庫真如蔵本）は、栄西の著作の中でも比較的早い時期のものであり（安応元年、一一七五）、栄西の密教の形成を知る上で重要である。後者（西本願寺本）は、栄西が二度目の入宋から帰国直後の著作であり、その真偽に関してはなお検討の余地があるが、栄西作の可能性は十分にある。日本における仏伝文学の発展上、重要な意味を持つと考えら

れる。また、密教関係の著作のうち、『法華入真言門決』は、『法華経』の密教的な受容として注目されるものであるが、古い写本では完本が手に入れにくいため、大谷大学所蔵の近代の写本を参考として翻刻のみ収録した。

栄西の著作のうち、戒律関係のものも重要であるが、真偽未定のものもあり、検討が必要なため、『禅籍叢刊』一・栄西集では収録を見送った。

二、栄西の生涯

ここで、栄西の生涯を概観しておきたい。

栄西は、永治元年（一一四二）誕生。備中吉備津神社の神官賀陽《かや》氏の出身と伝える。十代で出家して比叡山に学んだ。受学の師として、有弁などの名が知られているが、それよりも、伯耆大山の基好から台密の谷流を受けたことがいちばん重要である。その法脈については、『改偏教主決』に谷合行の相承として、次のように記されている。

大日如来…静真―皇慶―長宴―頼昭―薬仁―兼慶―基好―栄西

大日如来…寂昭―皇慶―長宴―頼昭―覚範―薬仁―兼慶―基好―栄西

基好は慈円にも台密を伝えたことで知られており、栄西の密教は慈円と同じ流れを受けたものということになる。当時の密教の第一人者が叡山ではなく、大山にいたことは、当時の仏教が中央だけでなく、他地域でも高い水準に達していたことを示している。実際、栄西はその後、二度目の入宋に至るまで、北九州を中心とした西日本で活動しており、中央にはほとんど近づいていない。

かねてより入宋の志が強く、筑前に赴いてその機をうかがっていたが、仁安三年（一一六八）、その願いが実現して入宋。約半年の短期間であったが、四明山、天台山、阿育王山などを訪れ、同地で重源と行き会い親しくなったという。この第一回の入宋は、天台宗を中心とした故地の巡礼という性格が強く、禅について学ぶことはほとんどなかった。

帰国後は、相変わらず北九州を中心に活動を続け、今津誓願寺を建立して拠点とした。栄西の著作で年代の知られるもっとも古いものは、承安五年（一一七五）の『胎口決』と『出纏大綱』であり、その後、再度の入宋に至る十二年間ほどが、栄西の最初の活動のピークであり、多くの著作を著しているが、その内容はほとんどすべて密教である。密教僧栄西の時代と言ってよい。栄西の密教は、房号をとって葉上流と言われるが、その系譜は上述のように、台密谷流の法脈を受けたものである。北九州で活動したことは、時あたかも源平合戦で都が荒廃したこともあったであろう。また、宋からの大蔵経の到来を待ち、さらには再度の入宋を目指していたので、北九州滞在はそのための準備やパトロン探しという意味もあったであろう。当時の北九州の仏教は高い水準にあった（山村、二〇二二）。その後栄西門下は九州各地で活躍している（米田、二〇一九）。『改偏教主決』『重修教主決』に述べられた原山の僧尊賀との論争もこの時期のことである。

こうして、文治三年（一一八七）再度入宋するが、今回の滞在は建久二年（一一九一）まで、四年に及ぶ。その間、主として天台山に滞在したが、万年寺で虚菴懐敞から臨済宗黄龍派の禅を受けている。臨済宗は黄龍派と楊岐派に分かれるが、勢力は楊岐派のほうが大きく、日本の臨済宗はほとんどすべてその系統であり、栄西のみが黄龍派を受けている。もっとも両派は内容的には大きくは異ならない。

帰国後の栄西の活動には、きわめて活発なものがある。当初は北九州で活動していたが、建久五年（一一九四）には京に上り、禅宗を広めようとしたが、叡山の徒の反対で、禅宗停止の宣旨が下った。建久九年（一一九八）、『興禅護国論』撰述。その頃から禅・律・密・天台など含めて、仏教再興のために奔走する。その間、博多に聖福寺、京都に建仁寺、鎌倉に寿福寺を建立、幕府首脳の帰依を受けて、京と鎌倉を往復して活動する。建仁元年（一二〇六）、亡くなった重源の後を受けて東大寺大勧進職に就き、国家事業としての南都復興に邁進する。晩年は三代将軍実朝の帰依を受け、『喫茶養生記』を進呈。建保三年（一二一五）、七五歳で亡くなった。

このように、栄西の生涯は二回目の入宋を契機に大きく変わる。それまでの前半生は密教を中心にして北九州で活動していたが、二回目の入宋以後は新来の禅や律を軸に、朝廷や幕府とも関係を持ちながら、仏教興隆のために京・鎌倉を中心に活動した。

ちなみに、栄西というと、禅の請来者として、禅僧というイメージが強い。これは、鎌倉時代後半になって、仏教の宗派化が進んだことによるものである。実際には東大寺大勧進職に就いたことからも知られるように、重源の後を受けて、日本の仏教全体の復興を志していた。その意図するところは、『日本仏法中興願文』（元久元年、一二〇四）によく知られる。『興禅護国論』を著し、禅宗の確立を意図したことは事実であるが、当時の「宗」は宗派的な閉鎖性を持つものではなく、複数の「宗」を学ぶのがふつうであった。栄西が禅の興隆を図ったのは、日本の仏教の全体を考えた時、禅が弱いので、それをひとつの宗として確立して、補うことを必要と考えたからに他ならない。それ故、日本の仏教全体という視座に立っていたということができる。いわば総合仏教の立場といってもよい。第二回の入宋の前から後への変化は、密教中心的な視座から、密教・禅・律などを含む総合的な仏教の立場への転換と見るのが適当であろう。それ故、栄西を禅に徹底していない不純な兼修禅の立場として否定的に見るのは、まったく見当違いと言わなければならない。

日本仏教の再興に当って、栄西がもっとも重視したのは戒律であり、実際『興禅護国論』においても、禅以上に戒律復興の重要性を説いている。戒を基盤として、その上に禅の実践と諸宗の学問が盛んになること、即ち、戒・定・慧の三学興隆こそ、総合仏教としての日本仏教のあるべき姿として求められたのである。

三、栄西の著作

栄西の著作は多数に上るが、いまだその全体を見渡せるような全集は刊行されていない。過去に全集が企図されたことはあったが実現されていない。ただ、栄西の八百年遠忌を記念して、禅関係の主要著作を集めて書き下しにして提供したものとして、『栄西禅師集』（藤田編、二〇一四）が刊行されている。

そのような中で、早い時点で栄西の著作についてもっとも広範に調査研究したのは、栄西の伝記研究で知られる多賀宗隼であり、その著書（多賀、一九六五）と論文（多賀、一九八五）において、栄西の著作をリストアップした。その著書では、第二回入宋以前の九州滞留の著作として一〇書を挙げ、第二回入宋帰国後の著作として一四書を挙げている。計二四書になる。同書はまた、巻末に栄西の著作一覧を掲げているが、そこでは計三五書となる。

多賀の研究が長い間標準となっていたが、近年になって、それをさらに進めようという研究が現われている。まず、山口興順が、その論文（山口、一九九三）において栄西の著作をリストアップしている。そこでは、多賀の研究をもとに、現存（年紀あり）一八書、現存（年紀なし）八書、散佚一六書、計四二書を挙げている。

その後、真福寺調査や、両足院調査などが進められ、とりわけ真福寺調査から、従来まったく知られていなかった著作がいくつも発見されたことは、先に述べた通りである。それらの成果を活用して藤田琢司が新たに栄西の著作目録を作成した（藤田、二〇一〇）。ここでは、現存するもの、しないものを含めて、五〇書を挙げ、それらの出版形態や写本の所蔵について情報を提供しており、これまででは、もっとも正確で有用なものである。

なお、二〇一〇年一〇月に福岡市博物館で「栄西と中世博多展」が開催されたことは、栄西の再評価や研究上で大きな意義のあることであった。同展は中世博多が大陸との交流上大きな役割を果たしたことにスポットを当て、その観点から栄西の重要性に着目したものであるが、その際に真福寺所蔵のものをはじめとして、栄西の多くの著作の写本を展示し、現存する主要な写本を網羅する貴重な機会となった。その図録『栄西と中世博多展』（福岡市博物館、二〇一〇）は、それらの写真と解説を収め、栄西の著作研究上必須のものとなっている（堀本、二〇一一参照）。

以上のような成果に基づき、『禅籍叢刊』一の解題総説に栄西著作一覧を掲載したので、詳細はそれをご覧いただきたい。ここでは、年代の分かっているもののみ、その順に挙げておく。

承安五年・安元元年（一一七五）『胎口決』『出纏大綱』『誓願寺創建縁起』『改偏教主決』
安元二年（一一七六）『教時義勘文』
安元三年（一一七七）『真言宗名目』（『渓嵐拾葉集』四六）『無名集』
治承二年（一一七八）『誓願寺盂蘭盆縁起』『法華入真言門決』
治承三年（一一七九）『菩提心別記』
治承四年（一一八〇）『結縁一遍集』
治承五年（一一八一）『隠語集』
文治二年（一一八六）『菩提心論口決』
文治三年（一一八七）『重修教主決』

建久元年（一一九〇）『秘宗隠語集』（『隠語集』再治本）
建久二年（一一九一）『釈迦八相』
建久九年（一一九八）『興禅護国論』
正治二年（一二〇〇）『出家大綱』
元久元年（一二〇四）『斎戒勧進文』『日本仏法中興願文』
承元五年（一二一一）『喫茶養生記』

このように、二度目の入宋（一一八七―一一九一）を挟んで、その前後でその著作の性質が大きく変化していることが分かるであろう。入宋以前はほぼ完全に密教関係のものであり、帰国後は禅・戒律などを中心として顕教的な内容のものに移っている。なお、戒律関係の著作として、真偽未詳のものもあり、栄西の著作についてはいまだ解明されていないことがきわめて大きい。まして、密教をも含めたその思想の全貌の解明はまだ手が付けられたばかりである。本章では以下で、その密教思想の特徴を整理してみた。なお、栄西の密教に関しては、水上文義が真福寺新発見資料も用いて優れた概観を行っているので、参照されたい（水上、二〇一七）。

四、栄西の密教思想

1、密教教主論

栄西の密教が大きく注目される中でも、『改偏教主決』（以下、『改偏』と略す）は密教関係の主著と言ってもよい重要なものである。『教時義勘文』は、従来その位置づけが明らかでなかったが、『改偏』の発見により、その補足として書かれたことが明らかになった。『重修教主決』（以下、『重修』と略す）は本書の続編と言ってよい。『無名集』などにも関連する問題が扱われている。このように、『改偏』は栄西の密教を考える際の中核となるテクストと言ってよい。

本書は論争書として書かれたものである。その論争相手は、『改偏』には「原山」という地名しか見えない。原山は太宰府天満宮の隣で、現在はわずかに石碑が残るのみであるが、当時は数百人の僧侶を抱え、隆盛を誇っていた。『重修』には、その僧の名が尊賀であったことが記されている。従来の史料ではまったく知られていなかった僧であり、栄西と尊賀の論争も、本書の出現によってはじめて知られることになった。尊賀は正面から栄西に密教教理論争を挑んでおり、当時の北九州の仏教が高い水準に達していたことが知られる。

『改偏』の序文によると、両者の論争は、尊賀が栄西の説を批判したところに始まり、それに対して栄西が反論したのが『改偏』である。その後、再び尊賀の批判が出され、それへの再反論が『重修』である。

『改偏』の序文によると、尊賀の批判は四章からなり、「一に真言教主自受用身なり、二に法華寿量品は三世常住なり、三に合行灌頂は第五の秘密に非ざるなり、四に谷合行灌頂は大虚妄なり」というものであった。それに対して、『改偏』は五巻からなるが、各巻の内容は、「第一巻は原山の破文を載せ以て篇の次第を救う、第二巻は法華本門常住の義を立て以て証文を救う、第三巻は秘蜜《（密）》灌頂の義を中べ以て僻聞を救う、并びに谷合行相承を載す、第四巻は自受用教主の偏執を救う、第五巻は自宗の自性身教主の実義を立つ」と要約される。尊賀側の資料は全く残っていないが、第一巻に尊賀の批判がそっくり引用されているので、何を問題にしたのか、その論点を知ることができる。それに対して、第二巻以後で栄西の反論が展開されることになる。

両者の議論を見ると、教理的な問題としては、第一の真言密教の教主、即ち大日如来のあり方をめぐる問題が最大の論点となっている。『改偏教主決』という書名は、「偏った教主説を改め決着する」という意味であり、教主論が中心的な論点となっていることが知られる。

それでは、両者の違いはどこにあるのかというと、尊賀が真言教主は自受用身であるとしたのに対して、栄西はあくまでも自性身説法にこだわっている。これはいわゆる仏身論の問題で、通常、自性身・受用身・変化身、または法身・報身・応身の三身を立てる。自性身は法身に当たり、通常の顕教の立場では説法しない。受用身は、自受用身と他受用身に分けられ、自受用身は仏自らの法楽として法を説き、他受用身は初地以上の菩薩のために法を説くのであり、変化身に至って、ようやく一般の人たちに法を説くことになる。それに対して、空海は法身説法こそが密教の特徴であり、顕教に優越するという説を立てた。ただし、空海では法身（自性身）と自受用身とは一体化したものと考えられている。

法身――自性身
報身――受用身
　　　　├自受用身
　　　　└他受用身
応身――変化身

尊賀は、全体として顕密一致的な立場に立ち、そこから自性身は法を説かず、自受用身に至ってはじめて説法するという説を展開した。それに対して栄西は究極的には顕密は一致するものと見ていたと思われるが、『無名集』などで実際的には密教は顕教より優越するものとして、その一つの根拠を法身説法に見ている。その法身もすべて自性法身に帰着し、従って自性身が直接説法するという立場を取り、法身と自受用身とを区別している（大久保、二〇二二、一〇三―一〇七頁）。この点で両者を一体として捉える空海と異なっている。栄西が法身（自性身）の絶対的、究極的な立場を重視するのに対して、尊賀は相対的な視点から、より身近な仏身のあり方を重視しているということができる。絶対的、究極的なところに視点を据えた栄西の立場は、いわば理想主義的ともいうことができる。後の禅の導入もまた、そのような究極の悟りを体得しようというところに成り立つとすれば、密教から禅への移行もまた一貫した問題意識によるものと考えることができる。

密教教主論の問題は、その後真言宗（東密）のほうでも大きな議論となり、頼瑜が加持身（仏のはたらきによって現しだされた仏身）が法を説くという加持身説法を説いたことが、新義真言宗の分立になったとされる。このように、栄西の教主論は、その後の密教の展開とも大きく関係していく議論である。なお、栄西・尊賀論争に関しては、さらに次節でもう少し詳しく検討する。

2、身体論的視点

栄西の密教に関して、次に取り上げておきたいのは、『隠語集』（治承五年、一一八一）に見られる両部不二論である。栄西は台密谷流の両部合行の立場を取り、両部不二を重視する。本書は師（基好？）の説をまとめたものとされているが、そこで金剛界・胎蔵界の不二を説くのに、男女合一の譬喩を用いている。胎蔵界は理であり、女に当たる。金剛界は智であり、男に当たる。そこで、理智冥合を男女の和合から説明する。即ち、「一対の男女のみ同時の快楽を受けて、余人の所知には非ず」ということを、「自受法楽と為す。亦た理智冥合と為す」のであり、それは「能加持」の面から言うものである。その際、「若し男女和合する時、男根・女根相加持して各自然に精を生得す」。男の精は白であり、女の精は黄であるので、両者が同時に施されるとき、「終に人体の種子を成して、熟蔵の上、生蔵の下に処す」ことになる。男の白水は骨となり、女の黄水は肉となる。これは、「所加持に約して理智冥合を説く」ことである。こうして、能加持・所加持の両方において「理智不二」「胎金両部唯一合法」が言われることになる。このような男女の譬は、栄西の他の著作に見られないものであるが、栄西は二回目の入宋中にわざわざ本書を大幅に修訂し、『秘宗隠語集』（大東急記念文庫蔵）を著わしていることからして、本書を重視していたことが知られる。

男女合一の説は、しばしば立川流に連なるものとして邪教視されるが、当時の密教にはかなり広く見られ、栄西の密教もその流れに棹さすということができる。後に聖一派の流れでは、禅密一致的な立場から、このような動向を積極的に受け入れ、胎内五位説なども説くようになる。そこには、密教から禅に流れる身体重視の傾向を指摘できよう。栄西は『喫茶養生記』を著わしているが、それは単に大陸伝来の茶の効用というだけでなく、五行説を取り入れながら、身体論的問題を展開しているところに特徴がある。

3、顕密優劣論

『無名集』は安元三年（一一七七）の成立であるが、前々年に『改偏』、前年に『教時義勘文』が著されており、密教の本質を明らかにするという流れの中で書かれている。その前半部の中心課題が顕密の対比であり、そこで明確に顕教は浅・下で、密教は深・高であると述べ、両者の上下関係を認めている（末木、二〇〇六）。この時期の密教中心の立場が明白に述べられている。

栄西は二度目の入宋で虚庵懐敞から臨済宗黄龍派の禅を受け、帰国して『興禅護国論』（一一九八）を著わして禅宗を広めたとされる。入宋前には熱心に密教の著作を著わしていたのに、帰国後は密教的な著作は影を潜める。ただ、建仁寺が当初、禅・密・律・天台の総合的な道場を意図していたと言われるように、密教を否定したわけではなく、それをも含めて日本仏教を総体的、全体的に捉え、興隆を目指したと考えられる。『日本仏法中興願文』（一二〇四）は、このような栄西の理想を正面から論じたものであり、東大寺大勧進職に就いたのも、同じ理想に基づくものである。

このように、二度目の入宋前の密教に限定された立場は、帰国後、日本仏教という大きな視座に展開していくことになる。禅の導入もそのような大きな枠組みの中で捉えられる。その際、密教時代に見られた密教優越的な立場がどうなったかは明らかでなく、その点を論じた著作はない。なお検討を要するところである。

ちなみに、『釈迦八相』（『禅籍叢刊』二）は、建久二年（一一九一）、二度目の入宋からの帰国直後の著作である。本書には偽撰説もあり、なお検討を要するが、真撰とすれば、帰国後に最初に諸宗の祖である釈迦の生涯を取り上げたことになる。この後の中世の釈迦信仰との関係など、注目される。

4、易行化

『結縁一遍集』は、『禅籍叢刊』一・栄西集に一紙欠けた状態で収録したが、その後その一紙が発見され、全巻復元されたものを『禅籍叢刊』一二・稀覯禅籍集続に収録した。その内容は、多くの真言（呪）の集成であるが、それらの呪にその功徳が付されている。その功徳は、いずれも「一遍誦すれば」とあって、その真言を一遍唱えるだけで大きな功徳のあることを述べている。例えば、上品悉地真言は、「一遍誦すれば、釈迦の一代の聖教一百遍転読するに同じ」（一紙）、智炬如来破地獄呪は、「一遍誦すれば、無量無辺の地獄の業皆悉く消滅す」（五紙）、滅婬欲罪真言は、「一遍誦すれば、無始生死の間、生々世々の一切婬欲の罪を滅して、願に随って極楽浄土に往生す」（八紙）などと、その功徳が述べられている。「飲酒の破戒の罪を滅す」（同）などという真言もある。

このように短い真言を一遍誦するだけで絶大な効果があるというのであるが、これは中世仏教の展開上、きわめて大きな意味を持つ。本書Ⅰ—第三章に述べたように、覚鑁において、それまでの三密瑜伽の思想から一密だけでもよいとする大胆な易行化が図られた。『結縁一遍集』に見られる、一つの真言を一遍唱えるだけでよいという思想は、こうした鎌倉仏教へ向けて大きな一歩を踏み出すものと言える。

これもⅠ—第三章に述べたように、『方丈記』には養和年間（一一八一—八二）の大飢饉の際に、仁和寺の隆暁法印が死者の額に阿字を書いて結縁させたという話を伝えているが、これはまさしく一密の実践であり、『結縁一遍集』とほぼ同時期に、都でもそれに対応する一密の実践がなされていたことが知られる。この後、治承四年（一一八〇）の平重衡の南都焼討の直後、治承五年（養和元年、一一八一）に東大寺勧進として重源が任命される。この仏教界再興の機運が本格的な鎌倉仏教の始動ということができ、大衆的な運動へと広がっていくことになるが、帰国後の栄西の活動は、まさしくこの機運の中で展開することになる。しかし、二度目の入宋以前の密教の中に、すでにこうした鎌倉期の仏教興隆へと結びつく活動の原点は示されていたのである。

上記のように、『改偏教主決』における教主論争は、覚鑁において大日と弥陀の同体説などによって提示されていた仏身論の問題を引き継ぎつつ、後の自性身説法・加持身説法論争など、鎌倉期に盛んになる仏身論の議論において継承展開される。また、『隠語集』に見られる性的合一の譬えは、五蔵曼荼羅や覚鑁に見られる身体論的な問題意識と関わり、聖一派・安養寺流などにも見られる胎内五位説で発展させられる。このように、栄西の密教は決して古い仏教の残滓ではなく、むしろ新しい時代の仏教へと展開する先駆けとなる新しい思想を含んだものとして、再評価が必要である。

五、真言教主をめぐる栄西・尊賀論争
――『改偏教主決』と『重修教主決』

1、『改偏教主決』の成立と概要

以下では、密教に関する主著とも言うべき『改偏』と『重修』に関してその概要を紹介し、従来知られていなかった尊賀・栄西の真言教主論争の経緯を多少なりとも明らかにしたい。『改偏教主決』という書名は、「偏った教主（説）を改め決する」という意であろう。教主の問題が中心であることが明らかである。『改偏』は五巻からなるが、各巻の長さは必ずしも均等でない。第四、五が比較的長いのに対して、第三は三丁程度ときわめて短い。また、各巻は必ずしも丁を変えておらず、丁の途中から次の巻に移っている。なお、『改偏』と『教時義勘文』に関しては、米田真理子を代表とする共同研究によって訓注が作成されており、参照する（米田他編、二〇一五）。

まず序であるが、その最後には、「于時安元改元乙未（一一七五）十月上旬謹序」とある。この年、『胎口決』『出纏大綱』も書かれて、栄西の北九州での活動が一気に活発化される時期である。序では自

らについて、「其れ俗姓を云へば、考霊天皇六十余代の孫、（破損）大日如来第二十葉の資なり」と仰々しく自己紹介して、また入宋して天台の章疏を請来したことを誇っている。栄西には自己の系譜や肩書を見せつけるところがあるが、谷流の正統を受けていることが栄西の正しさの根拠になるのであるから、系譜論が重視されるのは必然性がある。

序では本書成立の由来を記す

鎮西太宰府の辺に名山あり。号して原といふ。……今一人の碩徳有り、誰人か知らず。僅かに伝言の虚妄なることを聞き、余を破せんが為に一の破文を製し、以て自らの楽となす云云。其れに四ケの章有り。一に真言教主自受用身なり、二に法華寿量品は三世常住なり、三に合行灌頂は第五の秘密に非ざるなり、四に谷合行灌頂は大虚妄なり。……之に於て五段の章を製し、以て五巻と為す。第一巻は原山の破文を載せ以て篇の次第を救う、第二巻は法華本門常住の義を立て以て証文を救う、第三巻は秘蜜（密）灌頂の義を申べ以て僻聞を救う、幷びに谷合行相承を載す、第四巻は自受用教主の偏執を救う、第五巻は自宗の自性身教主の実義を立つ。（一ウ―三オ）

これによると、太宰府辺の原山一人の碩徳が、栄西の説を破するために四章からなる破文を作ったという。この原山の碩徳は本書には名が出ず、『重修』になってはじめて尊賀という名であることが明らかにされる。その破文を反駁し、正すためにこの五巻の書を作ったというのである。両者の関係は以下のようになる。

原山の破文

1、真言教主自受用身なり
2、法華寿量品は三世常住なり
3、合行灌頂は第五の秘密に非ざるなり
4、谷合行灌頂は大虚妄なり

『改偏教主決』

1、原山の破文を載せ以て篇の次第を救う
2、法華本門常住の義を立て以て証文を救う
3、秘密灌頂の義を申べ以て僻聞を救う
4、自受用教主の偏執を救う
5、自宗の自性身教主の実義を立つ

第一巻は序から続いているが、そこでは、原山（尊賀）の書をそのまま載せる。その最初にいきさつが記されている（三オ）。それによると、承安三年（一一七三）夏の談義の際に、尊賀が、真言教主は自受用身であることを述べたが、その後、葉上房（栄西）が自性法身説を立て、それに対して尊賀が自説を述べたのが、論争の起りと知られる。

この四項目を見ると、真言教主の問題だけでないことが知られる。即ち、第二は『法華経』本門寿量品の久遠実成の仏に関するもので、三世常住の仏であるのに、栄西が「有始無終」と主張していると批判する。これは、顕教の仏と密教の仏に関する問題である。第三と第四は栄西が谷流の両部合行の立場を主張するのに対して、それを批判している。しかし、中心の問題はあくまでも教主論である。

第二巻以下では、この尊賀の批判を論駁する。まず第二巻では、栄西もまた『法華経』本門の仏を三世常住と見ているとして、逆に尊賀が主張する「等覚一転」（菩薩の最終段階の等覚から一転して仏になる）という説を批判している。第三巻では、谷流の合行法の正統性を述べるが、栄西に至る谷流の継承を述べている点が注目される。

第四、五巻は、いよいよ教主説が論じられる。第四巻では、尊賀の自受用教主説を批判し、第五巻では、自らの主張である自性身教主説を述べている。今、細かい議論に立ち入ることはしないが、譬喩を使った説明が分かりやすい。尊賀は、次のような譬喩を用いる。

> 例せば、神明の人に託して言説するは、神明に属すと雖も、然れども正しく言説する所は人の所為なるが如し。（四オ）

これは、神憑りのことで、たとえその託宣は神の言葉だとしても、実際には憑依を受けた人が語ることになる、という譬えを使い、法身そのものの説だとしても、実際には、法身が自ら作り出した聖衆を相手に説くのであるから、自受用身ということになる、と論じている。

これに対して、第四巻で栄西は次のように反論する。

> 一切の受用身、一切の変化身、一切の等流身の所説、皆自性身の教なり。譬へば神明の巫女に託し

て言説するを、正しくは巫女が口より出せども、実には神明の神力応同せる和光利物の不思議の教なり。（一七オ）

即ち、巫女の口から出ても、どこまでも神が人々を利益するための不思議な教えであるのと同様に、たとえ受用身・変化身・等流身などの説であっても、皆な自性身の教えということができる、というのである。

このような二人の説を較べると、どちらも成り立つようである。神憑りの譬喩を考えれば、それは神が語っているとも言えるし、現実にはその言葉を発しているのは人だとも言える。自性身説法か自受用身説法かという議論は、結局のところ、どちらもあり得るのであり、その教えをどう受け止めるかという受容する側の問題になりそうである。

巻五末には、「于時安元乙未（一一七五）仲冬下旬於鎮西西海阿恵□船裏以再治而已」とある。序が安元元年十月上旬で、全巻の終りが同年仲冬（十一月）下旬であるから、約二箇月かけて書かれていることが知られる。ただし、再治ということであり、それ以前に初稿は完成していたことになる。

なお、序には「前四巻を流布すると雖も、第五巻を妄りに之を弘むること莫れ。惣じて一門ならざる者は努々伝え見ざれ」（3オ）とあり、第五巻は外部に秘していたことが知られる。第五巻末には「起請」が収められており（30オ〜ウ）、やはり第五巻を秘すべきことが言われている。

第五巻が終わった後、白紙一紙をはさんで、『教時義勘文』に入る。『教時義勘文』の本文自体は『日本大蔵経』に収録されて早くから知られていたが、本写本が最も古いものである。冒頭には、「教時義勘文并序　真言教主決　智金剛栄西　抄出」とある。序の最後に「于時安元丙申〔安元二、一一七六〕正月望日謹序」とあって、その成立が、『改偏』の翌年早々であることが知られる。その序には、「今自性教主の証を出して、彼の原山の弾破を報ぜん」とあって、本書もまた、原山（尊賀）に対するもので、自性身説法説を補強するために、安然の『真言宗教時義』を取り上げてその解釈を論じたことが知られる。いわば『改偏』を補うものといえる。本書の位置づけは従来明らかでなかったが、『改偏』の発見で、はじめて正当に位置付けることが可能となった。本写本で『改偏』の後に『教時義勘文』が付されているのは、両者の関係を考えれば納得がいくことである。

2、『重修教主決』の成立と概要

『重修』は途中に恐らく二丁欠落があり、また、最後の部分を欠いているので、最後の奥書識語が不明で、書写歴などが知られず、その点がやや残念である。『改偏』と同様、序と第一巻は連続していて、序には本書撰述の理由が記されているが（二オ）、そこではじめて論争相手の名が尊賀であることが明かされる。尊賀の「五紙の破文」に対して栄西が『改偏』で反論し、さらに尊賀が「一巻の破文」を著したのに対して、栄西の『重修』が書かれたという順になる。序の最後には「寿永癸卯歳〔寿永二、一一八三〕季秋日謹記」とあり、その成立の時期が知られる。

本書成立のいきさつについては、巻三末にさらに詳しく記されている（二二一オ）。それによると、寿永二年九月に尊賀の破文を入手してすぐに本書六巻を書いたが、背振山教弁供奉に貸したときに火事で焼失し、改めて文治三年（一一八七）正月二、三日に梗概を書き直したという事情が記されている。この時にはすでに尊賀は亡くなっていたという。後述のように、第四巻以後はやや性格が異なるので、この奥書は『重修』全体に関するものではなく、第三巻までに関するものと思われる。恐らくもともと全六巻であったものの要旨を三巻に纏めたのであろう。

第一巻から第三巻までは、尊賀（賀公）の破文を引いて論破している。尊賀の破文は二十九条からなるが、それを引用して、一条ずつ「救曰」として論破している。第一条の引文の後に、「賀公の正文、一字も誤らず書き載す。後々之に同じ」とあるから、引文を集めれば尊賀の破文を復元できることになる。巻一は十条まで、第二巻は第十一条から第二十一条まで、第三巻は第二十二条から第二十九条までを含む。その後に上記の奥書がある。従って、そこまでで一纏まりである。

第四巻は、冒頭に、「賀□（公）真言教主問答篇第一巻、救と問と顕し了んぬ」とある。これは、尊賀の論駁書の書名まで出された貴重な情報である。第四巻は第三巻までと体裁を異にし、尊賀の『真言教主問答篇』第一巻なるものをそっくり引用し、行間に批判を書き込むという方法を取っている。本巻の最後の奥書に「丹を以て処々に救し了んぬ」とあるが、現在の写本では本文と同じ墨で書かれ、朱の合点が付されている。第四巻の執筆時期については記されていない。

第五巻冒頭には、賀公の説に対して、「予、処々に之を救し了んぬ。賀公が詞と予が詞と、混乱せず、悟り易く篇を立つ」（三一オ）とあり、賀公の説と自説との違いをはっきりさせるために第五巻を立てたという事情が記されている。第五巻はこれまでと違って、尊賀の文章を引くのでなく、栄西自身が問答体で自説を述べている。

本巻の最後には、「先の四《五カ》巻は流布すと雖も、第五《六カ》巻に於ては必ず門徒秘蔵せよ。努力々々。文治三年丁未〔一一八七〕正月四日鎮西筑前州香椎宮報恩院に於て書き了んぬ。先年は只重修決許りなり。今年始めて此の義を出だす。努力々々」（三四オ）とある。ここで、「四」に「五カ」、「五」に「六カ」と注記があり、混乱するが、この識語は、原文通りに第五巻に関するものと解するのが適当であろう。「先年」というのは、最初に『重修』初稿を書いたときのことで、それに対して、第五巻はこの年、新たに書いたということであろう。

前述のように、第三巻までは、文治三年正月二―三日に書かれ、第五巻は同年の正月四日ということであるから、引き続いて執筆されたことになる。そうすると、第四巻はその連続から外れることになる。そこで考えられるのは、第四巻は前三巻の焼失前の初稿と近い時期に書かれたもので、前三巻とは一纏めになっていなかったために、焼失を免れたのを、ここに挿入したのではないだろうか。

最後に第六巻であるが、その位置づけははっきりしない。題号は「重編教主救決第六　即身成仏義」とあり、撰号がないこと、書名が『重修教主決』ではなく『重編教主救決』であること、『改偏』以来取り上げられたことのない即身成仏が主題となっていることなど、特殊性が強い。序に「于時寿永甲辰〔寿永三、一一八四〕正月初三日」とあり、成立時期が知られるが、もともと『重修』と一貫したものではなく、独立したものであったと考えられる。しかし、尊賀が批判対象となっていることは同じである。

「賀公を救うとは、公、齢八旬に満ちて行歩に宜しからず」（三六オ）とあるので、賀公（尊賀）はその頃八十歳となり、身体が弱っていたと知られる。これは、尊賀に関する貴重な情報である。寿永三年（一一八四）には、尊賀は八十歳代であり、文治三年（一一八七）にはすでに亡くなっていたことになるから、没年はその間である。

以上のように、『重修』は複雑な構成になっている。尊賀の二十九条の批判に反論した全六巻本（寿永二、一一八三）が本来の『重修』であったと思われるが、それが焼失したために概要を三巻に纏め（文治三、一一八七）、それに尊賀の別書を批判した旧著を第四巻として加え、その上に、新たに第五巻を執筆した。その後さらに、寿永三年（一一八四）に書かれていた別書を第六巻として付け加えたという順で現存本となったと、ひとまず推測したい。

以上、『改偏』『重修』から、栄西と尊賀の交渉を纏めると、次のようになろう。

	栄西	尊賀
承安三年（一一七三）		廓院御廊義釈談義の時、真言教主自受用身如来と説く。その後、栄西の自性身説を聞き、五紙の破文を著わす
安元元年（一一七五）	『改偏教主決』を著わす	
安元二年（一一七六）	『教時義勘文』を著わす	
寿永二年（一一八三）	尊賀の破文を得て『重修教主決』を	この頃までに、一巻の破文（『真言教主問答篇』か）を

	著わす（後に焼失）	著わす
寿永三年（一一八四）	『重修』第六巻（『重編教主救決』）を著わす	八十歳か
文治三年（一一八七）	『重修』再稿本を著わす	この年までに没

3、論争から分かること

以上、真福寺所蔵から発見・整理された栄西の著作『改偏教主決』『重修教主決』を紹介し、両書の分析から当時の北九州で起こった栄西・尊賀論争の経緯を明らかにした。従来反故のように見られていた断簡から、思いもかけない当時の仏教界の活発な論争が浮かび上がってきた。そこからは、これまで分からなかった当時の仏教界の生き生きとした活動の一端が知られてくる。

そこから分かることは、当時の密教が決して堕落したものではなく、積極的な論争を行なうだけのしっかりした基盤があったことが明確になった。栄西はそのような密教を基好から学び、中央を離れた北九州という地域において展開した。そこには、原山を中心とした教学の振興が見られ、尊賀のような論者が正面から渡り合った。内容に関しては密教の教主論であり、後の新義真言宗の教学論争の先駆となるような議論があったことが明らかになった。栄西が、「両門天台・東寺の大師・先徳の釈を以て依憑となす」（『改偏』第五巻）と言っているように、当時の密教は東密・台密の宗派的な対立は必ずしも強いものではなかった。むしろ顕教と密教の相違が強く意識されている。

こうした北九州の状況の中での活動を前提として栄西の二度目の入宋がなされ、帰国後の「日本仏法中興」へ向けての活動もなされていくことになるのである。栄西の活動は、禅だけで見ても分からないし、密教だけで見ても分からない。密教から出発しながら、中国から禅と律を導入し、やがて総合的な視点から日本の仏教界の再建の立役者になっていく、そのようなスケールの大きな仏教者として栄西を捉え直すことが必要である。

付・栄西著『改偏教主決』『重修教主決』の発見と復原

以上述べたように、真福寺から栄西の著作として『改偏教主決』『重修教主決』が発見され、『禅籍叢刊』一に収録された。この二書は、完全にばらばらになって、多くの函に断簡として散在していたのを、発見復原したものである。真福寺聖教資料は、約一万点に上る断簡まですべて保存され、伝えられてきた。それらの全点を調査し、記録する作業が阿部泰郎氏を中心に進められているが、本書のような例を見れば、断簡まで保存することの重要性が知られるであろう。本書では文献資料学の問題には深く立ち入らないが、一例として参考までに、これら二書の発見と復原の過程を記しておきたい。

二〇〇三年二月に真福寺大須文庫聖教特別展観が行なわれた際、それまでに発見されていた断簡一紙のみが展覧された。それは冒頭箇所で、『改偏教主決』の書名と栄西の名が見え、注目された。その後、それと紙質や筆跡の近い断簡が次々と出てきて、組織的に調査されることになった。牧野淳司・米田真理子・和田有希子・三好俊徳氏らとの共同の調査により、二〇〇八年九月までに七十八紙となった。

形状は、横長の紙を二つ折りして袋綴じにして、半面十一―十二行、一行約二十字で、墨の訓点（片仮名・返点）が付されている（一部に傍注と朱の合点）。全体は同筆と思われる。もともと紐様のもので綴じていたと思われるが、それがほどけてばらばらとなり、散乱したのである。保存状態は必ずしもよいとは言えず、虫食いや皺などで、読みにくいものが多かった。そこで、断簡が発見されると、別置して発見順に仮番号をつけて、リストを作成していった。しかし、『改偏教主決』の他に『重修教主決』という別のテクストが混在し、また、『教時義勘文』というテクストも入っていたことから、その選別が難しかった。

そこで、これらの断簡の所属を明らかにして、順番に並び替えることが大きな課題となった。一部は所属や順番が明確なものもあったが、全体を並べ替えるのは、なかなか困難であった。ところが、修復して紙の皺が伸ばされると、『改偏』と『重修』で紙の大きさがわずかだが異なることが分かった。即ち、縦二九・二～四センチ×横（半面）二六・三～七センチのやや大判のものと、縦二九・〇～一センチ×横（半面）二五・三～五センチのやや小判のものがあり、前者が『改偏』、後者が『重修』に当たることが分かった。そこで、すべての断簡がどちらに属するかが判定できた。『教時義勘文』は『改偏』と同じ形状であり、『改偏』と一連で合冊であったと考えられる。『重修』については、古い表紙が発見されており、『重修』だけで別に綴じられていたことが知られる。

次は丁順を確定することであるが、様々な観点から順序が明らかであったものを並べた上で、どうしても決められないところは文脈の続き具合や虫食いの形状によって、近い位置を推定していった。その結果、『改偏』（ならびに『教時義勘文』）四十四紙、『重修』三十四紙が、すべて正しく並べられ、復原されることになった。この順に従って読んでいくと、『改偏』は、『教時義勘文』も含めて、すべて現存し、『重修』のほうは、第十紙と第十八紙が一紙ずつ欠けていると考えられる。また、末尾が欠けているので、奥書がないのが残念である。二〇一三年に『禅籍叢刊』一に収録したのは、こうして復元されたものである。

書写の時期については、『改偏』と『教時義勘文』の末尾に、「建久九年初夏之比於高雄山□□写了／」とあって、建久九年（一一九八）に京都の高雄山神護寺で書写されたことが知られる。この筆写者については牧野淳司が考証しているが（科研報告書「『改偏教主決』と『初期禅宗聖教』の研究」所収、二〇一〇）、梵字の（rīṃ）が手掛かりとなる。南都と関係する真言僧と考えられ、その写本が東大寺東南院経由で真福寺に入ったものと思われる。『重修』の表紙には「憲照」の名が見えるが、別筆であり、伝領者と考えられる。

第四章　聖一派と禅密融合

はじめに　真福寺と聖一派・安養寺流聖教

真福寺を創建した能信（一二九一―一三五四）は、大須三流と言って、安養寺流・慈恩寺流・武蔵流の三つの密教の流派を受けている。慈恩寺流は関（亀山市）の慈恩寺（現在不明）の実済から、武蔵流は武蔵の高幡不動（日野市）虚空蔵院の儀海から伝授されている。それに対して、安養寺流は斎宮（松阪市）の安養寺と鳥羽の大福寺（現在不明）に住した寂雲から受けている。これらはいずれも東密の小野三宝院流に連なるものである（阿部、二〇一二）。

このうち、安養寺流は寂雲の師である安養寺の仏通禅師癡兀大慧（一二二九―一三一二）によって開かれた。癡兀は東福寺開山の聖一国師円爾（弁円）に学び、禅・台密・東密兼学で知られる。このようなわけで、大須文庫には、聖一派／安養寺流に関する聖教や印信が多数存する。それらのうちには、円爾に由来するもの、癡兀に由来するもの、寂雲に由来するものなどがあるが、とりわけ癡兀に由来するものが多い。それらのほとんどは密教関係のものであり、直接禅を主題とするのは、寂雲に由来する『禅宗九根機口決』だけである。しかし、詳細に見ていくと、密教関係のものでも、その中に禅への言及を含むものがかなりあり、禅密が融合し、あるいは密教の中に包摂されながら展開した禅の姿を示す貴重な資料群となっている。栄西の場合、禅と密を併修しながらも、両者を融合させる理論形成へとは向かわなかった。それに対して、聖一派系は、積極的に両者の融合を図った点に特徴がある。

このような禅の形態は、決して傍流的なものとは言えない。聖一派が京を中心に十三世紀の禅の主流を形成していたことを考えると、当時の禅は、従来考えられてきたように宗派化した形で、中国伝来のそのままに発展したわけではなく、密教と関係しつつ、日本独自の仏教の構造の中で大きく変容しながら展開したと考えなければならない。それ故、日本における禅の形成を考える上で、従来の定説は根本から見直すことが必要となる。真福寺の聖一派・安養寺流の資料群は、このように、日本禅の形成を考え直すために、もっとも基本となるものである。

『禅籍叢刊』では、第四巻「聖一派」の巻に、真福寺所蔵の聖一派・安養寺流の主要な文献を選んで収録する予定であったが、新出資料が膨大な量に上ったために、第一一巻を「聖一派続」として追加することとした。さらに第一二巻「稀覯禅籍集続」にもいくつかの重要な文献を収めたが、それでもまだ未収録の貴重な文献が多数残っている。

まず第四巻には、円爾関係のものとしては、もっともまとまった講義録である『秘経決』（瑜祇経見聞）を収めた。本書は『続天台宗全書』に収録されているが、必ずしも善本ではなく、真福寺本によってはじめて本格的な検討に堪えるテクストが提供された。ところが、その後それと一連の『瑜祇経見聞』第一が発見され、第一二巻に収めた。

癡兀関係のものとしては、『東寺印信等口決』と『灌頂秘口決』を収めた。『東寺印信等口決』は、醍醐寺三宝院流の口伝をもっとも簡潔にまとめたものであるが、その中に禅への言及が見られる。『灌頂秘口決』もまた、安養寺流の口伝をまとめたものであるが、巻下には禅と密教の比較をかなり詳細に展開している。また、歴史史料として『仏通禅師行状』を収録する。これは『続群書類従』に収められているが、真福寺本にはそこにない史料を含んでいる。さらに、「禅宗」を標題に含む唯一の文献である『禅宗九根機口決』（寂雲口決、能信記録）を収めた。参考として『十宗要道記』を収めたが、これは写本が不明ながら、現在、円爾の著作としてもっとも広く用いられているものであり、円爾を論ずる際にその検討が欠かせないと考えたからである。

第一一巻「聖一派続」には、癡兀関係としては、『菩提心論随文正決』と『大日経住心品聞書』を収録した。また、癡兀から能信へとつながる安養寺流の印信類を収録し、その継承を明らかにした。

さらに、第一二巻「稀覯禅籍集続」には、円爾関係として、『大日経義釈見聞』巻七・九、『瑜祇経見聞』第一、癡兀関係として、『三宝院灌頂釈』と癡兀の口伝を記した『密宗超過仏祖決』を収めた。『義釈見聞』は円爾の主著（講義録）とも言えるものであるが、保存状態が悪く、ようやく二巻分のみ復原、収録できた。『瑜祇経第一』一帖は文永十年（一二七三）の円爾の講義録であり、第四巻に収録した『秘経決』（瑜祇経見聞）の前年の講義である。さらに覚城院（香川県三豊市）から寂雲自筆の『密宗超過仏祖決』が発見され、癡兀から寂雲への伝授が明確化されるとともに、遠く離れた覚城院が真福寺を継承していることが知られ、中世寺院の大きなネットワークの存在が明らかになった。さらに、『逸題無住聞書』の新発見部分も収録されているが、これもまた円爾の講義録である。

このように、真福寺所蔵の聖一派関係資料のうち、主要なものを『禅籍叢刊』に収録することができた。しかし、円爾の『大日経義釈見聞』の残りの巻や、癡兀の『釈摩訶衍論見聞』など、重要な資料については収録できず、今後の課題として残された。また、五月雨式に発見された資料を順次刊行したため、その全体像の解明も今後に俟つところが大きい。

第一節　円爾――生涯・著作・思想

一、円爾の生涯

円爾（弁円、一二〇二―一二八〇）は、しばしば円爾弁円と呼ばれ、実際『聖一国師年譜』（日仏全）等には「諱弁円、字円爾」とある。しかし、後年、円爾を諱として用いており、近年は円爾弁円という呼び方は不適切とされる。『聖一国師年譜』（『年譜』）は、円爾自身の命で、弟子の鉄牛円心が事蹟を集めたものを、白雲慧暁門下の岐陽方秀が校正したもので、応永二四年（一四一七）の岐陽の跋文を有する（石山編著、二〇〇二は、元和六年（一六二〇）版に基づき、影印・翻字・現代語訳・年表を含む）。それに基づいて円爾の略年譜を本節末に表にして記す。ただし、『年譜』にある事績すべてを含むものではなく、主要な事蹟のみを記している。松波直弘は、円爾の活動を、(1)出生から入宋前（一二〇二―一二三五）、

(2)入宋から帰国・入京（一二三五—一二四三）、(3)京・鎌倉の帰依と東福寺落慶（一二四三—一二五五）、(4)東福寺経営から示寂（一二五五—一二八〇）という四期に分けているが（松波、二〇一一、五八頁）、ほぼ適切であろう。

円爾の禅の系譜を簡単に記すと、次の通りである（『東福寺誌』、一九三〇、六三頁）。

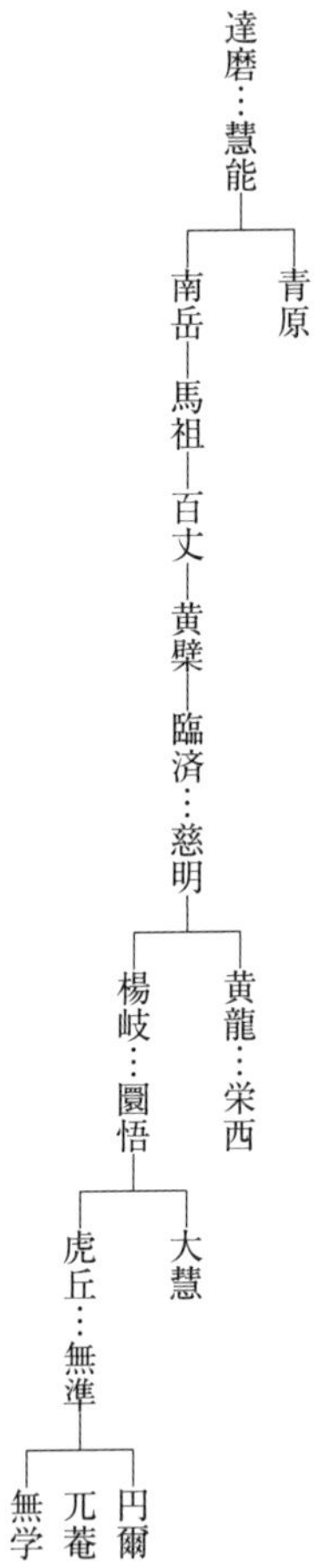

円爾の禅の性格としては、『年譜』ではしばしば『宗鏡録』の講義をしていることを伝え、また、無準から『大明録』を授けられたという。『大明録』は大慧の居士の弟子圭堂の編で、三教一致を説く。虎関師錬は『済北集』で厳しく批判し、『元亨釈書』の円爾伝でもその立場から、円爾が無準から『大明録』を受けたということを否定している。そのことはかえって、『大明録』の影響がそれだけ大きかったことを証する。

入宋以前の修学については、地元で暁弁を師とし、倶舎・天台を学び、園城寺で出家後、外教も学んだとされる。本格的な修学としては、長楽寺の栄朝に師事した。栄朝は栄西の弟子であるが、『年譜』に、「野州長楽寺に栄朝なる者有り。啻に三部の密法を伝持するのみにあらず、亦た禅戒を受け、教外別伝の道を聴く」と、密と禅で名声の高かったことが、師事した理由として挙げられている。また、久能山で見西に密教の伝授を受けている。見西もまた、栄西の弟子であり、禅密併修の立場を取っていた（『渓嵐拾葉集』巻七八、大正蔵七六、七六〇下。菊地、二〇一〇参照）。『年譜』には見えないが、他に安貞元年（一二二七）には、鎌倉の寿福寺で阿忍から密教を受けている（円爾自筆「聖一国師密授阿忍流記」、『東福寺誌』、一七頁）。阿忍もまた、栄西を受けている（菊地、二〇一〇）。このように、円爾に伝わった密教は、系譜的には基本的に台密谷流の系統で、栄西の葉上流を受け継ぐものと考えられる。

円爾の弟子としては、『年譜』では、東山湛照・無関普門・白雲慧暁・山叟慧雲・蔵山順空・無外爾然・無為昭元・月船琛海・癡兀大慧・直翁智侃・奇山円然・天桂宗昊・南山士雲・双峰・潜渓処謙・東洲至道・玉渓慧瑃・無住道暁・妙翁弘玄の名が挙げられている。ちなみに東福寺は、円爾を第一祖として、以下、東山・無関・白雲・山叟・蔵山・無為・月船・癡兀・直翁・南山・双峰・潜渓・天桂まで円爾の直接の門下が住持となり、その後、東山門下の虎関師錬が引き継いでいる（『東福寺誌』、一二一一七頁）。

ところで、『年譜』は禅僧としての円爾を表に出すために、密教については必ずしも詳しくない。しかし、それでも栄朝や見西からの伝授が記され、また、臨終近くに普門・慧暁・爾性の三人に対して灌頂会を行なったということを見れば、密教的な活動が無視できない重要性を持っていたことが知られる。

この最後の灌頂に関しては、栗棘庵に円爾から慧暁に与えられた印信群が現存することから確認されている（菊地、二〇一〇）。

このように円爾は密教に深く関わっているところから、禅として不徹底な兼修禅だという評価や、密教は禅を広めるための方便に過ぎないというような理解を生むことになった。しかし、そのような見方は、近年否定され、円爾における密教や諸宗兼学を肯定的に捉え直そうという機運が強くなっている。以下、その点をも含めて、もう少し円爾の思想に立ち入って検討したいが、その前に円爾の著作を概観しておきたい。

二、円爾の著作

円爾は多方面の活動をなし、必ずしも著作家ではなく、まとまった著作は少ない。しかし、語録や講義の聞書を含めると、いくつかの重要なものが知られており、それを通してその思想をうかがうことができる。従来知られていた円爾関係の著作（講義録や語録を含む）としては、『聖一国師語録』『聖一仮名法語』『十宗要道記』『大日経見聞』『瑜祇経見聞』がある。これらのうち、真福寺聖教の中には、『大日経見聞』と『瑜祇経見聞』（『秘経決』）がある。それ以外に、従来未紹介の重要な講義録として『大日経義釈見聞』がある。これらは、いずれも密教関係のもので、癡兀がその伝授に関わっており、安養寺流の流れを通して真福寺に伝わったものと知られる。さらに、思いがけずに断簡が発見されたものとして、

『逸題無住聞書』がある。これは無住が円爾の講義を聞いた聞書で、無住の資料として重要であるとともに、円爾の講義の実態を知るうえでも注目される。これらは密教に関するものであるが、後述のように、禅密関係に関する重要な記述が見られる。『大日経（疏）見聞』は、日本大蔵経に収録出版されているものと基本的に同じであるため、『禅籍叢刊』への収録を見送り、『秘経決』（一一―一五）、『大日経義釈見聞』（一六―一九）（部分）を第一一巻に収録した。『無住聞書』は第五巻に収録したが、その後発見された断簡は第一二巻に収録した。

これらの円爾の著作は、三つの部類に分けることができる。即ち、A・諸宗論、B・禅に関するもの、C・密教に関するものである。それらを以下に概観しておきたい。

なお、書名のみ知られるものとして、『三教要略』を文永五年（一二六八）に撰述し、久我道基に与えたという（『年譜』）。その学が諸宗を超えて外典に及んでいたことが知られる。没年の弘安三年（一二八〇）には『三教典籍目録』を編んでいる。

A・諸宗論

1、『十宗要道記』一巻（『禅籍叢刊』四）

円爾の唯一の体系的な著作である。序に当たる箇所に、「居士有り、略《ほぼ》一乗実相を悟解して、宗宗の要道を聞かんことを請ふ。……故に粗《あらあら》門要を記す」とあって、一居士の求めに応じて記したものであることが分かる。奥書に「東福聖一国師制述」とあることから、円爾の著作として扱われてきた。原本は高野山宝亀院にあるというが、現在は確認されておらず、雑誌『禅宗』二一〇号付録（一九二一）として、上村閑堂校訂翻刻本があるのみである。日本古典籍総合目録には、松ヶ岡文庫にも写本があるように記されているが、実際に所蔵されているのは『禅宗』所収本である。『禅宗』翻刻本は、寛正二年（一四六一）の春渓叟（春渓洪曹か）の奥書を有する。本書の成立について、『東福寺誌』では、建治元年（一二七五）に入れているが、「年頃」としており、必ずしも根拠のあることではないと思われる。

本書は、書名の通り、旧来の顕密八宗に浄土宗、仏心宗（禅宗）を加えた十宗の概論であり、従来、円爾の思想を考察する際に基準とされてきた。ただし、密教関係の著作が明らかになった以上、それらの思想との整合性が問われなければならず、再検討が必要とされる。

B・禅に関するもの

2、『聖一国師語録』一巻（大正蔵八〇・日仏全）

師錬の編纂になり、「聖一国師住東福寺語録」「法語」「賛」（仏祖賛・自賛）、並びに無準師範・西巌了恵の消息を収める。いずれも漢文。大正蔵・日仏全はともに、文政一二年（一八二九）版本による。古典籍総合目録によると、元和六年の古活字本があるというが、中世に遡るものはないようである。定型的な表現が多いが、法語には思想として注目されるものがある。例えば、「示智目禅人」では、禅の機を第一機、第二機、第三機の三種の機に分けている。また、「示禅人」では、坐禅方便と直示方便の二つの方便を挙げている。このように、注目されるところはあるが、禅密関係などに説き及ぶところはないので、以下では立ち入らない。

3、『聖一仮名法語』一巻（禅門法語集）

『坐禅論』とも言い、終りに「聖一国師密開示九条大臣坐禅論終」と書かれている。それによれば、九条道家に与えた法語ということになる。写本としては、室町時代にさかのぼるものがあるという。問答形式で、「諸仏すでに此門に安住し、菩薩も亦行じて此道に入る」、あるいは「禅の一法は一切諸法を備へたり」などと、坐禅が仏道の根本であることを述べる。また、「本有の仏性」を重視し、「真に無心を得るときは、三界六道、浄土穢土も更になく、仏衆生一物もなし」と「無心」を説き、「寂滅為楽とは、仏も無心なり、衆生も無心なり、山河大地、神羅万像皆無心なり。一切衆生皆無心なるときは、地獄も無心なり、極楽も無心なり、喜もなく、亦憂もなし」と、すべてが無心になるとしている。

C・密教に関するもの

4、『大日経見聞』一二巻（日本大蔵経）

日蔵本では、巻一（住心品第一上）に以下の奥書がある。

右見聞者東福寺開山国師御談義前住東福仏通禅師御自筆之本也云云

正中二年乙丑之暦六月二日書写之即一交了正本伊勢国多気郡上野

御薗安養寺開山塔頭経蔵被納之云云　沙門　能信

至徳元年六月四日於宝生院書写了　　広範

書本云

文永九年十月六日於東福寺方丈午時始之宰相已講発起之云云

教王経解題云五智十六智及二十七智乃至塵数仏智斯乃一仏一衆生之徳也文

巻二は、講義は文永九年十月二十日畢で、書写は正中二年六月十三日であり、広範の書写は至徳元年六月十一日になっている。巻三から巻一一まで奥書を欠き、巻一二では、「右見聞者……」は同じで、能信の書写は八月二十八日になっている。広範の書写歴はなく、最後に、享保二〇年（一七三五）に貞幹山が書写した旨、記されている。

従って、この底本は享保二〇年写本であるが、そのもとは、正中二年（一三二五）能信書写本であり、安養寺の癡兀の塔頭経蔵本に基づくことが知られる。この頃、安養寺塔頭の癡兀の経蔵本からの書写が寂雲の指導で組織的に行われており、その一環として書写されたことが知られる。さらに、そのもとは、円爾の文永九年（一二七二）の講義を癡兀が筆写したものである。

日蔵本は、このように近世の転写本であるが、そのもととなるものは真福寺に現存している。『真福寺文庫撮影目録』によると、『大日経見聞』は三部あり（同書、一九、五二〇、六六五頁）、『大日経疏見聞』とあるものが二部ある（一六、六六四頁）。ただし、これらがすべて別のものであるかどうか確認できず、確実にあるものは、『大日経見聞』一〇巻（一〇―一〇）ならびに『大日経疏見聞』一〇巻（一〇―一二）である。日本古典籍総合目録もこの二部を採録している。後者は表紙に「良賢」とあり、前者の転写本と考えられる。従って、前者がいちばんの祖本ではないかと考えられる。ただし、今後さらに検討を要する。本書には、禅への直接的な言及はほとんどない。

5、『大日経義釈見聞』（『禅籍叢刊』一二）

『大日経義釈見聞』は、大部のものであり、きわめて重要であるが、保存状態が悪く、すでに早い段階でばらばらになっていたものを、後に順不同に綴じ直したために、ひどい錯簡になっていて、そのままでは読めないところも多い。幸い禅に関する記述の多い巻七、九はまとまって残っているので、『禅籍叢刊』一二に収録した。なお、『義釈見聞』の講義は文永七年（一二七〇）であり、その後、文永九年（一二七二）に『大日経（疏）見聞』の講義がなされている。両者の比較は今後の大きな課題である。例えば、『義釈見聞』では禅にかなり言及がなされているのに対して、『大日経（疏）見聞』では少なくとも表面的には禅への言及がない。このような点は、さらに検討が必要である。

6、『瑜祇経見聞』第一（『禅籍叢刊』一二）、『瑜祇経見聞』第二（『秘経決』）（『禅籍叢刊』四）

真福寺本は、第二のほうは『秘経決』として知られていた。巻頭に「文永十一年（一二七四）三月廿五日始之」とある。奥書によると、嘉暦二年（一三二七）の写本で、無量寿寺で能信が書写しており、師（寂雲）の言葉として、「此見聞、先師仏通禅師大和尚、面授于東福開山聖一国師本也」と、癡兀が円爾から面受した記録だという。さらに、「然間、南山北嶺両流大事、相交被口決之」とあって、秘書とすべきことを記している。

『秘経決』は『瑜祇経見聞』として、『続天台宗全書』に収録されているが、京都大学所蔵の新しい写本である『聖一国師秘書』(蔵教書院本、日蔵未刊)に基づいているために、脱文も見られる。ただ、それにもこの奥書があり、また、巻末に移されているが、「文永十一年三月廿五日始之」云云の文句もあるので、もとは真福寺本に基づくものと考えられる。真福寺本の上欄外注は、本文中の割注に変更されているが、ほぼ一致するようである。

『瑜祇経見聞』第一のほうは新たに発見されたもので、「本云」として「文永十年四月二日始之」とあって、第二の前年の講義であることが分かる。内容的にも二年連続になっていて、一年目に各品の概要まで進め、二年目にはそれを引き継いで限定した問題を論じている。本書には、円爾の密教説がもっとも整理されて説かれている。また、その中に禅との関係をうかがわせる箇所もあり、円爾の思想を考える上で、重要なテクストである。

円爾が、台密の立場で金胎両部の統合を説くとされる『蘇悉地経』でなく、東密系で重視された『瑜祇経』を用いていることは一つの問題を提起する。阿部泰郎も指摘するように(阿部『瑜祇経見聞』第一解題、『禅籍叢刊』一二)、本講義には、寺門派・東密・栄西などのさまざまな流派の説が提示されていて、円爾の総合的な学風がうかがわれる。

7、『逸題無住聞書断簡』(『禅籍叢刊』五、一二)

断簡として出てきたために、書名が知られないが、最後の奥書のところが残存していて、成立の経緯が知られる。即ち、「本云、文永八年辛未（一二七二）二月廿一日、談了」とあって、その後に四行の文があり、「金剛生道暁生年四十六」として、筆記者が無住道暁であることが知られる。それが、円爾の講義の記録であることは、最後に李長者（李通玄）の引用があり、「東福開山、常付口令誦給キ」とあり、「東福開山」である円爾のことと知られる。ただし、無住自筆本ではなく、「于時、永仁四年（一二九六）七月二日、以木賀前方丈草案本、書写了。／金剛照生年三十五」とあるので、その門弟による書写と考えられる。

「教主事」という項目に、「今経自受用中台身所説也。……ユキ（瑜祇）自性身説也」（『禅籍叢刊』五、四六八頁）とあるところから、『瑜祇経』と区別された「今経」は『大日経』と考えられる。それ故、『大日経』を『大日経疏』（あるいは『義釈』）によって解釈しているものと思われるが、話題は多方面にわたり、必ずしも経を随文的に解釈しているわけではない。禅の『永嘉集』への言及もある（同、四九七頁）。

無住の断簡はかなりの数が出てきたとはいえ、なお断簡に留まって全貌が見えないこと、癡兀の記録が数が多く、かなりの信頼がおけるのに対して、その信頼度が確認できないこと、などの問題が残る。しかし、その内容を検討してみると、無住が勝手に自説を述べたというよりも、円爾の講義をそのまま記したと見られ、慎重な態度は必要だが、ひとまず円爾の説として扱ってよいように思われる。ただし、癡兀の筆録が整然と整理されているのに対して、それが欠けている私的なメモの感じが強い（なお、本書を中心として、中世禅の形成を概観したものとして、和田、二〇二二がある）。

以上、密教関係の講義録の年代を追ってみると、晩年、円爾がどのような講義を行ったか、かなり明らかになってくる。即ち、文永七年（一二七〇）から同一一年まで、五年間の講義録が揃い、その内容が明らかになった。年代順に並べると、以下のようになる。

文永　七年（一二七〇）　六九歳　『大日経義釈見聞』
文永　八年（一二七一）　七〇歳　『逸題無住聞書』（『大日経』中心）
文永　九年（一二七二）　七一歳　『大日経見聞』
文永一〇年（一二七三）　七二歳　『瑜祇経見聞』第一
文永一一年（一二七四）　七三歳　『瑜祇経見聞』第二（『秘経決』）

即ち、癡兀の筆録が四年分あり、その欠けている年をうまい具合に無住が記録していることになる。円爾の講義はこの時期だけではなかっただろうが、この期に集中して残っているのは、この頃筆録者として有能な癡兀が円爾の膝下にいて記録を残したということであろうか。

伊藤聡の言うように（伊藤『大日経義釈見聞』解題付論、『禅籍叢刊』一二）、真福寺に伝来した安養寺流の聖教は、一つは金剛院流実賢方の法脈の事相書であり、もう一つは円爾と癡兀の講義録である。円爾に由来する事相書がないのに、教相面は円爾の講義が模範とされ、それに則って代々講義が続けられることになる。この点も興味深い。

三、円爾の思想

1、一智法身と無覚無成

以上、円爾の著作について概観した。そこで、それを基にして、円爾の思想を、とりわけ禅と密教の関係を中心にうかがうことにしたい。

円爾の密教思想として、近年、「一智法身」の説が注目されている（水上、二〇一七）。これは、五智如来としての大日如来を超える絶対尊的な性格を持つものである。例えば、『大日経見聞』巻一の冒頭部では、次のように言われている。

師云く、此の毘盧において二有り。所謂、一には一智毘盧。此は是れ本地能加持身なり。二には五智毘盧。此は是れ中台尊所加持身なり。一智身は、両界未分の導、通体総相の毘盧なり。全く境智・能所の殊なく、迷法に非ざる故に、但だ号して智と曰ふなり。（日蔵鈴木版二六、三二六頁）

このように、一智身は、両界未分であり、境智・能所の別を超えた絶対智とも言うべき仏身である。それとともに、同巻十二で、教門と観門を分けていることも注目される。

諸宗の教門は、各、其の機根に随ひて、先ず无始の着想を除くなり。……次に観門は、各、入観縁寂の時、皆各、所談所稟の法義を絶するなり。（同二七、一八二頁）

と、観門の究極においては、「言亡慮絶」であり、さまざまな区別が超越されるという。そこでは、有相の月輪を超えた無相の月輪に達することになる。

『大日経見聞』では直接禅は説かれないが、巻一二のいちばん最後のところは注目される。そこでは、「若し爾らば、未だ唯理随縁の相を発せず、未だ四重円壇の形を開かざる以前に、開悟得入の者有りや」という問いに対して、「然るべし」と答え、それは天台でいう「暗証（の禅師）」にならないかという問いに、鈍根の者はそうなるが、「若し利根頓入の者有りて、未だ一法を開かざるの処に於て正智を開き、頓に自証の実地に入るは、豈に暗証なるべけんや」（同、一八四頁）と、根源未分の処を頓に証する可能性を認めている。これは「暗証」ならざる禅師ということになり、そこに禅の可能性が示唆されているということができる。ただ、『大日経見聞』では、それ以上、積極的に禅の問題を扱っていない。

『秘経決』（『禅籍叢刊』四）では、「方外一智本地身」とか、「方外本地一智身如来」などと呼ばれ、その性格は、「一智身とは、依正未分、能所未分、生仏未分、迷悟無二、自他・彼此、全一不分の独一物体身」（一二ウ）と言われて、その絶対的な性格がより強く表現されている。即ち、「一智身の外、更に一法なし」なのである。

ところで問題は、「一智本地自証」の他に「本地無相自証」（一六ウ）を立てていることで、これについては、次のように言われている。

本心とは、則ち是れ自性清浄心、阿字字義無覚無成の菩提の実義なり。不現無相月輪に例する、是なり。此の本心の体、顕教の至極、密教の本文なり。生仏未分の処、全く種三尊の義なく、菩提の名義なし。（二二オ）

この「無覚無成の菩提」は、「独一惣体」の「一智法身」とも違い、名づけることのできない状態であり、「有相門」に対する「無相実義」（九ウ）とも言われる。この分け方は、後述の『無住逸題聞書』の説と合致する。上欄外注ではそれを、「一智法身」に対して「平等智身」として区別しているが、この注は円爾自身の意図というよりも、筆記者である癡兀に依る可能性が大きい（『大日経見聞』においても、円爾と筆記者癡兀との間に思想的な相違が見られるという。弘海、二〇一〇）。なお、次のような問答も注目される。

若し亦、此の自性の法身に於て未だ一字を起さざるの時、直に宗を立て機を摂する有りや。答。文字を立てずして、直に人心を指すとは、則ち此なり。（二四オ）

「不立文字、直示人心」と言われているのであるから、ここで言われているのが禅であることは確実である。

以上から分かることは、「一智法身」が必ずしも究極とは言えず、さらにその先の「無覚無成の菩提」が考えられているらしいことである。これに関して、『大日経義釈見聞』の未翻刻箇所には、「自性一智身」はなお「成仏の外迹」であり、その極まるところに「凝然无相の処、真如理智の体」を立てるという説が見える。ただし、未翻刻で今確認できないので、再度の調査検討を待ちたい。

『義釈見聞』に関しては、次項でもう少し検討したいが、ここでは、『無住逸題聞書』において、「今経重々大意図」として、次のような図が記されている箇所に注目したい（『禅籍叢刊』五、四七八頁）。

一、今経重々大意図

無覚無成
無相菩提𑖀字義也
無知解々　無教
真如理智
元旨非真言教

自證菩提真言教根本
一法界身　字相
一智身𑖀字也
能加持於不生際
無相也、布教発
実相真言教也。

所加持
皆自性会也
所現八葉中台◯
内證

皆内證
三乗六通
已上果海
本地身

これによると、最も低い段階は「三乗六通」である。これは三乗（声聞乗・縁覚乗・菩薩乗）の中の六通（六神通）ということで、いわゆる雑密の段階ということができる。その上が、「所現八葉中台」の大日であり、これが通常考えられる密教である。「八葉中台」は胎蔵界の中台八葉院であり、その中心の大日である。「所現」「所加持」と言われるのは、その上の「一智身」から顕わし出されたものということである。

そこで、その上に「一智身」が位置することになる。それは、「自証菩提真言教根本」の「一法界身」であり、𑖀字で表わされる。それは「能加持」であり「不生際に於て無相」である。それを超えたさらに上に「無相菩提」が立てられるのである。即ち、一智法身を超えた悟りの根本は、「無覚無成」の「無相菩提」であり、それは、𑖀字そのものでなく、「𑖀字の義」であり、𑖀字によって意味されるものである。それはまた、「真如理智」とも言われ、「元旨非真言教」とも言われている。

この「無覚無成」の「無相菩提」をどのように見るかが問題になる。「非真言教」と言われているので、密教を超えたものと見るべきであろうか。また、それは禅の悟りのようにも読める。そうとすれば、禅は密教を超えた境地に達し得るということで、禅が密教の上に立つことになる。

しかし、そう簡単には言えない。「非真言教」というのは、「言語化された真言教ではない」ということであるから、真言教の根源となるものであり、密教の根源であることを否定するものではない。そもそも「無覚無成」という語は『大日経疏』六に見える。「我覚本不生とは、謂く自心本より以来不生なるを覚れば、即ち是れ成仏す。而も実には無覚無成なり」（大正蔵三九、六四六中）と言われている（大久保良峻氏のご教示による）。究極の立場が禅か密教か、これは後ほど改めて考えてみたい。結論的に言えば、円爾は禅と密教とを密接に関係するものと見、密教の究極の境地を「無覚無成」の「無相菩提」に見ると同時に、その境地に一気に達しうるものとして禅を評価していたのではないかと推測されるのである。

以上、晩年の講義録における禅密関係を見てみた。最後に『十宗要道記』について触れておきたい。『十宗要道記』では、序論部分では、華厳・律・成実・倶舎・三論・法相・真言・天台の八宗に浄土宗・仏心宗の順に十宗を挙げ、それを律門・教門・禅門に分けている。本論はこの三門に従って論ずるが、権大乗・実大乗の後に真言宗を出し、さらに浄土宗を取り上げた上で、最後に仏心宗を論ずるという展開になっている。晩年の講義と較べる時、浄土宗が大きく取り上げられていること、密と禅が必ずしも融合せずに別立されていることなど、やや相違するところがある。しかし、真言宗の中で、四種の大日を立てるところなどは、上記の無住の聞書に通ずるところがあり、講義録の説と矛盾するわけではない。晩年、仏教外をも含んだ三教論を説いていることも考えると、仏教内の諸宗について概説したことがあってもおかしくない。

2、『義釈見聞』に見る教判と禅密論

そこで、『義釈見聞』巻七、九（『禅籍叢刊』一二）に見える円爾の教判、とりわけ禅密関係についてもう少し詳しく見てみたい。巻七によると、究極の悟りの境地は「菩提実義の無覚無成」と表わされる（二八ウ以下）。即ち、そこではもはや覚り（悟り）ということもなく、成仏ということもない。このことは、「諸大乗経浅深無異の処なり」（二八ウ）と言われるように、すべての大乗に共通し、そこには差別がない。何故ならば、「此の実際に於ては、大小権実顕密禅教の宗旨・教門、惣じて其の道を絶し、永

く其の名なし」（同）と言われるように、すべての言説を超えているので、どのような表現も不可能となる。しかし、「此の菩提の実義にして、実に無覚無成の体性に、摂機の道を開き、立宗の風を伝うるに、更に浅深を生じ、巧拙を起す」（二九オ）のであり、「摂機」のために宗を立てるところに浅深や巧拙が生まれることになる。

その際まず、「此の無覚無成の処に於て、単伝直指を以て宗と為す」（同）のが「教外の宗門」である。即ち、教外の禅宗は「理致・機関、同じく直面の提示」（同）であって、理致や機関という方法を用いるが、直接に無覚無成の境地を提示するので、「霊利物外の人に非ざるよりは、更に徹底承当の分無し」（同）である。即ち、とりわけ鋭利で優秀な人でなければ、それによって悟ることはない。

他方、密教はどうであろうか。「真言秘教は、此の無覚無成の処に於て、方便の道門を施し設く。所謂字・印・形を以て宗と為す、是なり」（二九ウ）と言われるように、種子・印契・尊形という方便を設けるところに、その特徴があるという。これらは、「成仏の外迹」であって、「菩提の実義、無覚無成の体には非ず」（三〇オ）と言われる。

これだけだと、直接に無覚無成の境地を示す禅のほうが密教より上に位置づけられるように見えるが、必ずしもそうとは言えない。「今、此の真言密教の意、字・印・形等の方便を仮りずして、直に菩提の実義を以て宗となし、無覚無成の処に至る者有りや」という問いに対して、「然るべし」と答える（三〇ウ）。即ち、密教でも菩提の実義である無覚無成のところに達する者はあるというのである。

そこで、密教では「頓入直証の者の為に、云何が応に無相の法を説くべきや」（三五ウ）という問いが立てられるが、それに対しては、「大智勝恵の者は、有相の方便を聞きて、直に無相の法に入る。是を以て、有相の外に更に無相の説を設けず」（同）と、特別に無相の法を説くことをしないと答えている。禅宗の直指と異なり、密教では無相を直接説くことはしないが、大智勝恵の優れた機根の人は、密教の有相の教えによっても直ちに無覚無成の境地に達することができるというのである。

以上のように、円爾は究極の無覚無成の境地は、大小権実顕密禅教のどれも同じであり、そこに差別はないと見ながら、そこに至る道筋の立て方によって諸宗が分かれ、優劣が生ずると見ている。また、無相を直指する禅と有相の方便を説く密との優劣は必ずしもはっきりと付けられていない。

なお、巻七では、天台と華厳の優劣に関しても論じられている。「華厳の十仏盧遮那の境界、果分不可説の法門は、真言密教に説く所の諸仏内証の無尽荘厳の諸法と同異如何」という問いには、「是れ同にして異なし」（五〇ウ）と答えているが、華厳の性起と天台の性具とでは、「天地雲泥」（五一ウ）の違いがあるとして、天台のほうを高く評価する。華厳の性具は「普賢因海の所談」（五三オ）であり、「法花迹門の意」（同）だと、低く見る。天台を華厳の上に置くところには、天台の出身である円爾の立場が示されていると考えることができる。

それでは、天台では具体的にどう説かれるのか。天台では、迹門・本門を分けた上に、さらに観心を立てるが、円爾は「本・迹二門の時は、仏法甚だ高く、衆生法甚だ広し」（五七オ）と、仏法と衆生法の区別があるのに対して、「観心大教の時は、此の高広の他土他仏を以て、直に己心の一念に置く」（同ウ）として、観心を高く評価している。爾前（『法華経』以前）・迹門・本門・観心は、日本天台の本覚門の四重興廃でさらに発展することになるが、円爾の観心評価もそのような動向と無関係ではないであろう。なお、このような観心の立場が、密教や禅とどのような関係にあるかは、必ずしもはっきりしない。

以上、『義釈見聞』巻七における円爾の教判論をやや詳しく検討してみた。従来、円爾の教判論と言うと、『十宗要道記』によって論じられるのが常であった。『十宗要道記』もおそらく円爾の著作と認めて問題ないが（和田有希子『十宗要道記』解題、『禅籍叢刊』四）、原写本が不明の状態であることを考えると、まず『義釈見聞』などの講義録をもとにして円爾の説を考え、それと比較しながら『十宗要道記』を用いるのが適当のように思われる。

3、『無住聞書』における禅密論と圜悟の引用

『逸題無住聞書断簡』についても、もう少し検討しておきたい。その中の図（本書、二四八頁に引用）が円爾の思想を的確に表わしていることはすでに指摘した。その図は『義釈見聞』の説とも合致する。後に発見され、『禅籍叢刊』一二に収録された無住の断簡にも、それと関連して注目される箇所がある。それは、その最後の一段である。

一、真言教極意𑖀字也。若直入真如理智一、是非真言教一也。無相而現相、不生而生ヨリ以降、真言教也。
能々可分別云云。

（真言教の極意は𑖀字なり。若し真如の理智に直入すれば、是れ真言教に非ざるなり。無相にして

相を現じ、不生にして生ずるより以降、真言教なり。能く能く分別すべし、云云）

これはまさしく先の図に合致する。これによると、真言教の究極は阿字であるが、それを超えて真如の理智に直接入れば、もはや真言教と言えない。それは言語化された「教」ではなく、先の図で言えば、「阿字の義」である。その無相のところから相を現ずるところに真言教が成り立つというのである。この究極は真言教でありながら、真言教では表わされない。これを直指するのが禅ということになる。それならば、禅は真言教を超えているかというと、そう簡単には言えないようである。『義釈見聞』巻七に述べられているように、この「無覚無成」の境地は真言教では表現できないものの、利根の者は真言教からこの境地に達することはありうるからである。それ故、「真言教に非ず」と言われながらも、それが「真言教の極意」とされる矛盾的な表現が成り立つのである。この点で『義釈見聞』と『逸題無住聞書』とは一致している。そこから、この説は筆記者の癡兀や無住の私見ではなく、もととなる円爾の説を述べていると認定できる。

ところで、『逸題無住聞書断簡』では、この後に「円（圓）悟禅師上堂」の語が引かれている（『禅籍叢刊』一二、六一六―七頁。『圓悟語録』三、大正蔵四七、七二三下）。これは、一切の言語を超脱した絶対的な第一機と、そこから発して、「無言の処に言を演じ、無相中に相を現ずる」第二機を対比するものである。これは、まさしく円爾の言う「無覚無成」の境地と、それを有相的に示す真言教とに該当することになる。それ故、圜悟の引用は本文と無関係のメモではなく、その前の項目の論拠を挙げたものと理解される。圜悟については、『義釈見聞』巻九にも、「有機関、有理致、機関者、或示円相」（一二五オ）という『圜悟心要』の語（続蔵六九、四五六上取意）を引いており、円爾が重視していたことが知られる。

当時の日本の禅で圜悟が重視されたことは、第一章に述べたとおりであり、この後凝兀でも自説の重要な論拠として用いられる。ただし、用いられるのは『語録』と『心要』であって、『碧巌録』は用いられていない。他方、円爾は大慧を引くことはないようである。それに対して、能忍系と考えられる『禅家説』（『禅籍叢刊』三）では、『圜悟心要』とともに、『大慧語録』や大慧の弟子の『如々居士語録』から引用がなされているので、両者の系統でやや異なるところがあるようである。

円爾年譜（『聖一国師年譜』による）

年号	西暦	年齢	事蹟
建仁二	一二〇二	一	駿河国安部郡藁科に生まれる。姓は平氏、母は税氏。
建永元	一二〇六	五	久能山に登り、堯弁の室に入り、『倶舎頌』を学ぶ。
建保元	一二一三	一二	『法華玄義』を学ぶ。
五	一二一七	一六	『法華文句』『摩訶止観』を学ぶ。
承久元	一二一九	一八	園城寺で剃髪。東大寺で受戒。
二	一二二〇	一九	京都で孔老の教えを聴く。
承応二	一二二三	二二	上野の長楽寺で栄長（栄西の弟子）に密・禅・律を学ぶ。
元仁元	一二二四	二三	久能山に戻り、見西阿闍梨から密教の伝授を受ける。
嘉禄二	一二二六	二五	相模の寿福寺の行勇（栄西の弟子）のもとに寓す。鶴岡八幡宮で八講会の講師を依頼されるが固辞。

寛喜二	一二三〇	二九	長楽寺に戻り、栄長に仕える。
天福元	一二三三	三二	禅を学ぶために入宋を志し、博多に着く。
嘉禎元	一二三五	三四	四月平戸を出航、明州に到着。天童山を経て、径山に登り、無準師範（仏鑑）に師事。
二	一二三六	三五	藤原道家が夢に東福寺建立を見る。
三	一二三七	三六	仏鑑が法語で円爾の求法を讃える。
暦仁元	一二三八	三七	道家、法性寺で出家。仏鑑の頂相を描き、讃を得る。
延応元	一二三九	三八	慶性の比良山神託により、道家、東福寺の建築を始める。
			徳如侍者、仏鑑行状を記し、円爾に言及。
仁治二	一二四一	四〇	仏鑑、宗派図を円爾に与える。また、楊岐の法衣、大明録を与える。五月、明州を船出し、高麗を経て、七月に博多着。湛慧の伽藍を譲られ、崇福寺とする。栄尊の水上教院を譲られる。
三	一二四二	四一	仏鑑に書状を送り、返信を得る。径山の火災を知り、謝国明に勧めて千板を送る。博多に承天寺を開く。
寛元元	一二四三	四二	仏鑑に書状を送り、返信を得る。太宰府の智山寺の僧徒が承天・崇福寺を壊そうとしたので、両寺を官寺とする。円爾の名声が都に聞こえ、道家の請により入京。聖一和尚の号を得、東福寺第一世となる。書を仏鑑に送る。
二	一二四四	四三	書を仏鑑に送り、答書を得る。道家に法語。上野の長楽寺で、栄朝に会い、帰路、駿河で母に会う。
三	一二四五	四四	宮中で宗鏡録を講ずる。
四	一二四六	四五	東福寺が未完成なので、道家は普門寺に円爾を住まわせる。兼経の命で宗鏡録を講ずる。
宝治元	一二四七	四六	栄朝没。
二	一二四八	四七	承天寺火災。博多に行き、謝国明の援助で復興。
建長元	一二四九	四八	仏鑑没。北条時頼、建長寺をはじめ、蘭渓道隆を第一世とする。維那の心地覚心に入宋を勧める。法相宗良遍、真心要訣を著わし、円爾が序を書く。三論宗の回心、二諦義を著わし、円爾の答を標準とする。
二	一二五〇	四九	五月、母没。
三	一二五一	五〇	戒壇院円照、禅戒を受ける

四	一二五二	五一	後嵯峨上皇が召すが、眼疾により辞す。道家没。
五	一二五三	五二	三林長老、師の肖像を描き、讃を書く。片眼失明。
六	一二五四	五三	冬、関東へ。途中、一円（無住）を督励。寿福寺に居し、時頼に禅戒を授け、問答。
七	一二五五	五四	帰京。藤原実経の書写した経典を径山に喜捨させる。天童山住持西巌了恵、それを讃える記を石に刻む。実経、東福寺落慶に際し、釈迦大像を寄進。
正嘉元	一二五七	五六	後嵯峨上皇等に授戒。無象静照の書状を受ける。時頼の請で大明録を講ず。建仁寺の住持となる。東大寺の幹事職の勅令を得るも固辞。寿福寺で叢林礼を講ず。
二	一二五八	五七	建仁寺復興。東福寺仏殿北廊完成。
正元元	一二六〇	五九	泉涌寺慧暁、円爾に修行の心要を問う。兀菴普寧来朝。西巌了恵の書状届く。
弘長元	一二六一	六〇	兀菴が建長寺の住持となったことを賀して訪問。清見寺の完成を賀す。
二	一二六二	六一	北条時頼、兀菴に参ず。備中の朝原塔の慶賀に赴く。
三	一二六三	六二	時頼没。
文永元	一二六四	六三	鎌倉に赴き、兀菴を請して時頼のために陞座普説せしむ。
二	一二六五	六四	藤原実経の荘園寄進により法成寺大殿造立。天王寺幹事職。
四	一二六七	六六	藤原兼経に授戒。勅命で尊勝寺幹事職。藤原良実、入山しその請で陞座。秋に黄痢となるも冬癒える。空明上座に示す法語。
五	一二六八	六七	藤原実経、常楽菴を造る。源（久我）基具に三教要略を呈す。諫議菅原為長と儒仏の優劣を論争し論破。
六	一二六九	六八	東大寺幹事職に就く。
八	一二七一	七〇	叡山の静明を教化。東福寺の法堂等造立。西礀子曇、来朝し、応対。足利満氏に請され三河実相寺第一世となる。
九	一二七二	七一	後嵯峨上皇に臨終説法。
十	一二七三	七二	東福寺法堂落慶。亀山上皇に授戒。
十一	一二七四	七三	法皇に再度大乗戒を授く。
建治元	一二七五	七四	真修菴主に法語を示す。亀山上皇に三教旨趣を説く。
二	一二七六	七五	後深草上皇に授戒。亀山上皇、修行心要を問う。
弘安元	一二七八	七七	西礀、宋に帰り、円爾に書簡を寄す。

二	一二七九	七八	智侃侍者（直翁）に法語を与え、頂相に讃。子元（無学）祖元、来朝し、迎える。頂相に讃をして、蔵山順空、東山湛照に与える。
三	一二八〇	七九	二月、微疾。四月、法性寺五大堂建立。五月、病む。頂相に讃をして弁雅首座と奇山円照と正堂俊顕に与える。本地房俊顕に常楽菴と普門院を託す。六月二日、常楽菴に移る。亀山上皇、医師を派遣。六日、三教典籍目録を作り、普門院書庫に置く。九月十五日、東福寺年月日須知簿を記す。十月朔日、衆を集め説法。十月十五日、普門等に灌頂を授ける。十六日、越後より無伝聖禅が駆けつけ、相見。十七日朝、禅床に坐し、遺偈「利生方便、七十九年、欲知端的、仏祖不伝」を記して入寂。

第二節　癡兀大慧——生涯・著作・思想

一、生涯

円爾を受け継ぎながら、新たに密教を摂取し、安養寺流を築いたのは仏通禅師癡兀大慧（一二二九—一三一二）であった。癡兀は伊勢に安養寺と大福寺を開き、独自の門流を形成した。癡兀は禅と東密・台密を併修したが、その門流はそれぞれに分かれ、異なる継承の系譜を形成したところに特徴があり、それだけに全体像を解明しにくい。安養寺流は癡兀門下の寂雲を通して、真福寺開山能信につながるが、その流れは主として東密系である。

前節に見たように、癡兀は円爾の講義を筆録しており、信頼された弟子であったであろうが、円爾の最晩年には伊勢に帰っていたと思われ、臨終近くに灌頂を受けた中には入っていない。京から離れた伊勢を地盤としていて、東福寺の住持になったのは同門の中でも遅く第九世であったから、直弟子の中で必ずしも上位に位置したとは言えないようである。もっとも、花園天皇から円爾に聖一国師号が贈られた時に働きかけたのは癡兀であった。平清盛の子孫とも言われるが、確証はない。その纏まった伝記は『慈庵仏通禅師行状』（続群書類従）に見られる。真福寺から発見された『仏通禅師行状』（『禅籍叢刊』四。以下『行状』）は、続群類本にない部分を含み、貴重な新史料である。

真福寺に多数の著作があることから、その重要性が知られるが、その知名度は必ずしも高いものではなく、その研究は遅れている。その伝記に関しては、多少の研究があるが（樋口、一九九五、山口、一九九八など）、未解明のところが多い。今後の研究が待たれる。

真福寺本『行状』は、一百年忌の際に読まれた別の行状をも収めている。冒頭部分の内容は以前から知られていた続群書類従本とほぼ重なるが、著作として『十牛訣』『故木集』の名を挙げた後、「是に由て、禅教の旨の一貫せるを明らかにするに、『釈摩訶衍論』を注するを以てす。門弟子、之を蔵し奉り、以て後世に信《まか》すと云」とあり、その教学内容や著作を知る上で重要である。『釈摩訶衍論』を重視していたことは注目に値する。真福寺には癡兀の『釈摩訶衍論見聞』が現存する。

二、著作

癡兀の著作としては、『行状』に『十牛訣』『故木集』『法華（または「事」）要抄』の名が挙げられている。そのうち、『法華要抄』は現存しないが、『十牛訣』と『故木集』は現存している。『枯木集』は『国文東方仏教叢書』所収本が普及しており、『十牛訣』は近世の版本がある。

真福寺で発見されたのは、いくつかの癡兀の講義録や口伝であり、多くは寂雲を通して能信に伝えられている。癡兀関係の一部の写本には、共通する特徴が見られる。即ち、同じ内容の二種類以上の写本が残されている場合がいくつかあり、そこに稿本から清書に至る過程や、順次転写されて伝授されていく様子が示されている。その際、癡兀没後、その塔頭の経蔵本を組織的に書写し、それらが寂雲を通して能信に伝授されているものがいくつかある。真福寺所蔵の著作は、いずれも新発見のため、未だ十分に解明されたとは言い難いが、主要なものとして次のようなものが挙げられる。

1、『東寺印信等口決』（『禅籍叢刊』四）

癡兀が受けた醍醐三宝院流の口決で、「仏通六十八御談口決」とあるから、永仁四年（一二九六）のもので、寂雲から能信に伝えられた。癡兀が受けた東密の三宝院流の説を要領よくまとめており、その中に禅への言及もある。

2、『灌頂秘口決』（『禅籍叢刊』四）

嘉暦四年（一三二九）に、安養寺の癡兀の塔頭所蔵本を祐禅と能信が手分けをして書写。寂雲手沢。奥書に言われるように、「先師仏通禅師大和尚最後御口決」であり、その門流で後々まで重視された。問答の形式で密教の問題、禅教関係など詳しく論じており、癡兀の思想を知る上で重要。

3、『菩提心論随文正決』（『禅籍叢刊』一一）

菩提心論に基づきながら、密教の理論を展開するもので、全七巻の大部のもの。癡兀の語ったところを空然が書写した。

4、『大日経住心品聞書』（『禅籍叢刊』一一）

正安四年（一三〇二）の癡兀の講義を寂雲が記したもの。巻頭に誓状を記し、聴衆の名を列挙する。『大日経』関係の講義はほかにもいくつか現存する。

5、『三宝院灌頂釈』（『禅籍叢刊』一二）

短いものであるが、『東寺印信等口決』と同様、三宝院流の口決を伝える。

6、『密宗超過仏祖決』（『禅籍叢刊』一二）

密教の諸宗に対する優越を説いた口決。先に述べたように、弟子の寂雲の自筆本が、覚城院（香川県三豊市）から発見された。

以上の他にも癡兀の著作・講義録など、かなりの数のものが現存する。その中には、癡兀が重視したとされる『釈摩訶衍論』の講義録もある。それらについての検討は今後の課題としたい。

三、思想

1、『東寺印信等口決』『灌頂秘口決』にみる禅密論

従来、癡兀の思想は『故木集』『十牛訣』によって理解されてきた。『十牛訣』は、禅の『十牛図』を教判的に用い、教から禅への導入を図っている（高柳、二〇〇三）。それに対して『故木集』は、上巻で天台教学を述べた上で、下巻では密と禅を論じている。天台教学に関しては、山家・山外の論争に触れて、山外派の説を異端として排撃している。顕密の価値づけに関しては、「真言教は、此見思と塵沙と無明との三惑をのぞいて、重て又微細の妄執をのぞいて、中道の理の上に重て内証の実理を見る。顕実乗は、三惑を断して三諦の理をきはめ見るといへども、微細の妄執をのぞかざれば、いまだ内証真実の理を見ざるなり」（『国文東方仏教叢書』所収本、三五頁）と、密教の優越を認めている。しかし、密と禅との優劣は必ずしもはっきりとは立てていない。その点をどう考えたらよいのか、いくつかの著作で検討

してみよう。

まず、『東寺印信等口決』（『禅籍叢刊』四）の場合を取り上げてみよう。癡兀は、有覚門本有と無覚門本有という対概念をもっとも基本に置いて考察する。これは本書だけでなく、癡兀の著作にしばしばみられ、また、亀山隆彦が指摘するように、『纂元面授』などにも共通する用語である（亀山『東寺印信等口決』解題、『禅籍叢刊』四）。癡兀はそれをはっきりとした定義によって、明快な使い方をしている。即ち、有覚門本有は、「迷に在る衆生の心中に、即ち覚悟の性有り」ということであり、無覚門本有は、「直に一切衆生の色心を示して、正く正覚の仏体と明す」ことである（六ウ）。それ故、「有覚門の本有は、表《ほか》には必ず迷に在り、裏には定めて覚に在り」であるのに対して、「無覚門の本有は、内外倶に皆、毘盧の仏体なり」（同）というのである。有覚門本有は迷と覚の違いを立てるのに対して、無覚門本有はすべてを仏の覚そのものと見る立場である。大まかに言えば有覚門本有は始覚、無覚門本有は本覚の立場に当たる。

有覚門本有は、小乗・権大乗・顕実乗（実大乗）・密教でそれぞれ違いがある。無覚門本有は、一切衆生の色心の実相を毘盧遮那平等智身と見るもので「直に輪廻受生の初後を押へて、正しく法仏成道の始終と見る」（一二オ）ことである。これは顕教にはなく、密教のみが論ずることである。

このことは、三宝院流の秘伝である三重の印明の解釈に関わることになる。三重の印明は二印二明→一印二明→一印一明の順に深まり、金剛界・胎蔵界の一体に至るものである。その究極の一印一明は、男女の交合から母胎内で胎児が育つ様を五段階にわたって論ずるもので、いわゆる胎内五位と言われるものである（本書、Ⅰ―第五章第二節参照）。これは輪廻の苦を受けることであるが、その五転がそのまま「法爾正覚」「自然成道」と言われ、それが無覚門本有とされるのである（一八オ）。即ち、「我等輪廻受生の初後、実に是れ法仏成道の始終」（一九ウ）である。輪廻の衆生がそのまま仏ということであり、これはまさしく本覚思想的な発想である。癡兀はこのことを次頁のように図示している（『禅籍叢刊』四、四九五頁）。

しかし、輪廻の世界がそのまま悟りであるならば、仏がわざわざ世に出て教えを説く必要もないし、衆生が修行して覚に向かう必要もないことになりそうである。ここで、改めて有覚門本有が呼び出されなければならない。「若し秘密の覚は、無覚門の本有を聞て、即ち外求法の心を息め、有覚門の本有に依て、更に内求法の心を発す」（二三ウ―二四オ）というのである。即ち、無覚門本有は覚を外に求めることの誤りを正すために説くのであり、それで終わりではなく、今度は己心中に覚を求めて修行しなければならないのである。それが即身成仏の行であり、具体的には、己心中に蓮花と月輪と阿字の一体を観じていくことである。これは、本覚思想の修行無用論に対抗する実践論ということになる。

ここで疑問が生ずる。それは、顕教では無覚門本有を説かないかもしれないが、禅宗では説くではないか、ということである。それに対して、癡兀は三人の禅僧の言葉を挙げる。第一の禅僧の説は、禅宗では「有覚・無覚の両本有を論ぜず。若し本有を論ぜば、即ち葛藤と成る」（三三オ）というので、有覚・無覚という区別自体を立てないというものである。第二の禅僧の説は、密教と禅門は勝劣同異を論じないというものである。第三の禅僧の説は、『十牛図』に基づいて、禅の無覚本有は諸仏の真源だと

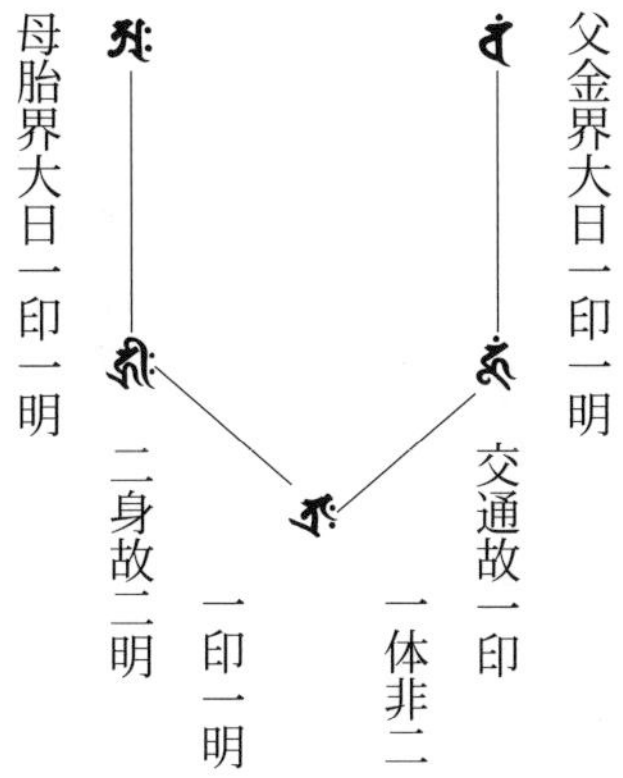

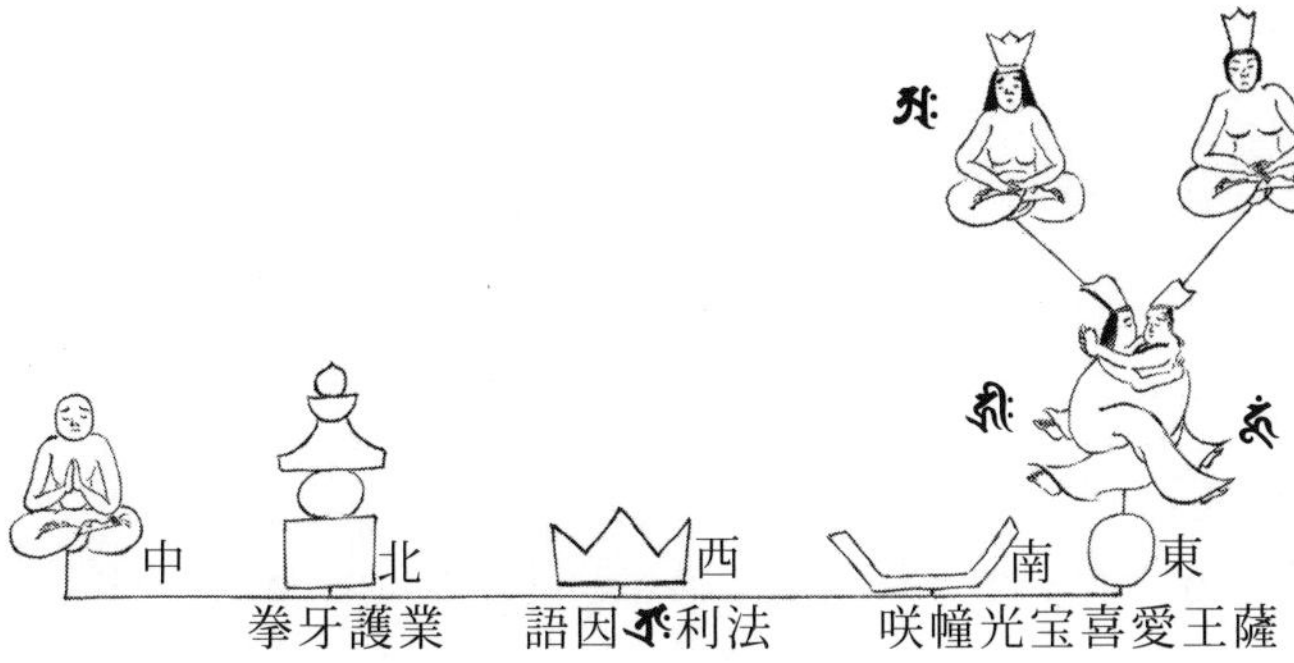

いうものである（三三オ―三四オ）。癡兀はそれに対して論評はしていないが、その後、「真源本有」を問題にしているので、第三説に重点を置いているようである。さらに問答を続け、禅門の無覚本有と密教の無覚本有の相違を問うている。その答として、禅は「無仏の無覚本有」であり、それに対して密教は「有仏の無覚本有」だと説いている（三六オ）。その後、密教の修行論に進むので、両者の相違や優劣についてはそれ以上論じられていない。

このことを理解するためには、『灌頂秘口決』（『禅籍叢刊』四）が参考になる。そこでは、「禅門の自性法身は法に約して論ずる所なり。密教の自性法身は人に約して論ずる所なり」（『灌頂秘口決』下、一七オ）と、約法と約人の相違としている。前者は「無仏の無覚本有」に当たり、後者は「有仏の無覚本有」に当たることになろう。具体的には、前者は、「凡聖倶に見る所の劣応の釈迦を、利根の上機は而も法身如来と見る」のに対して、後者は、「内証宮の中に於て、都て具惑の凡夫なき、唯聖所見の法身なるが故に、更に凡夫所見に非ず、内と外に倶に自性法身なる」（同、一七オ―ウ）というものである。劣応身の釈迦を見ながらも、そこに利根の者は仏を超えた法を見ることができる。それが禅であり、それ故、約法であり、無仏である。それに対して、密教はただ修行を積んだ聖者のみが見られる法身仏の世界から出発するのであり、それ故、約人（＝仏）であり、有仏である。

禅　＝無仏無覚本有＝約法自性法身
密教＝有仏無覚本有＝約人自性法身

『東寺印信等口決』や『灌頂秘口決』は密教の立場を主とするので、密教のほうを詳しく論ずるが、『十牛訣』では禅の立場から論ずるために、禅のほうに重点が置かれている。そのために、癡兀が最終的にどちらの立場を上と見ていたか分かりにくいことになるが、以上のような両者の区別から見ると、優劣は立てられず、二つの立場は見方の違いであり、同じように重んじられなければならないということになるであろう。そこに癡兀の独特の禅密平等観があったと考えられる。

2、『菩提心論随文正決』における教判と禅密論

『菩提心論随文正決』は『菩提心論』に対する注釈である。『菩提心論』は龍樹作と伝える密教書で、即身成仏を説く重要な論書である。平安中期の真言復興以後、済暹・覚鑁などの注釈が書かれ、栄西にも『菩提心論口決』がある。癡兀の『随文正決』もそのような流れに位置する注釈であるが、本書では、禅密関係を中心とした教判論にかなり立ち入って論じているところに特徴がある。そこで、本書によって、その禅密論をもう少し詳しく見ておきたい。

まず巻一では、『菩提心論』の論題に触れ、「自心中に於て、即ち菩提を求む」（四オ）と、菩提（悟り）は心に求めるべきものとして、心の問題が中心であることが明言される。その際、心は抽象的な概念ではなく、身体的には心臓であり、仏の心は八葉の蓮花が開いた状態としてイメージされる。それに対して、凡夫の心臓は八弁の蓮花が閉じた形と捉えられる。その際、『菩提心論』の「凡心は合蓮華の如く、仏心は満月の如し」（大正蔵三二、五七四中）が重要な典拠とされる。即ち、凡夫の心は蓮の花が閉じているようなものであり、悟りを開いた仏の心は、その蓮の花が開き、満月のように円満で欠けるところがなくなった状態だというのである。

巻一でもすでに、禅密の比較が大きなテーマとなっている。禅門の根機として、託事悟入（機縁に触れて悟る）、修禅得道（座禅を修して悟る）、持話開悟（公案によって悟る）の三つをあげ、修禅と密行を較

べる（一二ウ）。癡兀は、「無相にして無相」は浅行であり、「即相にして無相」「無相即相」を深遠とする（一三オ）。そこからさらに、「秘密教の中に論ずる所の有相、高く顕乗に論ずる所の有相を超えたり」（一三ウ）と、有相の問題を取り上げる。有相と無相は相即するものであり、そうであれば、有相が優れている密教こそ、その無相もまた優れていることになる。「有相の広狭勝劣に随て、正しく無相の（勝）劣を論ずる」（一四ウ）のである。こうして、もっぱら無相を説く禅よりも、有相の優れた密教のほうが上ということになる。

もう一つ巻一で重要なことは、肝腎の「心源」の理解である。癡兀は、「惣相阿頼耶の含識八識を以て正しく心源と為す」（二二オ）と、第八識の阿頼耶識であるとする。密教ではしばしば『釈摩訶衍論』などを使って、第九識、第十識を立てることがあるが、癡兀はその説を採らず、「第九・第十も正しく所含蔵分に在り」（同）と、具体的、現実的な第八識を大もとと見るのである。第八識を心源と見るのは、「顕密・禅門・秘密三宗」（同）で同じであるが（この場合の「顕密」は実際には顕教）、その見方に差異がある。秘密教では「合蓮の八弁肉団」（同）であるのに対して、禅門の「不立文字、直指人心」は、「方寸の肉団」（同）とされる。この差異が密と禅の優劣の大きな根拠とされる。なお、顕教では、「一念心即如来蔵理」（同）であり、心が抽象的に捉えられている点で、さらに劣ることになる。

巻二では、生得恵・聞恵・思恵・修恵の四恵を挙げ、小乗・権教・実宗・密門で相違することを言い、密宗では「聞・思・修三恵は、即ち初地見諦以前に置く」（七オ）とされる。

巻三は、禅密関係を論じた中心的な巻である。ここでは、「秘密の八識は八弁の肉団なり、禅門の八識は方寸の肉団なり」(一ウ)と、巻一で説かれたことが再説され、その上で禅の側の文献を使いながら、禅密のあり方が論じられていく。基準とされる禅の文献は、『圜悟心要』と『圜悟語録』である。聖一派・安養寺流で圜悟が重視されたことは、先に円爾に関して触れたとおりであり、また『禅宗九根機口決』にもうかがわれる。ちなみに、癡兀は禅の方寸と密教の八弁蓮花とを図によって表わしている。その図は、本書のカバーに用いたので、参照していただきたい。

本書で引かれる圜悟(円悟)の書は、まず「円悟云く、人々脚跟下、本より此の段の大光明有り」(一ウ—二オ)で始まる比較的長い『圜悟心要』の引用(続蔵六九、四七四上)であり、次に、それと関連して、『圜悟語録』から、「尽大地是般若光。光未発時、無仏無衆生」(尽大地是れ般若光。光未だ発せざる時、仏なく衆生なし)(四ウ)という文である(大正蔵四七、七五三上、七五九下、七六四下など)。

ここで癡兀は、有覚門・無覚門という対概念を導入する。これは、『東寺印信等口決』などにも見えたところである。有覚門は「得証未廃」と説明される。即ち、証(悟り)を得るという過程が認められる立場である。それに対して、無覚門は「廃証無得」と説明される。即ち、証ということもそれを得るということもない境地である。これを先の『圜悟語録』の文に当てはめると、「尽大地是般若光」は、悟りの境地が肯定的に表現されているところから「得証未廃」の有覚門であり、それに対して、「光未発時、無仏無衆生」はそれを超えて、「仏」とか「衆生」とかいう言語的な区別自体がなされ得なくなる無覚門に当たる。

有覚門＝得証未廃＝尽大地是般若光
無覚門＝廃証無得＝光未発時無仏無衆生

『圜悟心要』の「人人脚跟下、本有此段大光明」は、「尽大地是般若光」と同じく、得証未廃に当たる（四ウ）。このような「得証未廃」と「廃証無得」の別は、密教にも顕教にも見られるという。その点では、禅と密の相違はない。それでは、どこが相違するのか。ここで先にあげた禅門は方寸肉団、密教は八弁肉団ということが改めて取り上げられる（九オ）。これは、得証未廃（有覚門）の段階であるが、方寸肉団は「万徳具足」でないのに対して、八弁肉団は「色相上に於て正しく万徳円満の義を明かす。是の故に勝義と為すなり」（一〇ウ）と、密教のほうを優れていると見るのである。

以下の巻でも、空海の十住心などと関連して教判的な問題が取り上げられるが、今は立ち入らない。ただ、例えば巻五では、「東寺教相義」が言われ、「比叡密学者の判ずる所、然らず」（四オ）と、東密・台密の相違にも触れていることなど、注目される。癡兀は、東密・台密のどちらも受けているが、本書の立場はいずれかというと、東密系の立場を取っているように思われる。

3、癡兀の禅密論再考

癡兀の禅密論は、著作によって異なるところが大きく、きわめて分かりにくい。『随文正決』では明らかに密教を禅よりも上に位置付けている。『東寺印信等口決』などでは、両者をそれぞれ立場の違うものとして評価し、必ずしも一義的に優劣が決められていないようであった。それに対して、禅を主とする『十牛訣（決）』では、禅を密教よりも上に置いている。

そこで、『十牛訣』における禅宗優位論について、少し触れておきたい（高柳、二〇〇三参照）。『十牛訣』は、駒澤大学図書館所蔵近世版本による。『十牛訣』は、廓庵の『十牛図頌』に対する注釈であるが、第七図（亡牛存人）までを教門として、その上の第八図（人牛倶忘）、第九図（返本還源）を禅門として、そこに教判的な意味を見ているところが特徴的である。即ち、第七図は「教家極証の地」（九オ）であり、「教家極証の後に必ず禅門不可得の心に入るなり」（同）と言われている。

本書でも有覚・無覚の区別を使っているが、その中で注目されるのは、「有覚」に関して、顕乗の有覚・密教の有覚・禅門の有覚の別を論じているところである。華厳・天台の立場では、「妄情の所見の一念、即ち是れ法界を十方に遍ぜしめ、三千即空仮中と談ずる所なり」（四ウ）とされる。それに対して、密教の有覚は、「一切衆生の心中、普賢の心満月輪有り」（同）ということである。この両者の間では、「顕実乗は浅劣にして、密教は深勝なり」（五ウ）とされる。

禅門の有覚はどうであろうか。それは、「本地風光」「本来面目」「大法蔵」「一大事因縁」などと言われる（同）。それがどこにあるかと言うと、「心中」とも「脚下」（同）とも言われる。それは、顕実教や密教の所説をはるかに超えている。

禅門に明かす所の有覚の体性は、全く顕実所談の「妄に即して真如如来蔵理、円融法界」に非ず。

更に密教に言う所の普賢満月心相に非ず。蓋し法々塵々真機独露、頭々物々全体便是。（五ウ）

即ち、「法々塵々真機独露、頭々物々全体便是」と言われるように、あらゆるものがそのまま真実の姿を露呈している、というのが禅門の有覚である。それは、密教の「普賢満月円満相」を超えているというのである。このように、『十牛訣』では、明らかに禅を密教より上と見ている。

このように、癡兀はその著作によって禅密の優劣の見方が必ずしも一致しない。一義的、決定的な教判論を避けながら、場面によって態度を使い分けているように見られる。

なお、『随文正決』は『十牛訣』より時期的に後の成立という可能性がある。その理由は、一つには、『随文正決』にも『十牛図』が引用されていることである（八ウ）。第七までを教内（ただし、密は入らない）、第八・第九を禅門としていて、『十牛訣』の解釈が前提とされているように思われる。もう一つには、『十牛訣』では、密教の根本を「普賢満月心相」というところで捉えていて、『随文正決』で中心的に取り上げられる「八弁肉団」の説が見えない。このようなところから、『随文正決』は『十牛決』より遅れる可能性があるように思われる。

ちなみに、「有覚門」「無覚門」は『釈摩訶衍論』に出る概念である（加藤、二〇一七）。該当箇所は、『釈論』巻五の五重問答の後である。即ち、以下のように説かれている。

已に有覚門を説く。次に無覚門を説かん。何が故に一切衆生に本覚あることなきや。本覚なきが故

に。何故に本覚なきや。衆生なきが故に。何が故に衆生なきや。所依の本覚なきが故に。（大正蔵三二、六三七下）

三十三法門をそれぞれ名付けてその区別を説き、段階的な発展を説くのは「有覚門」であり、そもそも本覚とか衆生とかいう概念自体を払い去るのが「無覚門」である。癡兀が『釈論』を重視したことは、上述のように『仏通禅師行状』に見える。癡兀による『釈論』の注釈も現存しているが、その検討は今後の課題である。

四、寂雲から能忍へ

癡兀の教えは禅密の両方にわたり、その門下も多数に上って、その全容は捉え難い。『東福寺誌』所収の「恵日山宗派図」によると、その法嗣として以下の名を挙げている（同、二二八頁）。

白牛寂聴（勢州福蔵祖）・進翁寂先・潭月寂澄（城州大興祖）・傑山寂雄・商林信佐・嶺翁寂雲（勢州安養）・無際寂然（勢州安養）・虚庵寂空（長府長福祖）・月波慧観（勢州光明祖）・昭室慧寂（勢州円光祖）・性印菴主・能信（美濃信福）

ただし、能信は寂雲の嗣とするのが適当であろう。また、ここには禅の法嗣に限っているためか、台密の印信を受けた空然や寂誉、また、空然・寂雲とともに癡兀の塔頭の経蔵を開いた恵叶などの名が見えない。安養寺の二世は弁性であったと思われる（樋口、一九九五参照）が、その名も見えない。徳治三年（一三〇八）に癡兀は「上野安養寺・東明寺条々」を定め、その第一条で「当時住持事、大恵命後、以㆓門第弁性㆒可㆑定㆓住持㆒者也」と定めた（『東福寺誌』、二一三頁）。弁性は『住心品聞書』などの癡兀の講義の聴講者の筆頭に挙げられている。しかし、弁性はそれ以外の系譜などに名が見えない。想像をたくましくすれば、寂雲らが癡兀の塔頭の聖教の集中的な書写を行なったのは、門弟の間で、安養寺の継承と聖教の扱いについて、何らかのトラブルがあった可能性も考えられる。

安養寺に現存する印信類は『三重県史』史料編・中世2に翻刻されているが、それらはいずれも台密のものであり、癡兀―寂誉、または癡兀―空然―寂誉と継承されている（萩原、一九七八）。真福寺所蔵の印信がすべて東密のもので、癡兀―寂雲―能信、または、寂雲―祐禅―能信と伝えられているのと較べると興味深い。寂雲の『禅宗九根機口決』を除くと、癡兀系の禅関係の資料はまったく真福寺に伝えられていないこととを考えると、癡兀では統合されていた禅・台密・東密が、それぞれ別々に伝持されるようになったことが知られる。

嶺翁寂雲について、『仏通禅師法嗣』（『東福寺誌』二二九頁）に、「嶺翁寂雲は、仏通を嗣ぎ、勢州安養寺に住し、後、太平山無量寿寺の開山たり。……仏通自ら袈裟の裏に書きて曰く、「老僧平生所持の衣を寂雲房に付嘱す」と。師、真言に精しく、寂雲流有り」とある。このように寂雲は真言に詳しく、それが真福寺に伝わるが、他方で禅も継承し、その嗣に大海寂弘・天外寂晴らが出ている（『仏通禅師法嗣』）。寂弘の門から、東福寺第八十九世大愚性智が出ている。こう見ると、癡兀の系統は次のように分れたと考えられる。

癡兀大慧（仏通禅師）
　├空然・寂誉……………（台密）
　└寂雲
　　　├寂弘……………（禅）
　　　└祐禅・能信…（東密）

寂雲が能信に密教を伝えることになったいきさつについて、近世のテクスト（享保一四年、一七二八）であるが、『尾州大須真福寺三流之内安養寺方之縁起』（真福寺新七—一五）に、天照大神のお告げによって寂雲から能信に伝えられたという話を伝え、「東福寺開山聖一国師の弟子仏通、字は癡兀、平等房又は大恵と云ふ。仏通の弟子寂雲、字は嶺翁と云ふ、密法を能信へ授与し、禅法を寂弘へ授与したまふ。安養寺の密法、此に至て絶つ。今代唯だ禅法のみあり」と述べている（全文は、『禅籍叢刊』四、解題総説に記した）。

もちろん近世の伝承であり、そのまま事実と認められるわけではないが、参考とされよう。ちなみに、一四世紀前半のこの頃から、仏教界全体がそれまでの総合的な仏教から、宗派化した仏教へと転換していく。安養寺の分派は、そのような時代を典型的に示すもののように考えられる。

このように、癡兀の流れを受ける安養寺流においては、きわめて独特の伝授の方式がとられていたようで、印信のみならず、聖教の伝授においても特異なところが見られる。即ち、一門としての結束が固く、その中で癡兀の伝統を守ろうという意識が強く、それ故に多くの癡兀の講義録の写本が真福寺に遺されることになったものと考えられる。

その意味で、『菩提心論随文正決』『大日経疏住心品聞書』は、内容以前にまずその伝授・継承に注目すべきところがある。とりわけ『住心品聞書』は四本もの写本が存在することから、極めて重視されたことが知られる。親本の寂雲自筆本は、なまなましい講義の文字通りの聞き書きであり、くずし字の多いノート的なものである。それを整理し、清書して、寂雲の弟子たちが手元において参考書にしたと考えられる。講義の日付も分かり、聴衆の名前もきちんと記され、口外披露を禁ずる誓書を入れている。癡兀の門流が非常に強い一門意識をもって結束していたことが知られる。『菩提心論随文正決』もまた、癡兀の説いたことを弟子の空然が筆記したものであるが、同様に誓状があり、外部への漏洩を禁止している。

真福寺に現存する安養寺流の聖教の分析をさらに進めるならば、円爾に由来しつつも、禅・東密・台密を融合しながら、一四世紀前半に伊勢・尾張あたりを中心に定着していった癡兀一門の実態が明らかになるであろう。その活動は一地域教団というに留まらず、東福寺と関係しながら、京の仏教界の動向にも影響し、さらにはその門流は讃岐にも及んでいる。一三世紀から一四世紀へかけての仏教を考えるうえできわめて重要で、一つの中核となる一派であったと考えられる。今後の研究の進展が俟たれる。

第五章　禅と諸宗の交渉
――批判と融合

一、禅教交渉論の課題

『禅籍叢刊』によって明らかとなってきた中世禅の実態は、従来の常識的な捉え方では理解できないものがある。従来の理解では、禅宗は宗派的な独立性をもって中国から移植され、それまでの顕密八宗体制と対立する新仏教であり、あるいは異端派であると見られてきた。そのような純粋禅はただちに日本で受け入れにくいところから、顕密仏教と融合した兼修禅の形態をしばしば取ることになったが、これは既存仏教との妥協であり、不純で非本来的な形態であると考えられた。

だが、『禅籍叢刊』に収録した多くの文献を見ていくと、諸宗と融合したり、諸宗と密接な関係の中で禅が発展していくのが、当時のもっとも一般的な形態であることが分かる。旧仏教対新仏教、あるいは顕密仏教対異端派というように、はっきりした二項対立的な区分があるわけではない。確かに禅宗が既存の八宗から批判を受けたり、政権から禁止されたこともある。しかし、そのことはただちに禅宗が異端であることを意味しない。むしろ、当時の仏教の中核である既存の八宗に対して、その周縁において禅や浄土の運動が展開したという、中心―周縁の関係で見るべきではないかと思われる。それ故、中心の立場から排除され、拒否される場合もあるが、その中に摂取され、融和していくことも可能である。

当時の「宗」は、今日考えられるような宗派的なものではなく、それ故、いずれか一つの「宗」に帰属しなければならないという義務はなかった。「宗」は学部か学科、あるいは授業科目のようなものであって、複数学ぶことは当たり前のことであった。栄西は『興禅護国論』を書いて、禅宗の立宗を宣言したが、それは決して密教や天台を捨てて、禅に転向したということではない。それらは兼学可能であり、栄西が求めたのは、既存の八宗に新たに禅宗を加えることであり、八宗と対立するものとして禅宗を立てることではなかった。さまざまないきさつを経ながら、円爾の『十宗要道記』に見られるように、八宗に禅・浄土を加えた十宗体制が定着していくことになる。こうして、一四世紀にはある程度新しい体制が固まると同時に、次第に宗派化して、相互の対立や論争が活発化すると考えられる。

このように、禅宗と既存諸宗の間には、対立と融合の両方の側面が見られる。『禅籍叢刊』の多くの巻は、禅宗の側から、それがどのように他宗、とりわけ密教と関係しながら、当時の日本の中に定着していったかという側面を中心に、資料を紹介した。その中で、第七巻・禅教交渉論は逆に、当時の諸宗の側が、新来の禅をどのように批判し、あるいは受容したかという面を中心に、資料を収録した。まず、禅宗批判の文献として、『渓嵐拾葉集』「禅宗教家同異事」「禅与教事」（叡山文庫真如蔵）、『七天狗絵詞書』（称名寺）、『顕密問答鈔』（真福寺）を収め、禅宗を諸宗の中に取り入れ、融合させる文献として、『教月要文集』（真福寺）、『雑要集』（真福寺）、『真禅融心義』巻下（西教寺）を収録した。さらに、参考として、『真禅融心義』全巻（国文学研究資料館）、『瑜伽伝心鈔』（個人蔵）を収めた。

　ただし、もちろん本巻に収録しなかったものでも、禅教交渉を示す重要な文献は少なくない。以下、そのような文献も含めて、中世の禅宗批判と禅教融合の諸相を簡略に示し、その上で、特に注目される『渓嵐拾葉集』の場合を取り上げることにしたい。なお、以下で「本巻」と呼ぶのは、『禅籍叢刊』七のことである。

二、禅宗批判

1、『禅籍叢刊』七所収の文献

『渓嵐拾葉集』は、光宗の著で、天台の記家を代表する叡山の百科全書的な著作である。大正蔵本で全一一三巻に及ぶ膨大なものであるが、その中で、禅宗に関する記事は、巻九「禅宗教家同異事」、巻一〇「禅与教事」の二巻に集中的に論じられている。後者には、正和二年（一三一三）の年記があって、その成立が知られる。ただし、「禅与教事」は普円禅師記とあり、円爾の嗣である普円国師潜渓処謙の著を編入したことが分かる。それ故、「禅与教事」は、禅宗批判ではなく、聖一派の立場から、禅と教の違いや、聖一系と関東の蘭渓道隆との違いを論じている。

「禅宗教家同異事」でも、必ずしも全面的に禅宗を否定しているわけではないが、全体として、天台の優位の立場に立っている。しかし、聖一派を中心に、当時の禅宗の状況にかなり通じていて、関東の蘭渓道隆をも含めて、興味深いさまざまな情報を提供してくれる。

よりはっきりした批判は、『七天狗絵』や『顕密問答鈔』に見える。『七天狗絵』は、以前から知られていた『天狗草紙』の詞書のみの異本であるが、金沢文庫において称名寺本が発見され、発見当初から大きな話題となった。『文学』隔月刊四巻六号（岩波書店、二〇〇三）に、翻刻とともに、阿部泰郎・高橋秀栄両氏の論文が収められており、参照される。

本書は、当時の諸宗の堕落した様子を、天狗に喩えて批判したものであるが、単なる批判に終わらず、最後に「魔界則仏界」の立場から天狗もまた成仏するという屈折をもったパロディとなっている。その中で、禅宗への批判は分量的には決して多くないが、当時の禅者のあり方を知る上で、きわめて貴重な資料となっている。即ち、巻第七に一遍の一向衆への批判とともに論じられているが、そこには、有髪のままササラをする芸能者としての「放下ノ禅師」の存在が記され、また、叢林にいながら、誤った見解（癡見解）に陥った禅者たちのことが記されている。その上で、「達磨禅法繁昌ノ後、言教大略陵廃」（巻七、七ウ）と、禅の繁昌が教学の衰退につながっていることを歎いている。

『顕密問答鈔』は、真言宗の学僧で、後世新義真言宗教学の確立者とされる頼瑜（一二二六―一三〇四）の著作と認められているが、本書の上巻では密教が顕教諸宗に優越することを記した後、下巻で禅宗が取り上げられ、禅に対する密教の優越が論じられる（本書については、末木、二〇〇八参照）。

以上のような禅宗批判を見ると、一三世紀後半から一四世紀にかけて、禅が驚異的なまでに各地に広がり、顕密諸宗を脅かしていたことが知られ、それに対して、顕密側が理論的に自己の優位を確立することに力を尽くしていた様子が知られる。

2、それ以外の文献

このような禅宗批判としては、『禅籍叢刊』七に収めなかったものにも、重要なものが知られている。一つは、『野守鏡』であり、もう一つは、日蓮の遺文である。それらについて、多少触れておこう。

『野守鏡』は、著者に関しては議論があるが、一般的には六条有房（一二五一―一三一九）の著とされ、永仁三年（一二九五）の成立と考えられている歌論で、上巻では京極為兼の新しい歌風を批判し、下巻ではそこから発展して、念仏と禅を批判している。その禅批判は十項目に整理して批判しているところが注目される（『群書類聚』二七輯による）。

①「愚学のともがら」が、「速疾の文」によって凡身のままに悟れると考えて、懈怠に陥る。
②「教外別伝と号して諸教をないがしろに」する。
③「釈尊の教文をば信ぜずして、祖師の語録をば信ず」。
④「他宗を破する時は教文をもちゐず、自宗をたつる時は……経文を引く」。
⑤「心すなはち仏なりといへども、心みづからしらず」。
⑥「たゞ別伝といふばかりをきゝて、諸経にすぐれたりとおもへり」。
⑦「我身仏なりとのみおもへるゆへに、未得己証のとがをまねく」。
⑧「酒肉五辛等」を「はゞからず」。
⑨「辞世の頌をきくに、大略平生の時これをつくりをきて、最後につくりたるといへり」。

⑩「神国に入ながら死生をいまざるがゆへに……神威皆おとろへて……鬼病つねにおこり風雨おさまらずして人民のわづらひをなす」。

これらの批判は、理論的には、教学を学ばずに勝手な主張をして既成の教学をないがしろにすること、社会的には、秩序に反するふるまいをすることの両面にわたっている。これらの点は、日蓮の批判にも通じるところであるが、特に最後の点は、日蓮の善神捨国論（正法に従わないと、善神が日本の国を捨てるという説）に近く、興味深い。

日蓮の諸宗批判というと、「念仏無間、禅天魔、真言亡国、律国賊」という四箇格言がよく知られているが、このように四つがまとめて説かれるのは、『諫暁八幡抄』など、きわめて少ない。禅批判に関しては、必ずしもまとまって説かれているわけではなく、遺文の諸所に散在する。庵谷行亨によると（庵谷、二〇〇五）、その批判は経典・人師・教義の三点から見ることができるという。経典に関しては、禅宗が所依とする『楞伽経』『首楞厳経』『円覚経』を方等部の経典として批判し、人師に関しては特に大日（大日仏陀）に対する批判が厳しいとともに、鎌倉で北条政権と結びついていた蘭渓道隆への批判が見られる。教義に関しては、教外別伝による仏説否定を糾弾している。また、邪法の広まりにより、善神が国を捨てるという善神捨国説は、『立正安国論』以来見られるところである。

日蓮の批判の論点はほぼ『野守鏡』と重なるが、ただ、大日（能忍）が禅宗を代表する人物として取り上げられている点は注目される。（古瀬、二〇一四）。念仏を代表するのが法然であり、それに対して禅を代表するのが能忍ということになる。いわば禅＝能忍という記号化した扱い方であるから、それを直ちに能忍自身の説と言えるかというと、慎重を要しよう。

三、禅教融合

1、『禅籍叢刊』七所収の文献

以上のような批判だけ見ていると、禅は既成の教団と決定的に対立し、批判を受けていたかのように思われがちであるが、それは一面に過ぎない。『禅籍叢刊』の栄西集・聖一派の巻などから知られることは、彼らにおいて禅密の融合は決して対立をごまかすための妥協ではなく、その思想の中核であったということである。

では、栄西や円爾のように、入宋して禅を請来した僧やその門流ではなく、既成仏教の枠内で活動していた人たちは、どのように禅を受け入れたのであろうか。いつも外なる批判の対象として拒否していたのであろうか。じつはそうではなく、既成教団に属する僧たちも新来の仏教に強い関心を持ち、積極的に摂取する場合も少なくなかった。『顕密問答鈔』の著者頼瑜は、木幡山の真空を通して、円爾系の禅密兼修の立場を学んでいた（小林崇仁『顕密問答鈔』解題、『禅籍叢刊』七）。『渓嵐拾葉集』もまた単純な禅否定とは言えなかった。

『禅籍叢刊』七では、さらにそれ以上に積極的に禅を既成仏教の中に摂取していくことを示す資料をいくつか収録したが、『教月要文集』『雑要鈔』はいずれも新発見のものであり、どのような性質の文献か、いまだはっきりしていない。そのような文献も含めて、今後の研究の手掛かりとしたい。

まず、『教月要文集』は、尾欠で、著者・成立年代も不明、どのような性質のものかはっきりしない。一三世紀後半から一四世紀へかけての成立であろう。冒頭に「常住真心は、本覚の浄心なり」と述べ、その立場を明らかにする。その上で、「只だ本覚の真心を守る、是れ禅宗の肝心なり。乃至、禅宗に限らず、大乗至極の談なり」（一オ）として、「禅宗」ということを明示している。しかし、教外別伝を主張しながらも、祖師禅的な不立文字とは異なり、天台教学との融合を目指している。

本書は、扇樹の疑問に風月が答えるという形で進行するが、一・仏性事、二・大乗事、三・定戒恵三学事と、体系的に進んでいく。その先がどうなっていたか不明であるが、三において、ある程度その禅の立場を見ることができる。それによると、智覚（永明延寿）の説（『宗鏡録』三四、大正蔵四八、六一四上）によって禅に息妄修心宗・泯絶無寄宗・真顕心性宗の三宗を立てて説明しており、最後の真顕心性宗の最初の部分までが現存する。きわめて興味深い文献であり、今後の検討が必要とされる。

『雑要鈔』は密教の文献で、これもどのような文献か不明。現存四冊で、第一が「金剛界／護摩」、第二が「胎蔵界／灌頂」となっていて、第三が二冊ある。『禅籍叢刊』七に収録したのは、この第三の二冊である。そのうちの「雑事／禅戒」で「坐禅作法」について説く。ただし、ここで説かれる禅は、一般の禅ではなく、長く引用されるのは天台智顗の『禅門要略』（続蔵五五）であり、その後に「周利槃特数息証果事」などが説かれる。天台の禅法が重視されているところから、全体として台密系のものと考えられるが、当時の祖師禅系と異なる特異な禅観を示している。

次に取り上げた『真禅融心義』は、もともと栄西の著とされていたもので、それに対して高柳さつきが偽撰説を出し（高柳、二〇〇四）、今日ではほぼそれが認められている。以前にも翻刻されているが、いずれも近世のものによっていたので、『禅籍叢刊』七では、もっとも古いと思われる西教寺正教蔵延徳四年（一四九二）写本を収録した。ただ、残念なことに巻下のみしか現存しないので、参考として国文学研究資料館所蔵近世写本を翻刻のみ収めた。本書は文字通り密教と禅の融合を目指しており、その位置づけについてはなお検討を要する。高柳『真禅融心義』解題（『禅籍叢刊』七）では、『顕密問答鈔』との関係に焦点を当て、問題を提起している。

さらに、同巻には付録として宝蓮の『瑜伽伝心鈔』を収めた。宝蓮は後醍醐天皇の護持僧として知られる密教僧文観の弟子であり、その著作に禅との融合が見られることはきわめて興味深い。

2、その他の文献

以上、『禅籍叢刊』七に収録した禅教融合的な文献を概観した。しかし、それだけに限らず、以前から知られている文献でも、禅教融合を積極的に説くものが少なからず見られる。そのうち、代表的なものとして、華厳と禅の融合を説く証定の『禅宗綱目』、法相と禅の融合を説く良遍の『真心要訣』があげられる。

証定（一一九四―？）は、明恵の弟子であるが、知られるところは少ない。田中久夫が関連する史料を挙げている（田中、一九七一、四七七―四八〇頁）。明恵のもとで、『華厳経』の書写や校合に当り、貞応二年（一二二三）には『華厳仏光観秘宝蔵』の伝授を受けている高弟であったが、『禅宗綱目』はなぜか「華厳居士証定」となっており、還俗したようである。

本書は建長七年（一二五五）の成立であるが、その末尾には、貞応二年に禅法の秘決を受けて、その趣旨を記した旨が書かれている。『秘宝蔵』の伝授を受けたのと同じ年であるが、本書の内容は明恵自身の著作には見られないところであり、検討が必要である。本書は、『日本思想大系・鎌倉旧仏教』に鎌田茂雄の校訂で、本文並びに訓読・注・解説が収められ、知られるようになった。本書は、一・弁教禅同異、二・明教外別伝、三・顕見性成仏、四・示悟修漸頓、五・述諸流見解の五章からなっている。華厳と禅の一致は、中国において華厳宗五祖とされる宗密が説いており、証定も基本的にはその立場を踏襲しているが、鎌田によれば、宗密と異なるところもあり、朝鮮禅の影響がうかがわれるという（鎌田、一九七一、五六三―五六六頁）。高柳さつきは本書について、「華厳宗と明恵の思想を円爾の禅宗と関連づけようとした」ものと見ている（高柳、二〇一四）。本書も今後検討を要する重要な文献である。

次に良遍の『真心要訣』を見てみよう。蓮阿良遍（一一九四―一二五二）は興福寺に学び、後に遁世して生駒竹林寺に住した。『法相二巻抄』『観心覚夢鈔』などの著作によって知られるが、円爾に禅を学び、また念仏を実践して、『善導大意』などの著作もある。『真心要訣』は三巻（前抄・後抄本・後抄末）からなるが、前抄は寛元二年（一二四四）、後抄本・末は寛元四年（一二四六）に書かれ、円爾の跋文がある。

本書は、法相の思想の中核を三性（遍計所執性・依他起性・円成実性）・三無性（相無性・生無性・勝義無性）の説に求める。三性説は法相的な有の立場であり、三無性説はそれを否定する空の立場であり、両者の相即を説いている。三無性説を重視することで禅的な発想を受け入れることが可能となる。良遍は、「法相、禅宗に同ず」という面と、「禅宗を以て法相に同ず」という面の両方から両者の近似性を見、その統合を図ろうとした。その際、おそらくは円爾を通して学んだ『仏法大明録』を活用しているところは注目される。

以上の二つは、禅と諸宗の融合の典型的なものであるが、それ以外にもいくつか注目されるものがある。例えば、『恵心僧都全集』二には『止観坐禅記』が収められている。本書は、「止観妙解坐禅記」「妙行一念三千坐禅」「一念三千坐禅記」なるものを引用し、止観・一心三観・一念三千などの天台の坐禅法を説く。いちばん最後に、永嘉（神智）従義（一〇四二―一〇九一）の語を引いている。従義は、宋初の天台で異義とされる山外派系の学者で、『止観義例纂要』で禅宗批判を展開している（山内、一九六七）。該当の文「天親・龍樹、未若天台」は見出されないが、「如龍樹作千部論、天親及諸菩薩論、復何量度此者少」（続蔵五六、三九下）と見える。

こう見ると、本書は、禅宗を批判しつつ、天台の中の止観や一念三千の行法こそ坐禅に他ならないとして、禅宗に対抗しようとしたものと考えられる。もちろん、従義のものを引いているので、源信より後代であることは明らかで、おそらくは禅宗が隆盛するようになってから、それに対抗するものを天台の中から持ち出そうとしたものと考えられる。

また、金剛寺（大阪府河内長野市）所蔵の『坐禅用心』があり、これは、『坐禅止観要門』『禅要』などと言われるような文献を引いて、坐禅法を説いたもので、いわゆる禅宗系統と異なる坐禅法を説いている（『天野山金剛寺善本叢刊』四所収）。

以上のように、禅宗の隆盛を受けて、既成仏教側でも、単に反発し、批判するだけでなく、それを取り入れて禅との融合を図ったり、新しい実践法を開拓したりする動きが少なからず見られた。従来、顕密諸宗と禅宗とは、対立の面ばかりが強調されたため、禅宗批判の書については注目されても、両者を融合する文献はあまり注目されることがなく、単なる妥協の書としてしか見られなかった。しかし、禅は仏教の根本の修行である戒・定・慧の三学の定に当たるものであり、その新しい実践法が宋からもたらされたのであるから、心ある仏教者が注目するのは当然であった。上述のように、その動きは、天台・華厳・法相・真言などの諸宗にわたり、仏教界全体の大きな課題となっていたことが知られる。そこには、禅宗そのものを取り入れる場合、あるいは、禅宗に刺激されながらそれとは異なる禅の実践体系を構築する場合など、様々な形態があり得た。

先に述べたように、一三世紀頃の仏教界は、宗派の固定性は弱く、兼学兼修が自由に行われていた。そのような中で、宋からもたらされた禅は、本来の仏教の修行のあり方を伝えるものとして、仏教界全体から注目を浴びた。宗派としての「禅宗」という狭い視野ではなく、より大きな仏教界への衝撃という観点から、中世の禅を捉え直す必要があるように思われる。

四、『渓嵐拾葉集』における禅と天台

『渓嵐拾葉集』（『渓嵐集』）は光宗の著であるが、比叡山における記家と呼ばれるグループの総集的な大著である。記家は叡山の記録を扱うことを専門とするが、『渓嵐集』の序によると、記録は顕・密・戒・記にわたると言い、実際的には叡山の学問のすべてを網羅することになる。『渓嵐集』が叡山の百科全書的な内容を含むのもこのためである。『渓嵐集』は多数の写本が残されているが、写本によって構成や内容が異なっており、きわめて錯綜しているために、研究が遅れている。田中貴子の写本研究があるが（田中、二〇〇三）、なお多くの問題が残されている。

さて、「禅宗教家同異事」であるが、全体として問答からなっている。質問のほうは、「問」の他に、「尋云」とも言われている。それに対する返答は、「仰云」「新仰云」「僧都仰云」などとあり、それに対して、「私云」という箇所もある。おそらく「僧都」の返答をもとにして、私見を加えたものと知られる。「僧都」が誰であるか、今のところまだ確認できていないが、東福寺で円爾とも問答を交わしている（『禅籍叢刊』七、真如蔵本四九オ―ウ）。なお、「禅与教事」は、「普円禅師記」とあるから、円爾の嗣である普円国師（潜渓処謙、？―一三三〇）の著を編入したことが分かる。ただし、「風煙禅師記之」、「岩松禅師記之」とある項目もあるので、普円国師の記したのがどこまでかは、検討を要する。

「禅宗教家同異事」は重複も多く、必ずしもしっかりした構成があるわけではないが、だいたい三つの内容が注目されよう。第一に、禅教関係、即ち教理的な面から天台、あるいは天台・密教と禅との優

劣、第二に、歴史的な天台・達磨・最澄などの関係をめぐる物語、第三に、当代の禅家に関する情報である。

第三点は、第一点とも関係するので、先に見ておくと、当時の禅者として、葉上（用浄）房（栄西）、聖一房（円爾）、道隆（蘭渓）などの名前が見え、その説が挙げられている。例えば、葉上房は禅宗を天台の上、真言の下に置く（七オ）のに対して、聖一房は禅を天台・真言等の上に置くという（八ウ）。また、「向上の機」あるいは「第一機」（最上の機根）に関して、公案を用いるか否かに関して、本書は「向上の機、全く公案を用ゐず、直に達せしむ」という「禅録円」の説を引いたうえで、道隆は、「向上の機」は「唯仏与仏の境界」であって、「向下より機を論ず」として、最高の悟りの世界は仏だけの境地であるから、そもそも機根を認められないとする。それに対して、聖一房は向上の機を認めるという（四オ―ウ）。

なお、「禅与教事」には、「聖公」あるいは「東聖」（聖一）の説がかなり詳しく述べられているが、それによると、「一念不生前後際断、理智混沌未分地、父母（未）生前面目、本分事一著子」が「仏向上」であり、「一念已生無明已後」が「向下」になるという（六四オ）。これについてもまた、宗旨と宗風の違いを立てる。即ち、「向上一路千聖不伝、祖師未西来」などが「宗旨」（根本そのもの）であって、諸教との比較を絶している。それに対して、「諸教に超過し、仏祖不伝」などというのが「宗風」であって、「向下の法門」になるとする（六七オ）。

また、「禅与教事」の中の「恵心檀那不同事」では、「東聖義」として、「教法は上根と為すなり。禅門は下根と為すなり」（六九オ）と、教法を上に見ていたとしている。それに対して、道隆門流は「禅法は上根上智の機」（六九ウ）としているという。

その他、南禅寺を開いた「禅林寺の法皇」（亀山法皇）への批判（五二オ）、極楽寺仏法房の作とされる『護国正法義』の顛末（五二ウ）なども、注目される情報である。後者については、これは道元のことではないかとも言われ、諸説が展開されてきた（高橋秀榮『渓嵐拾葉集』解題、『禅籍叢刊』七、六二九頁参照）。

そこで、第一の禅教関係の問題に戻ると、本書の基本的な立場は、当然ながら、「禅宗は天台宗に及ばず」（一オ）というところにある。それは、「天台の一心三観、一念三千は、分に能所を論ぜず、断迷開悟の義、之無し」（三ウ）であるから、それは不二絶対の立場であり、天台の機は「円頓直達の行人」（五ウ）であり、「何の宗ナリト云とも、此の上、超過する分、有るべからず」（三ウ）と言われるのである。

「禅宗教家同異事」の最後のところでは、「禅門は唯し大乗理観を伝へ、天台は唯し顕教の定恵を行じ、真言は唯し秘密事理を修し、此の三法を備ふるは、唯だ我が一山のみ」（六一オ―ウ）と、ここでは、禅・天台・真言のそれぞれが限界を持つことを明らかにした上で、叡山がそれらすべてを具えていることを自賛する。

確かに、最澄は円（天台）・戒・禅・密を相承しており、そこから叡山は仏教の総合道場として喧伝されることになる。しかし、禅の積極的な流通は行っていなかった。それは何故であろうか。本書では、その理由を挙げ、第一に、修禅者が悪比丘であり、「教外の言は外道に通ずる」（六二オ）からだという。

第二に、「禅法を以て天台宗に摂する」（同）からだという。第一点は、当時の禅宗のあり方を「外道に通ずる」ものとして批判するのであり、それに対して、第二点は禅を天台の中に含ませることで、その自立を批判している。後者に関しては、湛然に従って（『止観輔行』三―四、大正蔵四六、二五〇中）、仏心宗に一切愚夫禅・観察禅・真如禅・如来禅の四種を立て、順次、四教（蔵・通・別・円）の仏心禅だとした上で、「天台所立の仏心とは、超八一円の仏心離捨在禅要なり」（六二ウ）とする。「超八」は、八教を超えた、それ以上の真理であり、通常、『法華経』をそこに位置づける。ここでは、天台の禅（＝止観）をそこに位置付け、新来の禅宗の禅を外道に類するものとして批判する。禅宗の禅を批判し、天台の禅こそ本物だとする二重作戦が展開されているのである。

教学的に、なお問題とすべきところはあるが、ひとまず大まかなところを見た。そこで、第二の問題、即ち歴史と物語という点を少し見ておこう。仏教のある立場が正統化されるためには、教学的な優秀さとともに、歴史的系譜の上に正しく位置づけられるということが必要である。天台と禅という問題であれば、その主要な登場人物は天台智顗・菩提達磨・最澄などになるであろう。それらの人物がどういう関係に立つのかが問題にされる。その際、中世の歴史の叙述は近代的な歴史観とは大きくかけ離れ、自由な物語として展開されてゆくところに特徴がある。本書が単に仏教書、あるいは歴史書に留まらず、中世文学史の上で大きく取り上げられるのは、このような物語発生の場として機能していることによる。

中国における話としては、天台と達磨の関係が取り上げられている。

天台大師、止観を講ぜしめ玉ふ時、達磨和尚、空中に現じ、『汝、文字を数ふ（お前は、経典の文字の勘定ばかりしている）』と云云。天台答へて云く、『汝、愚癡なり（経典を捨てるとは、お前は愚か者だ）』と。（一〇オ）

このやり取りは、もちろん天台に軍配が上がる。「達磨和尚、閉口して、難を挙げざる者なり。天台大師は応化の禅師なり」（一〇ウ）ということで、達磨がやり込められる。そして、天台は仏が仮現した「応化の禅師」として、超人間的な存在とされる。

この「応化の禅師」である天台大師が、さらに日本に再誕したのが、伝教大師最澄だという。最澄は、入唐して道邃と行満という二人の師から天台を受けるが、二人は唐代の天台中興の祖である妙楽大師荊渓湛然の弟子である。ところが、本書によると、妙楽大師は日本に来て、最澄に会っていたという。伝教大師が、生源寺（大津市坂本。最澄の誕生地）で父の十三回忌のために法華十講を修した時、南都の勤操僧正らを招請した。十三年忌の仏事というのは、経典に見えないではないか、という疑問に対して、妙楽は、梵本の『地蔵十輪経』に出ていると答えたという（一二オ）。これは直接禅には関わらないが、このような歴史の中に歴史を超えた応化の系譜が顕現し、それが権威あるものとして認められていくところに、中世仏教の尽きることのない面白さがある。

第六章　中世禅における言語と知
――禅密哲学序説

一、中世禅への新視角

以上の第Ⅱ部の諸章で、『禅籍叢刊』所収の新資料を手掛かりに、中世禅の成立や諸宗との交渉を検討した。本章では、それらをもとに、中世禅の思想を哲学的な方面から検討してみたい。中世仏教の哲学というと、道元や親鸞が時代状況を無視して取り上げられる。しかし、そのようにピックアップ的に見るのではなく、中世の仏教思想が全体として豊かな思想遺産を持っている。ここでは、『禅籍叢刊』で明らかになった文献を中心としながら、中世禅と密教の交渉の中で形成された高度の哲学思想として、言語によってどこまで真理が明らかになるか、という問題を考えてみたい。

まず、これまで論じてきたことを整理して、『禅籍叢刊』によって明らかになった主要な点をまとめてみたい。栄西については、『改偏教主決』『重修教主決』などの発見により、栄西の密教僧としての活動と思想が明らかになった。また、発見された栄西の自筆書状はすべて東大寺勧進職時代のものであり、晩年の活動が知られる。そうなると、臨済禅の請来者という面にだけ光を当てる従来の栄西像は大きく修正が必要となり、密教僧として、また南都復興者としての栄西という面が重要であることが分かる。

栄西にとっての禅は、それらと調和するものでなければならない。確かに『興禅護国論』では、「禅宗」の公認を求めているが、その場合の「禅宗」は今日考えるようなセクト的なものではなく、他の諸宗と兼修が可能である。禅宗は他の諸宗・諸行と一緒になることでその役割を果たすと考えられる。それ故、栄西は禅も密教も含む総合的仏教の再興こそ目指すところであった。

次に、いわゆる「達磨宗」については、かつて称名寺聖教から関連資料が発見されて大きく研究が発展したが、近年はやや研究が停滞していた。その中で、真福寺の断簡から『禅家説』（原題不明）が復元されたことにより、新たな光が当てられることになった。第一に、能忍が尼無求の援助で黄檗の『伝心法要』を出版していたことが分かり、能忍における禅籍の扱い方や出版との関わりが分かったこと、第二に、仮名法語で女性への布教を行なっていたことなど、いわゆる達磨宗の新しい面が知られるようになった。さらに『禅籍叢刊』完成後に、舘隆志によって金沢文庫から「達磨宗」二祖の覚晏の著作が発見された（舘、二〇二二）。これは、唯識に関するもので、達磨宗における教学研究が知られる重要な著作である。また、覚晏の弟子の懐奘らが道元の門下に入ったので、道元研究の上でも大きな意味を持っている。

達磨宗に関しては、はたしてこの呼称が能忍一派の呼称として適切かどうかという問題が古瀬珠水によって提起されてきた。氏の指摘のように、「達磨宗」は特定の教団の呼称ではなく、「禅宗」と同義と取るべきであろう。この問題は、栄西における「禅宗」とも関わる問題であり、当時の「宗」とは何かが改めて問われることになる。

聖一派に関しては、真福寺の開山能信が継承した大須三流のうちの安養寺流が、円爾の弟子癡兀大慧（仏通禅師）に由来することから、真福寺には癡兀関係の資料が多数蔵されている。もともと円爾は入宋して無準師範の法を継いだが、その一方で台密の研究や実践を晩年まで続けていた。癡兀は円爾からこの禅と台密を受け継ぐとともに、独自に東密のとりわけ醍醐寺三宝院流を継承しているために、その思想は非常に錯綜して、複雑なものになっている。『禅籍叢刊』には、円爾・癡兀関係の多数の著作を影印・翻刻により収録したが、それでもまだ不十分であり、今後に残されている。しかし、これまで刊行したものからも、密教を基軸としながら、そこに禅を入れ込んだ癡兀の思想は複雑なものがあることが知られ、さらに解明が必要とされる。なお、無住道暁は円爾に参禅したことで知られるが、真福寺から円爾の講義の聞書の断簡が二十数葉発見されたことが注目される。それらは『無住逸題聞書』として『禅籍叢刊』第三、一二巻に収録したが、円爾の思想をうかがう上でも注目される資料である。

このような聖一派の禅密一致、禅密融合の思想は、一見するときわめて特殊な立場のように思われるかもしれない。しかし、一三世紀後半から一四世紀初めにかけて、京都では聖一派が最も有力な禅の潮流であったことを考えると、この聖一派の禅密一致論はむしろ当時のもっとも正統的な立場であったと考えられる。このような複合的な禅観が崩壊して、宗派化した「純粋禅」的な立場が確立するのは、夢窓疎石から五山派が活動する時代、即ち、一四世紀中葉に鎌倉幕府が崩壊し、南北朝期になってからのことと考えられる。

以上、栄西、達磨宗、聖一派に関して、『禅籍叢刊』による新資料の解読によってもたらされた新しい視点の概略を紹介した。もちろんこれは『禅籍叢刊』の成果の一部であり、その他にもさまざまな新たな問題が提起されている。以下、ここでは思想史的な観点から、禅における「知」がどのように成り立つかという問題を中心に、いささかの検討を試みたい。そこから、中世禅の思想が、きわめて深い哲学的な議論を、しかも多面的に展開していることが知られるであろう。その展開は密教思想と深く関係しているのであり、単に当時勢力を持っていた密教と妥協した「兼修」ではなく、禅と密教は内的に深い必然的な関係を持つものとして捉えられていたことが理解できよう。

二、禅と密教における言語と知

1、禅における言語と知

「禅」は「不立文字、教外別伝」であり、そこには「知」は存在しないのではないのか、という疑問が当然ながら出されるであろう。「知」を超えることこそ禅の目的ではないか。「不立文字」ということは、真理は言語によって表現される「知」の領域を超えているということであり、また、「教外別伝」というのは、仏陀によって教説として説かれた経典は方便に過ぎず、その外に仏陀の真意があるということである。言語化されない真理は体得する他ない。

もともと仏陀の悟りの境地は言語によって表現できるか、という問題は、大乗仏教においては早い時期から大きな問題となっていた。原始経典で四諦説などに纏められ、言語化されて整理されていた教説が、固定化することへの批判から、般若経典では否定的な表現が多用され、「一切法皆不可説」（『小品般若経』七、大正蔵八、五六六下）のように、事物の真実のあり方は言語によって把握できないという主張が至るところに見える。禅の「不立文字」はその系譜上に立ち、それを徹底したものである。

だが、だからと言って、「知」が否定されるわけではない。円爾の著作として知られている『十宗要道記』は、その最後が仏心宗（禅宗）であるが、そこには「霊知」という言葉や、「知の一字、衆妙の門」というフレーズが使われている。これは通常の言語表現を超えた霊妙な知と考えられる。このフレーズや「霊知」という言葉は、じつはもともとは圭峰宗密の『禅源諸詮集都序』に出てくる。宗密（七八〇—八四一）は、華厳宗第五祖とされるが、同時に荷沢宗の禅の継承者を自認する。荷沢宗は六祖慧能の弟子荷沢神会（六八四—七五八）に由来するが、馬祖系の禅に押されて当時は劣勢であった。宗密は禅教一致論の立場に立ち、『都序』では禅を三宗に分け、他方、教学もまた三種類に分けて、次のように対応させる（大正蔵四八、四〇二中）。

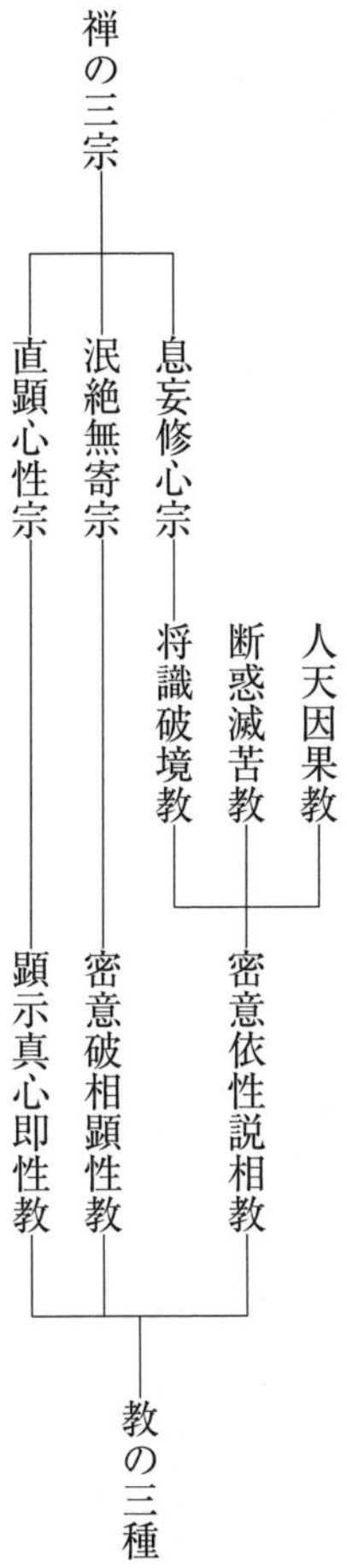

禅の三宗のうち、息妄修心宗は、妄想を断ずることで仏性を現わし悟りを求めるために、坐禅するというもの。北宗禅など。泯絶無寄宗は、すべては空であり、悟るべき仏もないというもの。石頭・牛頭・径山など。直顕心性宗はまた二つに分かれ、第一は「即今の語言動作貪嗔慈忍造善悪受苦楽等が、そのまま汝の仏性である」というものであり、「不断不修任運自在」のままが解脱だというものである。第二は「妄念本寂、塵境本空であり、空寂の心は、霊知不昧であり、この空寂の知が、汝の真性である」というものである。ここには明記されていないが、第一は馬祖系の洪州宗に該当し、第二は宗密自身の荷沢宗に該当すると考えられる。「知の一字、衆妙の門」という言葉も、この説明の中に出る（大正蔵四八、四〇三上）。

このように、通常の「知」を超えた霊妙な「霊知」は宗密によって禅に導入されたが、日本への影響は宗密から直接ではなく、智覚禅師永明延寿（九〇四―九七六）の『宗鏡録』を通している。『宗鏡録』が中世の日本禅に大きな影響を与えたことはよく知られており、先に本書Ⅱ―第一章でも触れたので、ここでは注意すべき点を少しだけ記すに留めたい。

第一に、『宗鏡録』の教禅一致、禅浄一致の立場は、確かに後代に大きな影響を与えたが、必ずしも当時の禅の主流的な流れとは言えないことである。延寿の場合も、宋代の禅では臨済宗の公案禅・看話禅が主流となる中で、傍系的な位置に押しやられる。『宗鏡録』の特異性は、宗密の霊知説を継承している点にも見られるが、他にも特殊な性格を持つ『釈摩訶衍論』（『釈論』）を活用していることも注目される。『釈論』は、契丹（遼）など、中国でも周縁的な非漢民族によって重視された。延寿には高麗の光宗が僧を派遣して弟子入りさせたとも伝えられ、中国周縁の非漢民族と深い関係を持っている（本書、I—第四章参照）。日本における『宗鏡録』の盛行もそれと関わるところがあるであろう。

第二に、日本での受容を見ると、達磨宗や聖一派で積極的に受け入れ、また、『教月要文集』のような天台系のテキストでも重視されているが、他方で道元などは受け入れていない。特に、道元は、後述のように「霊知」説に対する激烈な批判によって知られている。かつまた、『宗鏡録』が重視され、その「霊知」説が受容されたのは、一四世紀前半までで、後半になるとほとんど使われなくなることも注意される。

2、密教における言語と知

このように、宗密—延寿系の説く「霊知」は、絶対的な真理を認識する悟りの智慧と考えられるが、中世禅の「知」の問題は、さらに密教の問題が関わることで複雑化するとともに深められる。それでは、密教における知の問題はどのように扱われていたのであろうか。密教は大乗仏教よりもさらに深い真理を解明するというのであるから、それを知る知がどのようなものか、本当に究極の真理が人間に知られうるのかが、大きな問題となる。

この問題に対して、密教においては究極の真理を言語化して知ることができると表明したのが空海であった（藤井、二〇〇八）。それが法身説法説である。空海は『弁顕密二教論』において顕教と密教を対比する中で、顕教では表現できない究極の真理が密教では法身によって説かれると主張した。即ち、

「応化の開説は名づけて顕教と曰う。言は顕略にして機に逗《かな》う。法仏の談話は之を密蔵と謂う。言は秘奥にして実説なり」（大正蔵七七、三七四下）と主張する。さらに、それを詳しくして、次のように言う。

　如来の変化身は、地前の菩薩及び二乗凡夫等の為に三乗教法を説く。他受用身は、地上の菩薩の為に顕の一乗等を説く。並びに是れ顕教なり。自性・受用仏は自受法楽の故に自の眷属と各おの三密門を説く。之を密教と謂う。（同、三七四下―三七五上）

仏身論としては、法身・報身・応身が広く知られているが、ここでは、自性身・受用身・変化身（応化身）の呼称が使われている。ひとまず自性身が法身、受用身が報身、変化身が応身に当たると考えてよい。そのうち、受用身がまた自受用身と他受用身に分かれる。即ち、以下のようになる。

変化身　――顕・三乗教法――地前（初地以前）の菩薩及び二乗凡夫のため
他受用身　――顕・一乗教法――地上（初地以上）の菩薩のため
自性身・自受用身――密・三密門　――自受法楽と自の眷属のため

ここでは、密教の教説は自性身または自受用身の説法とされている。即ち、その説法は自分自身で楽しむためと、自ら作り出した内輪の眷属の為のものであり、最高位の菩薩でも理解できず、まして凡夫には到底近寄ることもできない世界である。密教の教えがそのように高度なものだとしたら、それは私たち衆生にとってどのような意味を持ち得るのだろうか。それは人間の言葉も知も及ばない世界であり、所詮は無意味ではないのか。

ここで、『即身成仏義』で展開される即身成仏思想が重要な意味を持ってくる。即身成仏して、修行者が仏になってしまえば、仏にしか理解できない自性身の教えも理解できることになる。それは禅の悟りと同じ構造であり、自ら仏と同格の位置に立つことができれば、最高の悟りの世界を理解する「霊知」に到達するのである。ただ、禅においてはそれは言語化できない「不立文字」の世界であるが（ただし、後述のように、公案のナンセンスな言語によっては表現される可能性がある）、密教においては『大日経』『金剛頂経』などの経典として言語化されるのである。

もっともこれらの経典は、ひとまず凡夫にも理解できるような言葉で表現されているように見えながら、そこに述べられた言葉の本当の内実の意味は、即身成仏して仏の境地に達していなければ理解できないのである。三密門と言われるように、身・語・意の三つのはたらきが仏のはたらきと一体化することによってはじめて到達されるのである。

空海の法身説法説はきわめて独創的なものであり、即身成仏説とセットになることで、世界の究極の真理に人間が到達しうる可能性を認める理論であった。その点では禅とも近いものである。しかし、独創的であるだけに、さまざまな問題を含んでいる。第一に、密教経典の解釈として適切なのかどうか、という問題がある。『大日経』の経文自体に空海の理解と異なるところがあり、それをどう解釈するかが、改めて中世に問題になる。本当に法身が説法するのであろうか。

第二に、空海はその法身説法説を証拠立てる文献として『釈摩訶衍論』（『釈論』）を重用している。『釈論』は、馬鳴作とされる『大乗起信論』に対する龍樹の注釈ということになっているが、そもそも『起信論』は龍樹以後の如来蔵思想を軸とするもので、今日では中国で撰述されたものとされている。それに対して龍樹が注釈を書くということ自体があり得ないことで、内容的にも偽書であることは明白である。日本には奈良時代に伝わり、すでに淡海三船によって偽撰説が唱えられていた。空海は本書を重視し、法身説法説だけでなく、十住心の体系の形成においても活用している。この『釈論』が院政期に再び注目されることになる。本書は、はたして究極の真理を認識できるかという問題を正面から扱っている。その点がとりわけ聖一派において、密教と禅を結ぶ問題として改めて取り上げられることになる。

以下、これらの点を考慮しながら、中世の禅密論がどのように展開しているかをいささか考察したい。第一に、栄西の『改偏教主決』の議論を中心に考えてみる。栄西は尊賀という僧と、密教教主である大日如来がどのような性格であるかをめぐって論争した。それは改めて言葉と真理の関係を問い直すことになる。第二に、円爾の講義録を中心に、密教と禅の究極が言語との関係でどのように捉えられるかを考察してみる。最後に、言語に関して、彼らと異なったアプローチをする道元の場合を取り上げることにしたい。言語と真理をめぐって、中世の禅と密教は、このように多様な思想の展開を示しているのである。

三、中世禅における言語と知

1、法身は言語を用いるか——栄西・尊賀の教主論争

栄西（一一四一—一二一五）は、二回入宋しているが（一一六八、一一八七—一一九一）、二回目の入宋の前は十年以上にわたって北九州を拠点に活動している。その間、密教に関する著作を多く著わしているが、とりわけ真福寺からの新出資料である『改偏教主決』（『改偏』）は、密教の教主に関する従来知られていなかった論争を伝え、真理と言語の問題に一石を投じている。

この論争は、原山（大宰府にあった寺）の天台僧尊賀との間で交わされたもので、何度も往復して、激烈な議論がなされた。しかし、本書及びその続編である『重修教主決』（『重修』）以外に関連する資料がなく、尊賀という僧についても、他ではまったく知られない。尊賀という名も『重修』になってようやく見えるもので、『改偏』では、「原山の僧」としか言われていない。

『改偏』によると、尊賀の最初の論難は四項目あるが、その第一が「真言教主自受用身」ということである。それに対して、栄西は真言教主は自性身であるとして、両者の間で激しい論争となった。上述のように、空海は密教を自性身・自受用身の説法として、両者を分けていないが、その後の解釈の中で、自性身説法説が正統とされ、それに対して自受用身説法説はかなり特異な説と見られたようである。

尊賀の自受用説の根拠は、理論的には次のように説明される。

無相法身は真空冥寂にして説くこと無く、示すこと無しと雖も、而るに自受法楽の為に自性所成の内眷属・金剛手等に対して『大日経』『金剛頂経』等を説くなり。所以に、能加持の本地ビルサナ……自受用身の界会を示現し、自在神力を以て、三密を運動して現身説法するなり。(『禅籍叢刊』一、三八〇頁下)

即ち、法身は「真空冥寂」であって説法することができない。そこで、自受法楽の為に『大日経』や『金剛頂経』を説こうとして、本地のビルサナ(毘盧遮那＝大日)が自受用の姿を現わし、そうして創り出した眷属たちに現身説法するというのである。説法するためには、聴衆となる他者が必要である。そうして現出させた他者に対して説法するのであるから、自性身でなく、自受用身でなければならない、という論法である。

ここで、「加持」(adhiṣṭāna)という言葉が出てくる。仏の慈悲の力が衆生の信心と合致してはたらくことと説明されるが、この場合はむしろ法身たる仏が自らの法楽のために他者としての眷属を現わしだすはたらきと考えられる。そうなると、自性身自身は他者へのはたらきかけを持たない超越的なあり方になる。

この「加持」という言葉は、そもそも『大日経』の正式の名前が『大毘盧遮那成仏神変加持経』であるように、きわめて重要であり、『大日経』の冒頭は、「如是我聞。一時薄伽梵、如来加持広大金剛法界宮に住し、……」(大正蔵一八、一上)と始まっている。尊賀は、それに対する『大日経義釈』一の「薄伽梵は即ち毘盧遮那本地法身なり。次に如来と云ふは。是れ仏加持身なり。……」（『続天台宗全書』密教一、五上。『大日経疏』一、大正蔵三九、五八〇上）を引いて、説法するのは加持によって現出した自受用身であることの文証としている。

この部分の解釈が後に問題となり、頼瑜（一二二六―一三〇四）によって加持身説法説が提示される。自性身自身ではなく、自性身から加持によって現わし出された加持身によって説法がなされるというのである。この説を主張する系統が後に新義真言宗と呼ばれるようになり、自性身説法説を維持する古義真言宗と対抗するようになって、真言宗は二分化される。尊賀の自受用身説法説はその先駆となるものと言うことができ、きわめて注目される。

それでは、それに対して栄西はどのように自性身説法説を主張するのであろうか。『改偏』では、巻四、五で多くの文証を挙げてこの問題を論ずるが、譬喩を使った説明が分かりやすい。尊賀は、自受用身説法を説明するのに、「例せば、神明の人に託して言説するは、神明に属すと雖も、然れども正しく言説する所は人の所為なるが如きなり。故に所現海会の聖衆、正しく是れ自受用身の界会なり」（『禅籍叢刊』一、三八〇頁下）という譬喩を用いている。即ち、神が人に憑依して語る場合、確かに神の託宣であっても、言葉を発するのは人間であり、その言葉は人間の言葉である。

ところが、栄西はこの尊賀の譬喩を逆手に取る。

一切の受用身、一切の変化身、一切の等流身の所説、皆自性身の教なり。譬えば神明の巫女に託して言説するを、正しくは巫女が口より出せども、実には神明の神力、応じて和光利物の不思議の教に同ずるなり。然かの如く受用より以来の説教、正しくは受用等の身口意の三密の所作なれども、実には自性能加持の神変の用なり。故に真言教主は自性身と云うなり。（同、三九〇頁上）

神が巫女に憑依して語ることは、確かに巫女の口から出る人間の言葉であるが、実は神の力で人々に伝えようとするのであるから、それは神の言葉と考えなければならない。それと同様に、受用身や変化身が説いたことであっても、実際は自性身の説いた言葉と考えなければならない、というのである。

このように、栄西の自性身説法説は、自受用身が言葉を用いていることを否定するわけではない。しかし、自受用身の説法が可能であるのは、自性身が能加持としてはたらくからであり、根本の主体は自性身のほうにある。尊賀の自受用身説法説では、自性身は「真空冥寂」であり、自受用身と切り離された自存的な絶対的なあり方になる。それに対して、栄西の自性身説法説は、自受用身の根拠となる自性身のはたらきに重点を置く見方となる。

このように見れば、両者の激しい論戦にもかかわらず、実のところ両者は相補的であるとも言える。根源の自性身のほうに重点を置くか、それとも加持により他者に理解できる言葉で語る自受用身のほうに重点を置くかという重点の置き方の問題となる。修行する人間の側から言えば、自性身と一体化することを求めるか、それとも仏に対して他者性を維持して、他者たる仏の言葉を聞くことに重点を置くかという相違になる。

栄西の自性身説法説が、その後の彼の禅の受容と結びつくかどうかについては、はっきりした証拠は見出せない。しかし、根源である自性身そのものに至る「知」を認め、自性身と一体化することを目指すその方向は、禅の実践と相似的なところがあると考えることも可能である。他方、他者性に重点を置く尊賀の立場は、あえて言えば、他者的な仏を重視する浄土教に結び付くところがあるとも考えられる。栄西と尊賀の論争は、従来知られていなかったこともあり、その思想史的な意味は十分に解明されていないが、さまざまな面から今後の検討が必要と思われる。

2、言語を超えた究極とは何か――円爾における禅と密

聖一派における禅密関係は、円爾の弟子の癡兀大慧によって大きく展開したが、円爾自身に関しても、新出資料によってかなり明らかになってきた。聖一国師円爾（一二〇二―八〇）は、入宋（一二三五―四一）して無準師範の法を継いだが、同時に晩年まで密教をも捨てていない。従来、禅密関係に言及した著作としては、『十宗要道記』が知られるのみであった。そこでは禅の優位が説かれていたので、円爾は禅を優位としながら、密教をも兼修したとされ、両者の内的な必然性は必ずしも明らかでなかった。しかし、真福寺から従来知られていなかった晩年の講義録が多く見つかり、『禅籍叢刊』に収録したので、そこから新たに円爾の思想をうかがうことができるようになった。

それらによると、円爾は単純に禅と密教の間に優劣関係を付けているわけではない。晩年近くの文永七年（一二七〇）から一一年（一二七四）には毎年『大日経』『同義釈』『瑜祇経』などの密教経典を講じ

ている。また、臨終近くに弟子たちに灌頂を与えている。そうした点から見ると、最期まで密教を重視していたことが知られる。

それでは、禅と密教はどこまで世界の真理を明らかにすることができるのであろうか。これに関しては、既に本書Ⅱ―第四章である程度論じてきたので、ここでは多少の補足を含めて簡単に述べたい。この問題に関して、もっとも正面から論じているのは『大日経義釈見聞』（一二七〇。癡兀の筆録）である。本書の写本はきわめて保存状態が悪いので、比較的復元しやすく、かつ教判論など重要な問題を扱っている巻七、九のみ『禅籍叢刊』一二に収録した。なお、無住による『逸題無住聞書断簡』もやはり円爾の『大日経』に関する講義の聞書であり、しかも癡兀の筆録がない文永八年（一二七一）のものであることが分かっているが、ここでも禅密関係が立ち入って論じられている。

無住の聞書に図によって示されていて（『禅籍叢刊』五、四七八頁）、それが禅密関係を考える上で大きなヒントになる。その図は、第四章に示したので（二四八頁）、それをご覧いただきたい。

その図でいちばん下の「三乗六通」は、三乗（声聞・縁覚・菩薩）が示す六神通で、密教的な顕現のもっとも低い段階と考えられる。次の「所現八葉中台」は、胎蔵界曼荼羅の中台八葉院であり、曼荼羅に現出した大日如来である。それは、所加持であり、能加持の一智法身から現わされたものである。これが、通常は経典を説く教主と考えられるが、ここではもう一段上の法身のあり方が考えられている。即ち、それが「一智法身」であり、円爾の独創的な法身の捉え方である。そこでは、「自証菩提真言教根本」「一法界身」とされ、また、「能加持於不生際無相也。布教発実相真言教」などと言われている。

円爾の理解では、この「一智法身」が真言教を説く根本的な教主ということになるのであろう。

注目すべきは、さらにその上に「無相菩提」を立てていることである。これに関しては、「無覚無成」とされ、「無知解々々」「無教」「真如理智」「元旨非真言教」とされている。このことは、無住の聞書にさらに説明がある。即ち、そこでは、「真言教の極意は𑖀字なり。若し真如理智に直入すれば、是れ真言教に非ざるなり。無相にして相を現ず、不生にして生なり」（最後の句「不生而生《ヨリ》」とあり、読みにくい）と述べている（『禅籍叢刊』一二、六一六頁）。

これは、「非真言教」と言われているので、真言を超えた禅の境地を指すように見える。実際、無住はその後に圜悟の語を引いており、禅を指示することは明らかである。しかし、密教と無関係かというと、そうではない。あくまでも「真言教の極意」と言われているのであり、密教の究極の立場でもある。密教を究極まで突き詰めた「真言教の極意」では、もはや言語化された密教は超えられるのであり、それ故、「非真言教」と言われなければならない。

ここでは、その境地が「無覚無成」と言われているが、この語は『大日経疏』六に見える。「我覚本不生とは、謂く自心本より以来不生なるを覚れば、即ち是れ成仏す。而も実には無覚無成なり」（大正蔵三九、六四六中）と言われている。従って、これも『大日経』あるいは『大日経疏』で説かれる範囲に属するのである。このことは、『義釈見聞』巻七、九を見るとさらに詳細に説かれている。それについては、第四章に述べたので、ここではこれ以上立ち入らない。

このように、円爾にあっては、密教の究極と禅の悟りとは一致するもので、密教で段階を追いながら最後に到達する世界に、禅は一挙に直入するのである。それ故、両者は優劣は付けられないが、手掛かりも何もなしに究極に突入しようとする禅はそれだけ難しく、その点では密教のほうが手掛かりが得やすいと考えられる。円爾が晩年に密教に力を入れて弟子たちを導いたのは、そのような理由によるものであったであろう。

いずれにしても、密教であれ、禅であれ、究極のところは言語化できず、体得する以外ない領域があることになる。言語による「知」の範囲は限定されている。言語で到達できないところにこそ、言語化される世界の根拠がある。最終的にはそこに到達しなければならない。このように見れば、円爾が決して表面的に密教と禅を結び付けて兼修しただけではないことは明らかである。両者は根底において深く結び付き、一体化しているのである。

ここで補足しておきたいのは、このような言語化できない究極の領域を問題化している文献として、すでに触れた『釈摩訶衍論』（『釈論』）があり、この時代に広く用いられるようになっていたことである。『釈論』は、もともとは密教文献というわけではないが、空海が用いたことから、真言宗で研究されるようになった。しかも本書は契丹（遼）で重用され、それが院政期に日本に輸入されて、『釈論』研究を一段と盛り上げることになった。

癡兀が『釈論』を重視したことは、加藤みち子によって論じられている通りである（加藤『大日経義釈見聞』解題、『禅籍叢刊』一二。「癡兀大慧の禅密思想」、『禅籍叢刊』別巻）。癡兀は、『釈論』に由来する有覚・無覚という根本概念を縦横に使っており、また、『釈論』に関する注釈書も書いているので、その重用ははっきりしている。しかし、円爾がそれを使っていたかどうかははっきりしない。有覚・無覚のような用語も用いていない。ただ、東福寺栗棘庵所蔵印信群とともに伝来し、菊地大樹によって翻刻された『心生滅真如両門図』（『禅籍叢刊』別巻所収）は古い由来のもので、円爾と関係するものと考えられる。そこでは『起信論』解釈がすべて『釈論』に基づいてなされている。そうとすれば、円爾自身、あるいは癡兀以外の円爾門流でも『釈論』が用いられていた可能性は十分にあったと考えられる。

そこで、『釈論』について簡単に見ておきたい。『釈論』の基本構図は三十三種法門と言われる。それは、「所謂十六所入本法と十六能入門、及び不二摩訶衍」（大正蔵三二、六〇〇上）とされる。即ち、不二摩訶衍を除く三十二種は、それぞれ能入の門（修行者が入っていく道）と所入の法（修行によって到達される真理）の因果関係で十六のセットになっている。それも、前重（修行が進んだ段階）と後重（初心者の段階）に分かれて、それぞれが八セットずつになっている。それに対して、不二摩訶衍法は因縁なきや。是の法、極妙甚深独尊にして、機根を離るるが故に」（同、六〇一下）と言われるように、一切の因縁を離れ、機根を離れて独存している。その構造は本書Ｉ―第四章に述べて、早川道雄による図表（早川、二〇一九）を掲載したので（一一二頁）、参照されたい。

このように、根本の不二摩訶衍は言語を超え、思惟を超えた超絶領域である。究極的な結果（所入）ではあるが、そこに到る道（能入）との対応関係を持たない。それ故、修行を重ねても到達できるものではない。もしそこに到達できるとすれば、それは段階を踏んだ修行によるのではなく、一気に飛び込む体験によるしかないことになるであろう。

こう見ると、このような『釈論』の構造は、円爾の禅・密の構造ときわめて近いことが知られるであろう。『大日経』『金剛頂経』などの密教経典、禅の不立文字、そして『釈論』の三十三種法門と、異なる由来の思想がここで合体して、言語と知の限界を明らめ、その限界を突破した究極にして根源の世界に突入しようというのである。円爾による知の極北への探究はここに窮まることになる。

ちなみに、空海にあっては、『釈論』を用いながら、不二摩訶衍の超絶性には注意を払わない。『二教論』には前掲の不二摩訶衍に関する箇所も引用するが、それをも含めて、法身の説法は成り立つというのである。それに対して、一二―一三世紀の仏教は、はたして言語が究極の世界にまで到達しうるのかどうか、改めて問い直す。栄西・尊賀論争も円爾の禅密論も、まさしくこの問題をめぐって展開している。このような言語の問題に対して、まったく異なる観点から独自の説を提示したのが道元であった。

3、道元における「道得」

道元は、「霊知」説に対して厳しい批判をする。それは、『眼蔵』の「即心是仏」巻、及び「弁道話」に先尼外道の説として出てくる。「弁道話」には、こう言われている。

> かの外道の見は、わが身、うちにひとつの霊知あり、かの知、すなはち縁にあふところに、よく好悪をわきまへ、是非をわきまふ。痛痒をしり、苦楽をしる、みなかの霊知のちからなり。しかあるに、この霊性は、この身の滅するとき、もぬけてかしこにむまるゝゆゑに、……ながく滅せずして

常住なりといふ（『正法眼蔵』一、岩波文庫、三三三頁）

即ち、「霊知」とか「霊性」とか言われるのは、この身のうちにある本体的なものであり、それが認識や判断の主体となるとともに、永遠に輪廻を繰り返すというのである。これは、仏教の無常や無我・縁起などの教説に背くことになるから、外道説と言われてもやむを得ないところである。宗密から円爾に至る系統で用いられる「霊知」がただちにこうした本体的存在を意味するとは言えないであろうが、少なくともそれと類した実体的な存在というニュアンスはあるものと考えられる。

それでは、道元は言葉と知について、どのように考えていたのであろうか。そのためにまず、当時の中国禅の言語観との相違を知る必要がある。先にも触れたように、宗密―延寿系の説は、宋代の禅宗では必ずしも主流とはならない。主流は公案を用いた看話禅であり、『碧巌録』の著者圜悟克勤（一〇六三―一一三五）から、その弟子の大慧宗杲（一〇八九―一一六三）の段階で確立する。

道元はこの看話禅に対しても批判的であった。「山水経」の巻では、当時の中国の禅僧たちがナンセンスな公案の言葉を「無理会話《むりえわ》」と呼んで、それこそ悟りの境地を表わすものとしていたことが記されている。即ち、「いまの東山水上行話、および南泉の鎌子話ごときは、無理会話なり。その意旨は、もろ〳〵の念慮にかゝはれる語話は仏祖の禅話にあらず。無理会話、これ仏祖の語話なり」（『正法眼蔵』「山水経」、岩波文庫版二、一八九頁）というのである。

無理会話というのは、「東山が水上を行く」とか、南泉の草刈り鎌のような言葉である。南泉の話は、

「南泉の道はどこへ行くのか」（南泉はどのような悟りを目指すのか）という問いに対して、南泉が「私の草刈り鎌は三〇文で買ったのだ」と答えたという話である。無理会話は、このような文脈を無視したナンセンスな言葉ということである。看話禅においては、このようなナンセンスな言葉で日常の意味の世界を打破し、それを超えた悟りを目指させるのである。

ところが、道元はそのような言語観を真っ向から批判する。「なんじに理会せられざればとて、仏祖の理会路を参学せざるべからず」（同、一九〇頁）というのであり、仏祖はあくまでも「理会」できるものであり、「念慮の語句」である。一見ナンセンスに見えても、じつはどこまでも「理会」できるものとして、参究していかなければならない。

それ故、「東山水上行」もまた、「理会」できなければならない。「この「東山水上行」は仏祖の骨髄なり」（同、一九一頁）と言われるのである。このように、「理会」と言っても、日常的、論理的な言語で表現できるというのではない。「諸山くもにのり、天をあゆむ」（同）ような世界に参入するのでなければならない。そこではじめて「理会」が成り立つのである。

このように、道元は「不立文字」のように言語を超越するわけではないし、「無理会話」のようにナンセンスな言語を用いて一気に言語世界を破壊するのでもない。あくまでも言語表現の可能性を追求していく。『眼蔵』には、「道得」という巻がある。文字通り「道《い》い得る」ということであり、その冒頭から「諸仏諸祖は道得なり」（同二、二八二頁）と断言する。仏祖の悟りはあくまでも「道《い》い得る」のでなければならない。言語化され、語り得るものでなければならないのである。しかし、この場合もその言語は単純に日常的な意味構造のままの言語ではない。

道元は、「你若し一生叢林を離れず、兀坐して道《い》わざること（不道）十年五載すとも、人の你を唖漢と喚作すること無からん。已後には諸仏も也《ま》た你に及ばず」（同、二八五頁）という趙州の言葉を肯定している。一生叢林で修行して、ただひたすら坐禅に励んで、十五年ものを言わなかったとしても、それでもその「不道」は「道得」なのであり、諸仏も及ばない境地に達しているというのである。「不道」という「道得」もあるのである。

道元の言語は、日常言語の論理を超える点で、看話禅の「無理会話」に似ているように見える。しかし、「無理会話」がほとんど暴力的に言語の脈絡を破壊し、悟りの世界へと一気に突入していくのに対して、道元はどこまでも言語にこだわり、日常世界を超越した世界に入り込みながらも、それを丁寧に言語化していく。道元にとって、このように究極の世界は言語化しうるものであった。

4、中世禅の「知」の可能性

以上のように、栄西・尊賀論争、円爾、道元は、一二世紀後半から一三世紀の日本において、禅と密教に関係しながら（道元の場合、密教との関係は薄いが）、言葉と真理の関係、そして知の可能性へと、それぞれの異なる思索を展開した。尊賀が究極の自性身への到達を否定して、言葉は自受用身の段階で生まれるものと考えたのに対して、栄西はあくまでも言葉の根本の主体は自性身であると主張した。円爾は、究極の境地は言葉では表現できず、体得する他ないと考えた。道元はあくまでも究極の悟りも言葉として表現できるとした。

もちろんこのような言語をめぐる諸説の展開は、中世禅、広くは中世仏教の成果の一端に過ぎず、そこにはもっとさまざまな人間と世界をめぐる根源的な思索が展開されている。例えば、悟りを求める実践においては、否応なく人間の身体をどう捉えるかという問題が生まれる。中世の身体論の進展は、きわめて興味深いものがある。それに関しては、本書Ⅰ―第六章に論じた。

こうしたさまざまな新しい思想の展開は、根源的、究極的な仏の悟りの世界を求める仏教者の真剣な営みの中から生まれてきたものである。その多様な展開は、ここまで本書をお読みいただけば、その具体相が知られるであろう。新しい資料の発見が、どのように従来の常識を壊し、新しい見方を生み出すことになるのか。本書にその一端が示されたと思われる。中世仏教の世界には、まだまだ解明しきれていないさまざまな思想が豊富に蔵されている。これからも新しい資料の発掘と、その分析解明が進められることが求められている。

参考文献

Ⅰ　中世仏教の豊饒

【第一章】

阿部泰郎「芸能王の系譜」(『天皇の歴史10　天皇と芸能』、講談社、二〇一一)

大塚紀弘『日宋貿易と仏教文化』(吉川弘文館、二〇一七)

河鰭実英『有職故実』(塙書房、一九六〇)

河野眞知郎『中世都市　鎌倉』(講談社学術文庫、二〇〇五。元版　一九九五)

五味文彦『大仏再建』(講談社選書メチエ、一九九五)

同『源実朝』(角川選書、二〇一五)

五味文彦・本郷和人編『現代語訳吾妻鏡』七・八(吉川弘文館、二〇〇九―一〇)

坂井孝一『源実朝』(講談社選書メチエ、二〇一四)

佐々木馨『中世仏教と鎌倉幕府』(吉川弘文館、一九九七)

佐藤厚子「『禁秘抄の研究』」一―十(『椙山女学園大学研究論集』三九―四八〔人文科学篇〕、二〇〇八―二〇一七)

末木文美士『日本思想史』(岩波新書、二〇二〇)

関根正直『禁秘抄講義』三巻(六合館、一九〇一)

多賀宗隼『栄西』(吉川弘文館・人物叢書、一九六五)

平雅行「鎌倉における顕密仏教の展開」(伊藤唯真編『日本仏教の形成と展開』、法藏館、二〇〇二)

平雅行「鎌倉寺門派の成立と展開」(『大阪大学大学院文学研究科紀要』四九、二〇〇九)

高橋慎一郎『武家の古都、鎌倉』(山川出版社、二〇〇五)

舘隆志『園城寺公胤の研究』（春秋社、二〇一〇）
速水侑『呪術宗教の世界』（塙新書、一九八七）
松尾剛次『中世都市鎌倉を歩く』（中公新書、一九九七）
龍肅訳註『吾妻鏡』三・四（岩波文庫、一九四〇—四一）
和田英松『皇室御撰之研究』（明治書院、一九三三）
渡邊大門『奪われた「三種の神器」』（講談社現代新書、二〇〇九）

【第二章】
末木文美士『鎌倉仏教形成論』（法藏館、一九九八）
同『鎌倉仏教展開論』（トランスビュー、二〇〇八）
同『増補日蓮入門』（ちくま学芸文庫、二〇一〇）
同『日本仏教入門』（角川選書、二〇一四）
同『親鸞』（ミネルヴァ書房、二〇一六）
水上文義『日本天台教学論』（春秋社、二〇一七）

【第三章】
井上光貞『日本浄土教成立史の研究』（山川出版社、一九五六）
上島享『日本中世社会の形成と王権』（名古屋大学出版会、二〇一〇）
大久保良峻『増補天台教学と本覚思想』（法藏館、一九二〇）
同『台密教学の研究』（法藏館、二〇〇四）
梯信暁『奈良・平安期浄土教思想展開論』（法藏館、二〇〇八）
上川通夫『日本中世仏教形成史論』（校倉書房、二〇〇七）

金天鶴『平安期華厳思想の研究』（山喜房佛書林、二〇一五）
末木文美士『大乗仏典中国・日本篇19・安然・源信』（中央公論社、一九九一）
同『日本仏教思想史論考』（大蔵出版、一九九三）
同『平安初期仏教思想の研究』（春秋社、一九九五）
同『日本思想史の射程』（啓文舎、二〇一六）
田戸大智『中世東密教学形成論』（法藏館、二〇一八）
田村芳朗「天台本覚思想概説」（『日本思想大系9・天台本覚論』、岩波書店、一九七三）
冨島義幸『平等院鳳凰堂』（吉川弘文館、二〇一〇）
西村冏紹・末木文美士『観心略要集の新研究』（百華苑、一九九二）
花野充道『天台本覚思想と日蓮教学』（山喜房佛書林、二〇一〇）
藤井淳『空海の思想的展開の研究』（トランスビュー、二〇〇八）
堀内規之『済暹教学の研究』（ノンブル、二〇〇八）
松尾剛次『新版新鎌倉仏教の成立』（吉川弘文館、一九九八）
松本知己『院政期天台教学の研究』（法藏館、二〇一九）
三橋正『平安時代の信仰と宗教儀礼』（続群書類従完成会、二〇〇〇）
水上文義『台密思想形成の研究』（春秋社、二〇〇八）
師茂樹『最澄と徳一』（岩波新書、二〇二一）
柳澤正志『日本天台浄土教思想の研究』（法藏館、二〇一八）
横内裕人『日本中世の仏教と東アジア』（塙書房、二〇〇八）
渡辺照宏『不動明王』（朝日選書、一九七五）

【第四章】

石井公成「『釈摩訶衍論』の成立事情」(『鎌田茂雄博士還暦記念論集　中国の仏教と文化』、大蔵出版、一九八八)
同『東アジア仏教史』(岩波新書、二〇一九)
大屋徳城『高麗続蔵雕造攷』(便利堂、一九三七。『大屋徳城著作選集』七、国書刊行会、一九八八)
加藤みち子「癡兀大慧の『郭庵十牛図』解釈」(『東方』三二、二〇一七)
神尾弌春『契丹仏教文化史考』(第一書房、一九八二。原著一九三七の復刻)
亀山隆彦「『東寺印信等口決』解題」(『中世禅籍叢刊』四、臨川書店、二〇一六)
金英美「高麗大蔵経本『釈摩訶衍論』の底本研究」(佐藤厚訳、『東アジア仏教研究』一九、二〇二一)
島田正郎『契丹国』(東方出版、一九九三)
末木文美士『鎌倉仏教形成論』(法藏館、一九九八)
同「高山寺所蔵高麗版続蔵経写本に見る遼代仏教」(『平成二十五年度高山寺典籍文書綜合調査団研究報告論集』、二〇一四a)
同『日本仏教入門』(角川選書、二〇一四b)
末木文美士編『世界の宗教史04　仏教の歴史2』(山川出版社、二〇一八)
竺沙雅章『宋元仏教文化史研究』(汲古書院、二〇〇〇)
千葉正「『宗鏡録』と『釈摩訶衍論』」(『駒澤大学大学院仏教学研究会年報』二七、一九九四)
塚本善隆『塚本善隆著作集』五(大東出版社、一九七五)
豊嶋悠吾「『釈論愚草』における頼瑜の真言教学の特徴」(『インド哲学仏教学研究』二〇、二〇一三)
中村正文「釈摩訶衍論の成立に関する諸資料」(平川彰編『仏教研究の諸問題』、山喜房佛書林、一九八七)
野上俊静『遼金の仏教』(平楽寺書店、一九五三)
早川道雄『釈摩訶衍論の新研究』(ノンブル社、二〇一九)

藤原崇人『契丹仏教史の研究』（法藏館、二〇一五）
水上文義『日本天台教学論』（春秋社、二〇一七）
横内裕人『日本中世の仏教と東アジア』（塙書房、二〇〇八）

【第五章　第一節】
阿部仲麻呂『使徒信条を詠む』（教友社、二〇一四）
アンリ、ミシェル『キリストの生涯』（武藤剛史訳、白水社、二〇一二）
小川豊生『中世日本の神話・文字・身体』（森話社、二〇一四）
苅谷定彦『法華経一仏乗の思想』（東方出版、一九八三）
ジャニコー、ドミニコ『現代フランス現象学─その神学的転回』（北村晋・本郷均・阿部文彦訳、文化書房博文社、一九九四）
末木文美士『増補仏典をよむ』（角川文庫、二〇二一）
田川建三『イエスという男』（三一書房、一九八〇）
深浦正文『倶舎学概論』（百華苑、一九五一）
山折哲雄『仏は、なぜ子を捨てたか』（集英社新書、二〇〇六）
湯浅泰雄『身体論　東洋的心身論と現代』（講談社学術文庫、一九九〇）

【第五章　第二節】
網野善彦『異形の王権』（平凡社ライブラリー、一九九三）
池田正男「越前禅宗草創期における豊原寺との接点」（『若狭郷土研究』五九─二、二〇一五）
彌永信美「立川流と心定『受法用心集』をめぐって」（『日本仏教綜合研究』二、二〇〇三）
同「いわゆる「立川流」ならびに髑髏本尊儀礼をめぐって」（『智山学報』六七、二〇一八）

内田啓一『後醍醐天皇と密教』（法藏館、二〇一〇）
末木文美士「高山寺本『受法用心集』解題・翻刻」（高山寺典籍文書綜合調査団編『高山寺経蔵の形成と伝承』、汲古書院、二〇二〇）
田中貴子『外法と愛法の中世』（平凡社ライブラリー、二〇〇六）
守山聖真『立川邪流とその社会的背景』（鹿野苑、一九六五）
Stefan Köck, "The Dissemination of the Tachikawa-ryû and the Problem of Orthodox and Heretic Teachings in Shingon Buddhism."（『インド哲学仏教学研究』七、二〇〇三）

Ⅱ　中世禅の複合

【第一章】

市川浩史・菅基久子責任編集『季刊日本思想史』六八・特集「中世の禅を読む：円爾弁円とその周辺」（ぺりかん社、二〇〇六）
伊吹敦「『達磨大師三論』と『少室六門』の成立と流布」（『アジアの文化と思想』三、一九九四）
伊吹敦『禅の歴史』（法藏館、二〇〇一）
加藤みち子「癡兀大慧の『郭庵十牛図』解釈」（『東方』三二、二〇一七）
末木文美士「奈良時代の禅」、（『日本仏教思想史論考』、大蔵出版、一九九三）
ダヴァン・ディディエ「「兼修禅」から「純粋禅」を再考する」（末木監修『中世禅の知』、臨川書店、二〇二一）
高柳さつき「『禅宗綱目』の思想史的系譜」（『印度学仏教学研究』六二―一、二〇一四）
柳幹康『永明延寿と『宗鏡録』の研究』（法藏館、二〇一五）
同「日本禅宗における『宗鏡録』の受容」（末木監修『中世禅の知』、臨川書店、二〇二一）
柳田聖山「栄西と『興禅護国論』の課題」（『中世禅家の思想』日本思想大系一六、岩波書店、一九七二）

【第二章】
石井修道『道元禅の成立史的研究』(大蔵出版、一九九一)
小川隆『語録の思想史』(岩波書店、二〇一一)
末木文美士『鎌倉仏教展開論』(法藏館、二〇〇四)
同「思想の運動としての宗教テクスト――栄西の新出著作断簡の復原と分析から」阿部泰郎編『中世文学と寺院資料・聖教』(竹林舎、二〇一〇)
舘隆志「達磨宗新出史料『心根決疑章』の発見」(末木文美士監修『中世禅の知』、臨川書店、二〇二一)
土屋太祐『北宋禅宗思想及其淵源』(四川出版集団巴蜀書社、二〇〇八)
古瀬珠水「再考――大日能忍と「達磨宗」――」(『鶴見大学仏教文化研究所紀要』一八、二〇一三)
柳田聖山「解説」(『禅の語録8 伝心法要・宛陵録』、筑摩書房、一九六九)

【第三章】
大久保良峻「自受用身の基礎的考察」(大久保『増補天台教学と本覚思想』、法藏館、二〇二二)
末木文美士「『無名集』『隠語集』解題」(『真福寺善本叢刊』第二期第三巻、二〇〇六)
多賀宗隼『栄西』(吉川弘文館、一九六五)
同「栄西の著作」(『論集中世文化史』下、法藏館、一九八五)
福岡市博物館編『栄西と中世博多展』(福岡市博物館、二〇一〇)
藤田琢司「栄西禅師著作の調査」(『禅文化』二一八、二〇一〇)
藤田琢司編『栄西禅師集』(禅文化研究所、二〇一四)
堀本一繁「栄西と博多――「栄西と中世博多展」の開催を通して」(末木文美士監修『中世禅の知』、臨川書店、二〇二一)
水上文義「栄西の密教」(水上『日本天台教学論』、春秋社、二〇一七)

山口興順「栄西の著作について」（『大正大学大学院研究論集』一七、一九九三）
山村信榮「鎌倉期の太宰府における天台宗と禅宗」（末木監修『中世禅の知』、臨川書店、二〇二一）
米田真理子「九州における栄西門流の形成・展開について」（『中世禅籍叢刊』別巻、臨川書店、二〇一九）
米田真理子他編『栄西撰『改偏教主決』『教時義勘文』（真福寺大須文庫所蔵）訓注』（第42回三菱財団人文科学研究助成報告書、二〇一五）

【第四章 第一節】

阿部泰郎「真福寺大須文庫の成立」（『大須観音―いま開かれる、奇跡の文庫』、あるむ、二〇一二）
石山幸喜編著『聖一国師年譜』（羽衣出版、二〇〇二）
菊地大樹「東福寺円爾の印信と法流」（『鎌倉遺文研究』二六、二〇一〇）
弘海高宣「癡兀大慧の密教思想―『大日経見聞』撰者再考を中心に―」（『印度学佛教学研究』五九―一、二〇一〇）
水上文義『日本天台教学論』（春秋社、二〇一七）
和田有希子「円爾の到達点と日本中世禅の特色―『逸題無住聞書』とその周辺」（『禅学研究』一〇〇、二〇二二）

【第四章 第二節】

加藤みち子「『東福仏通禅師十牛訣』における第七図の解釈」（『印度学仏教学研究』六二―二、二〇一四）
加藤みち子「癡兀大慧の『廓庵十牛図』解釈」（『東方』三二、二〇一七）
高柳さつき「癡兀大慧の兼修禅―『十牛訣』を中心に―」（『インド哲学仏教学研究』一〇、二〇〇三）
萩原竜夫「中世における禅密一致と伊勢神宮」（同著『神々と村落』、弘文堂、一九七八）
樋口智之「願成寺所蔵癡兀大慧像考」（『美術史学』一七、一九九五）
山口興順「臨済宗東福寺派と天台宗―『大日経見聞』の筆録者癡兀大慧について―」（『山家学会紀要』一、一

九九八）

【第五章】
庵谷行亨「日蓮の禅批判」（『駒澤大学佛教学部論集』三六、二〇〇五）
鎌田茂雄「解説」（『日本思想大系15・鎌倉旧仏教』、岩波書店、一九七一）
末木文美士『鎌倉仏教展開論』（トランスビュー、二〇〇八）
高柳さつき「伝栄西著『真禅融心義』の真偽問題とその思想」（『禅文化研究所紀要』二七、二〇〇四）
高柳さつき「『禅宗綱目』の思想史的系譜」（『印度学仏教学研究』六二―二、二〇一四）
田中貴子『「渓嵐拾葉集」の世界』（名古屋大学出版会、二〇〇三）
田中久夫「解説」（『日本思想大系・鎌倉旧仏教』、岩波書店、一九七一）
古瀬珠水「大日能忍とその禅――『日蓮遺文』から読み取る――」（『鶴見大学佛教文化研究所紀要』一九、二〇一四）
山内舜雄「中国天台（神智従義）における禅宗批判」（『印度学佛教学研究』一六―一、一九六七）

【第六章】
舘隆志「達磨宗新出史料『心根決疑章』の発見」（末木監修『中世禅の知』、臨川書店、二〇二一）
早川道雄『釈摩訶衍論の新研究』（ノンブル社、二〇一九）
藤井淳『空海の思想的展開の研究』（トランスビュー、二〇〇八）

初出一覧

Ⅰ

第一章　「王権と神仏から日本思想史を読む」（檀国大学校日本研究所、二〇一八年四月一九日発表）の部分に、「実朝と神仏」（『悠久』一五六、二〇一九）を加えた。

第二章　「選択から統合へ」（宮本久義・堀内俊郎編『宗教の壁を乗り越える』、ノンブル社、二〇一六）に加筆訂正。

第三章　「平安仏教論」（『日本思想史講座』一、ぺりかん社、二〇一二）を一部削除した上で、「新しい中世仏教観へ向けて」（末木監修／榎本・亀山・米田編『中世禅の知』、臨川書店、二〇二一）を加え、全体として改稿。

第四章　「東アジア仏教と東アジア周縁仏教」（東国大学校、二〇一七年一〇月二〇日発表）に基づく。

第五章第一節　「仏教における身体性の問題――キリスト教との対比から」（伊東貴之編『心身／身心と環境の哲学』、汲古書院、二〇一六）。

第二節　「立川流と受法用心集」（『平成三十年度高山寺典籍文書綜合調査団研究報告論集』、二〇一九）、及び「『受法用心集』解題」（高山寺典籍文書綜合調査団編『高山寺経蔵の形成と伝承』、汲古書院、二〇二〇）に基づき、書誌学的部分を削除した上で、改稿。

Ⅱ

第一章　「中世禅への新視角――『中世禅籍叢刊』から見える世界」（『中世禅籍叢刊』別巻、臨川書店、二〇一九）を一部削除して改稿。

第二章　「日本における臨済宗の形成――新資料から見た禅宗と達磨宗」（『禅文化』二四三、二〇一七）。禅文化研究所編『『臨済録』研究の現在』（禅文化研究所、二〇一七）にも再録。
第三章　「解題総説」（『中世禅籍叢刊』一・栄西集）、「栄西の密教」（『禅文化』二三二、二〇一四）、「解題総説」（『中世禅籍叢刊』一二・稀覯禅籍集）、「『改偏教主決』『重修教主決』解題」（『中世禅籍叢刊』一・栄西集）を合わせ、改稿。
第四章第一節　「解題総説」（『中世禅籍叢刊』四・聖一派）、「解題総説」（『中世禅籍叢刊』一二・稀覯禅籍集続）を合わせ、改稿。
　第二節　「解題総説」（『中世禅籍叢刊』四・聖一派）、「解題総説」（『中世禅籍叢刊』一二・稀覯禅籍集続）、「『菩提心論随文正決』解題」（『中世禅籍叢刊』一一・聖一派続）を合わせ、改稿。
第五章　「解題総説」（『中世禅籍叢刊』七・禅教交渉論）に「『渓嵐拾葉集』解題」（『中世禅籍叢刊』七・禅教交渉論）を合わせ、改稿。
第六章　「中世禅の形成と知の交錯」（前掲『中世禅の知』）。
（特に「改稿」と記さなかった場合も、加筆修正してある。）

末木文美士（すえき・ふみひこ）
1949年山梨県甲府市生れ。東京大学大学院人文科学研究科博士課程単位取得。博士（文学）。東京大学・国際日本文化研究センター名誉教授。専門、仏教学・日本思想史。著書『親鸞』（ミネルヴァ書房、2017）、『日本思想史』（岩波新書、2020）、『日本の思想をよむ』（角川ソフィア文庫、2020）、『死者と霊性の哲学』（朝日新書、2022）など。

禅の中世
仏教史の再構築

二〇二二年七月三十一日　初版発行

著　者　末木文美士
発行者　片岡　敦
印刷　製本　亜細亜印刷株式会社

606-8204　京都市左京区田中下柳町八番地
発行所　株式会社　臨川書店
電話（〇七五）七二一―七一一一
郵便振替　〇一〇七〇―二―八〇〇

落丁本・乱丁本はお取替えいたします
定価はカバーに表示してあります

ISBN 978-4-653-04168-9　C0015